国立大学法人
兵庫教育大学教育実践学叢書 4

英語音声教育実践と音声学・音韻論

効果的で豊かな発音の学びを目指して

有働 眞理子・谷 明信◎編著

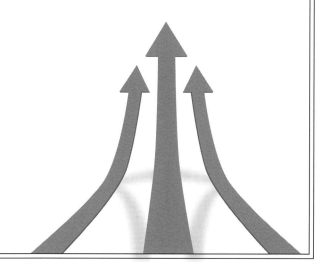

はじめに

　グローバルという概念によって関係づけられることの多い現代の国際社会においては、英語によるコミュニケーション能力の有無が、好むと好まざるとにかかわらず国際的競争力を決定づける要因の1つになってしまう現実がある。学校の英語教育においても、そのような視点からさまざまな努力や試みが行われてきたのはいうまでもないことである。授業において使用言語を英語に限定したり、活動を多く組み込むなどの工夫はもちろんのこと、小学校外国語活動の低学年化や教科化など、制度や方法も急速に整備されてきている。

　英語能力の実用的側面に期待が寄せられる一方で、コミュニケーション能力が本来的には人と人をつなぐ関係形成に資するものであるということが、より重く受け止められることもある。成長期にある人々が対話を通して豊かな人生を切り開いていくために、外国語学習もまた役に立つようにと願うのが、自然な教育的姿勢であろう。英語で語られる古今東西のさまざまな文化や人々の価値観などを知り、日本語とは異なる対話世界に身を置いて異文化に生きる人々と対話できる喜びを味わうことは、人格形成に少なからず良い影響があるはずである。キャリア形成や進路選択の助けとなるのみならず、ことばの学びを通して自信を獲得し、人との関係を深めていく力を育てることは、豊かな人生を求める人にとって大きな支えになりうる。そのために役立つ英語能力向上に向けて、どのような教育的支援をしていくべきかを考えることは、今日の英語教育の重要な課題である。英語教育への期待を胸に、自分たちに何かできることはないかと真剣に悩み考え、英語を学び、英語教育にかかわる幾多の人々と課題を共有していくために、ささやかではあるが、新しい試みや提案を世に送り出すことにしたのが、本書が生まれた経緯である。

　本研究叢書は、学習指導要領を軸とした近年の英語教育関係の文部科学省関係文書において、「英語音声学」への積極的な言及があったことを重く受け止め、重要項目と認識されながらも手薄になりがちであった発音指導の諸課題に対して、英語能力向上のためには音声学・音韻論の観点からもっと具体的に取り組まねばならないという使命感をもつ人々が集まって企画が立ち上がった。その協同による努力の進捗状況を、英語音声教育実践に関心のある人々にみて

いただき、問題意識を皆様と共有したいという願いを常にもって議論を重ねてきた。このプロジェクトに参加したのは、母語話者を含めた音声学・音韻論・英語学・言語学・英語教育学の各領域を専門とする研究者、そして小学校・中学校・高等学校の現職教員、合わせて二十数名である。この中から情報発信第一陣となったものたちが本書の執筆者となり、発音指導についての実践研究を形にしてみようということになった。

　これに先立ち、兵庫県教育委員会と兵庫教育大学の共催によって教員のための英語指導力向上事業の中で平成27年度および平成28年度の2回にわたり、研修内容に組み込まれた音声学講義・演習の後、そこで得た動機や経験をもとに、有志たちが公立学校（小学校、中学校、高等学校）において発音指導にかかわる活動実践、教材開発などを試みてきた。ここに論考を寄せた執筆者以外のメンバーもすべて、「音声学・音韻論の知識に基づいて楽しく発音練習でき、なおかつ成果の上がるような授業をしたい」という思いを共有している。それぞれの立場で新しい試みに挑戦し、発信していこうと、忙しい日々の勤務の中で実践開発とそれをまとめる労を取ってくれた執筆者、そして、遠方からも足を運んで議論の場を共に支えてくれた人々に、心からの謝意を表したい。

　私たちは、教員研修の経験を通してさまざまなことを学んだ。たとえば、「発音のことを取り入れたくても、英語を専門に学んだわけではなく自分の発音に自信がないから、授業では積極的にどのように取り入れて良いかわからない」という小学校教師が少なくなく、彼らが授業を構築する教師の力技だけでなんとか頑張ろうとする切実な気持ちや様子、「リスニングの実力養成にも効果がありそうだとわかったけれど、受験直前になって頑張ってもいまさらな感じがするから、もっと早い段階、たとえば小学校から発音のことをちゃんと継続的に練習してきてほしい」と願う高校教師の思いなど、反応はさまざまであったが、「ちゃんと取り組むためのプログラムや指導書などがほしい」という意見が最も多く聞かれた。そこで、小学生を含めて、学習者が教室で得ることばの「知識」の中で、とくに音声文法（音声学・音韻論）の中で、学校で「これだけは押さえてほしい」というような内容を精選し、背景知識に自信のない教師への負担を最小にした形に加工してまとめること、音声学・音韻論の知識が組み込まれた指導を考案して実践し、その結果を振り返ること、その2点を

目標とした。

　この実践研究の場は、2つの点で特徴的である。1つは、語学研究者と教員の協同である点である。英語教育学専門家と英語教師の共同研究は馴染みやすく、すでに数多くの研究プロジェクトが成果を上げてきているが、知識内容の取り込みといった側面に重きを置いて「内容論」担当の教員養成大学教員と教師が協同プロジェクトを行うというのは、実はかなり珍しい。2つ目の特徴は、小・中・高・大の全校種の教員が一堂に会して意見交換の場を共有する形が常態であるという点である。小中連携、中高連携、高大連携など連携事業は盛んであるが、4校種のフィールドを持って、小学校から大学まで一貫した発音指導の方法開発を目指そうというのは、場の設定の難しさもあり、希少である。この一風変わった協同プロジェクトに関心を寄せ、出版の機会を与えてくださった兵庫教育大学叢書出版委員会の先生方に、心からの敬意と深い感謝の気持ちを表したい。

　本書は、大きく分けて理論編と実践編の2部構成とした。

　第Ⅰ部理論編においては、まず、学習の阻害要因と誤解されがちな文法知識の立ち位置を再考し、捉え方を刷新する必要があることを第1章（有働）において述べる。つぎに、発音が知識体系から切り離され単なるスキルとして過小評価されることの弊害を防ぐために、英語教師が身につけるべき素養として、最も大部となる第2章（川越）では、学校における発音指導に必要な音声学・音韻論の知識を精選し、学校で使用されている教材や教え方の状況に関連付けながら解説する。「学びたい教師を支援したい」、「難しそうにしか見えない学問へのアレルギーを払拭したい」という切実な願いをもって、音声学・音韻論の専門家である川越が書き下ろしたものであり、随所に散りばめられた音声指導のコツは、そのまま教室にもっていって使えるものも多数含まれている。第2章で述べられる内容は、本書の主軸として各論考すべての基盤となっている。本書の各章を読まれる際も常に参照していただければと思う。第3章（谷）では、英語のリズムを学ぶのに最適な古典的教材であるマザーグースを取り上げ、教材としての奥深さに加え、文法と音韻・音声がどのようにかかわるかを解説する。さらに、第4章（和田）において、英語の音楽性を学ぶための歌の教材を評価・選定に向けて、英語教育史の流れを鳥瞰する。この理論編では、

発音指導実践に必要な知識と、発音指導を織り込んだ授業実践を観察する視点を紹介する。

　第Ⅱ部実践編においては、理論編で示した基本的知識・視点を応用しながら、音声の知識を反映した現職教員による指導実践事例をいくつか紹介する。第5章（岡本）では、小学校外国語活動に関して、英語音声への気づきを促すために、児童が自分の英語発音を客観視し振り返ることを可能にする方法として、音声分析ソフト Praat を応用してプログラム開発した ICT ツールとその実践例を紹介する。第6章（圓井）では、リズムとイントネーションを中学校1年生に導入した指導実践について、試行錯誤の指導プロセスと、それに応えた生徒の学びの成果を紹介する。高等学校においては、テクスト構成が複雑になり、スピーチやプレゼンテーションの機会も増えるため、音声表現能力は生徒の学業成果に直結するものとなる。第7章（朝田）では、複雑な音声的要素を意識した聞き取りおよび音読の練習を、高校の授業においてどのように実践したかについて紹介する。学校の英語教育は、最終的には高等学校の出口において大学入学の準備という喫緊の現実的課題が控えている。英語学習の本質を守りながらも、どのように入試に対応すればよいかを考えることは重要であり、日々の学びに大学入試への準備的要素を盛り込んで実践することができれば、当然そのほうが望ましい。本書ではそういった現実的な問題点にも切り込み、第8章（沖守）において、センター入試発音問題の特徴と、高校生が示した回答結果についての分析結果を紹介する。入試形態が近い将来異なるものになっても、変わらず考慮すべきことのいくつかを知っておくことは有益である。さらに、これも非常に大事な観点であるが、高校卒業後に社会人になる若者たちにとっても英語の素養は重要な意味をもつという考えのもと、大学を受験しない人々への有意義な英語教育のあり方を、音声指導的要素を組み込んだ実践を通して考えた結果についても、話題として取り上げる。最後に第9章（Kuroda）では、発音の取り組みに欠かせない要員である ALT（Assistant Language Teacher）の役割について、ALT の経験を有する母語話者としての経験と視点から再検討し、内省的実践（Reflective Practice）の手法による省察の必要性を説く。

　英語教育における音声指導は、その重要性が話題になりつつも、現実には音声学・音韻論の知識に裏付けられた積極的な実践への導入が本格的に取り組ま

れているとはいえない状況が長く続いてきた。本書では、学校教育において言語学理論と教育実践を融合した英語音声指導がどのようにあるべきかについての、考え方の方向性と具体的な提案の一端をご紹介する。「できることからやってみよう」と試みた結果であるので、系統立てられた実践事例提示にはまだなっていないが、発音教育実践のおもしろさや奥深さ、大切さを垣間見ていただけるとすれば、また、知識を教育に応用することのおもしろさや難しさを語り合い、音声指導を試みようという気になってくださる方がお一人でも増えるとしたら、この上ない幸せである。

平成 30 年 3 月
執筆者を代表して
有働 眞理子

目　次

はじめに　………………………………………………………………………3

第Ⅰ部　理論編

第1章　英語音声教育実践に必要な「知識」　……………………………14

　1.1 教育に役立つ「内容論」へ　…………………………………………14

　1.2 発音の仕組みについての知識を文法の中に位置付ける　…………17

　1.3 文法指導と活動実践をつなぐ音声学・音韻論の知識　……………21

　　1.3.1 文法体系の中の音声学・音韻論／21

　　1.3.2 「コピュラ文」という盲点／28

　　1.3.3 存在文の談話機能と発音／33

　1.4 まとめ　………………………………………………………………35

第2章　音声学・音韻論と英語教育実践
　　　　―対話能力を強化する英語音声指導に向けて―　……………38

　2.1 中学校・高校ではどんな発音指導がされているのか　……………38

　2.2 文のリズム　…………………………………………………………41

　　2.2.1 強勢リズムと拍リズム／41

　　2.2.2 文強勢とリズム／43

　　2.2.3 強勢移動／46

　　2.2.4 単語と文は同じリズム型／48

　2.3 弱形式　………………………………………………………………49

　　2.3.1 弱く発音するにはどうしたらよいか／49

　　2.3.2 音を弱化する／50

　　2.3.3 単語を連結する／51

　　2.3.4 機能語の弱形を使う／53

　　2.3.5 縮約形を習得する／55

　　2.3.6 音を同化させる／57

　　2.3.7 音を消去する／60

　　2.3.8 英語教科書を使った弱形の指導を考える／61

2.4 イントネーション　　　　　　　　　　　　　　　　　　　　　　　　　　　　63

　2.4.1 イントネーションのピーク／63

　2.4.2 焦点語はどうやって決めるのか／65

　2.4.3 狭い焦点と脱焦点化／67

　2.4.4 機能語が焦点語になる場合／71

2.5 音調　　　　　　　　　　　　　　　　　　　　　　　　　　　　　　　　75

　2.5.1 上昇調と下降調／75

　2.5.2 音調と構文／78

　2.5.3 下降上昇調／80

　2.5.4 文頭の音調（弱起）／82

　2.5.5 区切りと音調／83

　2.5.6 英語教科書を使ったイントネーションの指導を考える／86

2.6. むすび：日本語母語話者の英語発音はどのように聞こえるか　　　　　90

第3章　マザーグースの英語を音韻的にみる　　　　　　　　　　　　94

3.1 目的と背景　　　　　　　　　　　　　　　　　　　　　　　　　　　94

3.2 マザーグース　　　　　　　　　　　　　　　　　　　　　　　　　　95

　3.2.1 マザーグースについて／95

　3.2.2 話し言葉のリズムとマザーグース・詩のリズム／96

　3.2.3 マザーグースと英詩／96

3.3 マザーグースの英語のリズムの特徴　　　　　　　　　　　　　　　　99

3.4 マザーグースの詩の分析　　　　　　　　　　　　　　　　　　　　　102

　3.4.1 マザーグースの詩の音韻的特徴／102

　3.4.2 Humpty Dumpty ／103

　3.4.3 Georgie Porgie ／104

　3.4.4 Old King Cole ／105

　3.4.5 Hickory Dickory Dock ／108

　3.4.6 Twinkle, Twinkle, Little Star ／109

　3.4.7 頭韻と脚韻／111

3.5 まとめ　　　　　　　　　　　　　　　　　　　　　　　　　　　　　112

第4章　小学校段階における英語音声指導
―「歌とチャンツ」に焦点を当てて― ··············114

4.1 背景 ··············114

4.2 英語音声指導における「歌とチャンツ」の位置付け ··············116

  4.2.1 外国語教授における音声指導の変遷／116

  4.2.2 教授法としての「Jazz Chants」／118

  4.2.3 「歌とチャンツ」を用いる教育的意義／119

4.3 「歌とチャンツ」で慣れ親しむことができる英語音声の特徴 ··············122

  4.3.1 音素／122

  4.3.2 音節／124

  4.3.3 アクセントとリズム／124

  4.3.4 イントネーション／126

4.4 「歌」と「チャンツ」の活用 ··············127

  4.4.1 「歌」と「チャンツ」の比較／127

  4.4.2 歌に関する留意／128

  4.4.3 チャンツに関する留意／130

4.5 活動に当たって ··············132

  4.5.1 「声を出さない」児童／132

  4.5.2 「うまくできない」「わからない」というつぶやき／133

4.6 結語 ··············134

第II部　実践編

第5章　ICT ツールを活用した小学校での音声指導
―音声分析ソフト Praat を活用して― ··············140

5.1 実践の背景 ··············140

5.2 英語の音声指導の基本 ··············143

  5.2.1 英語の発音への抵抗を減らす工夫／143

  5.2.2 母音指導／143

  5.2.3 子音指導／148

5.3 プロソディ：リズムとイントネーション ··············150

  5.3.1 'How are you?' のピッチ指導／150

5.3.2 'What's this?' と 'What is it?'／152

5.3.3 'What is it?' の分析／155

5.4 まとめ　　　　　　　　　　　　　　　　　　　　157

第6章　中学生のためのイントネーション指導　　　160

6.1 背景と方法　　　　　　　　　　　　　　　　160

6.2 イントネーションに関心をもたせる授業　　　　　　161

6.3 音声練習に取り組む生徒の会話の観察　　　　　　166

6.3.1 気後れの克服／166

6.3.2 英語らしい発音への気づきと憧れ／171

6.4 中学校におけるイントネーション指導についての考察と提案　　　177

第7章　音声現象の記号化と高校における英語発音指導　　182

7.1 目的と背景　　　　　　　　　　　　　　　　182

7.2 実践のアウトライン　　　　　　　　　　　　183

7.2.1 指導手順と考察／183

7.2.2 教科書本文への音声記号付与／186

7.3 指導内容と考察　　　　　　　　　　　　　　187

7.3.1 連結／187

7.3.2 弱形／189

7.3.3 脱落／191

7.3.4 焦点語／192

7.4 考察とまとめ　　　　　　　　　　　　　　　196

7.4.1 強勢と焦点語の指導効果と留意点／196

7.4.2 事後指導と課題／199

第8章　多様な進路に応じた英語音声指導
　　　—センター試験受験者と非受験者それぞれの場合—　　204

8.1 目的と背景　　　　　　　　　　　　　　　　204

8.2 センター試験の発音問題と誤答分析　　　　　　205

8.3 英語由来外来語（カタカナ英語）　　　　　　　　207

8.3.1 英語音声指導への応用／207

8.3.2 英語由来外来語への日本語発音の干渉／211

8.4 教科書における新出単語の発音表記 ………………………………213

8.4.1 語強勢の視覚化／214

8.4.2 文強勢の視覚化／215

8.5 音読指導 ………………………………………………………………216

8.5.1 音読と発音指導／216

8.5.2 センター試験非受験者への音声指導／219

8.6 まとめ …………………………………………………………………221

第9章　発音練習における ALT の役割を再考する
（"Re-imagining the Role of Assistant Language Teachers in Pronunciation Practice"）………………………………224

[概要説明] ………………………………………………………………224

9.1 Introduction ……………………………………………………………225

9.2 Pronunciation and English language education ……………………………226

9.3 Globalization and English language education in Japan ……………………227

9.4 The JET program ………………………………………………………228

9.5 ALT roles and responsibilities …………………………………………228

9.6 Authentic vs. genuine …………………………………………………230

9.7 Weak and strong forms of CLT …………………………………………231

9.8 Difficulties with implementing CLT in Japan …………………………232

9.9 'Policy' vs. 'reality' in classroom: conceptual constraints ………………233

9.10 Pronunciation and communication ……………………………………234

9.11 Teacher development and teacher beliefs ………………………………236

9.12 Reflective practice as professional development in English teaching ………237

9.13 Conclusion ……………………………………………………………238

おわりに ……………………………………………………………………243

索引 …………………………………………………………………………247

執筆者一覧

第Ⅰ部

理 論 編

英語音声教育実践に必要な「知識」

第1章

1.1 教育に役立つ「内容論」へ

　本書は、学校教育の教科内容に関係する知識の役割や位置付け、実践へのかかわりについて考究する研究として位置付けられるものである。学校教育における（教育的）実践と（学問的）理論の関係性については、教える価値のある知識を、その知識に適した方法で教えるといった不可分の関係で語られるのが理想的であるが、これまでは、両者をつなぐ研究方法の枠組みの開発・整備が十分に進まず、方法のみ、または知識のみの偏った視点で語られることが多い状況であった。英語教育においても、授業の進め方について研鑽が積まれる一方で、優れた教え方に、言葉の仕組みについての知識が本当に適切に載せられているかどうかについて、十分に検証されてきたとはいえない状況が続いてきた。本書は、英語教育の中で最も手薄になっている発音指導領域を例にとり、どのような言語知識を、どのような指導方法で、子供たちの教育に役立てることができるかを、手分けして考え、書かれたものである。各章の先頭に立つ本章では、言語の仕組みについての知識が組み込まれた指導方法が開発できるように、英語教育の中で「知識」をどのような概念として理解するのが妥当であるかを改めて考えておきたいと思う。とくに、音声指導と文法指導との連携という課題に光を当て、英語教育実践が音声指導をしっかりと組み込んで質的に向上するよう、音声学・音韻論をはじめとする言語学的知識がどのように教育実践に関係づけられうるかを考えていく。このような問題意識は、英語科に限らず、他の科目においてもより広く、教員養成教育がもつべき知識観にかかわる、一般性の高いものである。

　一般通念として、現実には、日本の英語教育に関してクリシェ (cliché)

のようなものがあり、「文法に重きを置き過ぎるから英語でのコミュニケーション能力がつかない」、あるいは「文法訳読方式はできるだけ避け、活動重視の授業実践であるべき」といった、文法に対する否定的評価が、学習者だけでなく英語教育にかかわるさまざまな専門家、さらには英語学習について一言ある一般の人々の間にもかなり浸透している。

　現場の良識ある教員たちの中には、英語の授業における活動の大切さをよく知りつつも、知識と実践をできるだけ両立させて、学習者の対話能力のスキルだけでなく、学力を向上させることも合わせて指向しており、「習うより慣れろ」的な活動実戦だけでは到達しない言語能力（linguistic competence[1]）育成を志す教師も少なくない。しかしながら、現職教員が専門的知識を得る機会、たとえば、経済的自己負担がかからない形での大学院長期履修などが必ずしも十分に保障されているわけではなく、さりとて多忙な勤務の中で孤独な自学自習を進めることには限界もあるので、何らかの支援や手立てをひとまず個別に考えていくしかない。学術的な知識を活用して授業実践の質を向上させたい教師を支援することは、これからの教員養成系大学の大変重要な使命である。学校教育における知識と実践の関係性を研究する学際的なプロジェクトは、大学院教育の充実した教員養成系大学でこそ体系的に、かつ実証的に取り組むことが可能である。

　しかしながら前述したように、特定の教科・科目に限らず、学術的知見と教育実践の関係性についての明確な指針は、簡単には得られにくい状況にある。実学ではない学問領域が「役にたつ」かどうかが、研究や教育に対する社会の問題意識になりやすい土壌があることも一因である。（直ちに使える）「役に立つ」教授方法があれば、（使い方が難しい）「役に立たない」

---

[1] 'competence' という用語については、Chomsky が主導した生成文法の理念に基づく、言語に自律的な意味に限定する「（言語）知識」を本書では指すことにする。Hymes (1972) 流の 'communicative competence' は、1.2 の (1) で示す「運用」という要素を含んでおり、知識と運用に関する用語の概念と使い方が異なっているため、本書では混同を避け、区別することにする。

純学問領域の研究成果は「直接関係がなく、必要がない」と考えてしまう教員・教育関係者は少なくない。そもそも、どのような学術的知見が教育現場に有益であるかを、当該研究領域の研究者自身が、教育現場との交流なしに直感のみで把握できるはずもない。さらに、その壁をクリアして、教員研修等[2]により発音指導の重要性への「気づき」がせっかく生まれても、数時間講義を受けただけで教師たちが各種専門的知識を自主的に実践に活用できるところまで熟達するとは考えにくい。知識の実践への応用は、方法上の試行錯誤と検証を経なければならず、ただでさえ制約の多い日常の教育事情を考えれば、実行上簡単ではないからである。関連する知識を学び、少しずつ実践に移していき、結果を振り返りながらスキルを洗練させていくには、言うまでもなく、手間と時間と、そして志を貫徹する意思を共有できる教育研究や実験のためのプロジェクトやコミュニティ形成が必要である。

　発音指導・教育の遅れを改善していく道のりは平坦ではないが、英語教育に求められる対話能力育成に向けて、問題の所在を明らかにして、必要な手立てを講じる努力に取り組む努力の積み重ねが重要である。本書は、その先駆的な試みとして、学校教育に必要な音声学・音韻論の知識を抽出しまとめる（川越担当の第2章が1つのモデルとなる）と同時に、その知識の位置付け方、とくに文法指導との関係を明らかにした上で（本章）、発音指導上の問題の所在を具体的に明らかにし（谷担当の第3章を参照）、さらに、多様な指導方法を対象として教育学的な意味づけを考察する（和田担当の第4章）。これらは、続く実践篇の理論的枠組みとなるものである。本章では、各章で語られる関連研究が相互に連動することを願い、それらの前触れとして、英語科における文法（知識）観についての1つの捉え方を提示する。文法（言語知識）指導と発音指導の関係、とくに、文法の中の音声・音韻知識の位置付けについて、過小評価を克服し、認識の

---

[2] 平成26年より兵庫県教育委員会と兵庫教育大学により実施された「大学と連携した英語指導力向上事業」がその一例。

第 1 章 英語音声教育実践に必要な「知識」 　17

刷新が必要であるという主張を述べる。

1.2 発音の仕組みについての知識を文法の中に位置付ける

　英語教育における知識や理論には、一般に、いわゆる「内容論」として
の知識・理論を提供する英語学（言語学）、および言語文化研究としての
英米文学と、「方法論」のための知識・理論を提供する英語教育学（応用
言語学）の各領域があり、それらは共に関連しあう不可欠な構成要素とし
て、授業実践において調和・融合すべきものである。英語学習において言
語知識とされるものは、言語の仕組みについての知識を記述する「文法」
と、対話行動的・社会言語学的な方略を扱う「文法知識の運用」といった、
異なるモジュールの知識体系に分かれる。音声学・音韻論は、基本的に前
者の文法知識の一部である。言語学研究者にとっては、音声学・音韻論
が文法の一部であるということは今更論を俟たないコンセンサスとなってい
るが、実は、この点が、学校英語教育において共有されていない構図があ
り、発音指導方法開発の最大の阻害要因になっている。教科書や補助教
材、参考書などにおいても、音素の一覧や発音のコツについての断片的記
述は散見されるが、文法全体の一部と位置付けて英語の音声を明示的に
体系化したものは皆無に等しい状況である。

　二分法による分類図示は、過度の単純化となるリスクを伴うが、発音指
導に必要な知識がどこに位置付けられるかについて、次の (1) に整理し確
認しておく。

(1) 　英語の授業実践とことばの知識についての基礎となる学問領域：
　　┌─ 英語教育学（指導法や学習にかかわる諸科学）
　　└─ 言語学・英語学（ことばの仕組みを扱う認知科学・人文学）
　　　　┌─ 音声学・音韻論、統語論、意味論（文法）
　　　　└─ 談話文法、語用論、社会言語学（運用）

上記の基礎的な領域の他、発展的な授業研究のためには文学や関連コミュニケーション研究などが重要な機能を果たすことになるが、小学校、中学校、高等学校を通して、英語授業実践の出発点として重要なものは、まず上記(1) の各領域についての素養であり、この点が、母語に基づいた国語教育と異なる特性である。(1)には英語文学の位置付けが明記されていないが、英語教育と文学研究の関係については、適切な背景をもつ執筆陣により新しい理念が描かれることを強く期待し[3]、本書はことばの知識をどのように理解し教えるかについて検討することに集中する。言語学・英語学の下位範疇をより詳しく記したのは、発音に関する知識が、実は文法に含まれるべきものであることに注意喚起する必要があるからである。このことは、上で述べたように、英語教育実践の現場においては必ずしも十分に共有されておらず、どちらかといえば、文法と切り離されて、「発音」という独立した位置付けで取り扱われることが多い。学習指導要領においてさえ、音声知識と文法との関係性がみえやすい形で記載されてはいるわけではないので、発音が文法から切り離されているという印象は、存外強く残っていると考えたほうがよいであろう[4]。

多くの言語学入門書 (たとえば、Smith and Wilson (1979)) で述べられているように、音声についての決まりごと (規則) が記述される音声学・音韻論は、文法の内部体系の一部として組み込まれる知識モジュールの1つである。伝えたい意味を、形 (統語形式) に整えて、音声表出 (発音) により聞き手に伝えるのが発話であり、意味と文形式と音声表現 (発音) は、三位一体の不可分な関係にあるものとして、統語規則の優位性を維持しながら、相互関係に基づいて連動し、全体の文法を有機的に機能させていく。

---

[3] たとえば、Teranishi et al eds. (2015) に展開されている多様な試みである。
[4] 聞き取りや発音に必要な「英語の音声の特徴」として、強勢、イントネーション、区切りが項目として例示されており、(3)言語材料においては、文法事項とは別記となり、「音声」として別項目が立てられている (中学校学習指導要領、第2章外国語第2各言語の目標と内容)。

発音に関する言語知識は文法知識全体の歯車の1つなのである。文法事項と切り離して、発音だけ取り扱うという手法は、言語学的にはナンセンスであり、学びの実りをもたらさない[5]。「意味-形-音」の関係性の中で、音だけを切り離して意味や形との関連を絶つならば、音声の意味への影響も、形を決定づける手がかりとなる音声の役割のいずれも、どこにも保証されないことになる。音声を切り離した文法観に基づいて、発音指導を文法指導から切り離せば、言語コミュニケーションの重要な手がかりを失わせ、英語のリアリティから乖離するため、学習時の楽しさや面白さを大きく削ぐものになる（Udo, 2010、有働, 2011：2012）。

　発音練習に必要な知識が文法の一部として明確に位置付けられていない状況がある一方で、学習指導要領においては、文法事項の取り扱いに関して、「コミュニケーションを支えるものであることを踏まえ、言語活動と効果的に関連付けて指導すること」を指示しており、「実際に活用できるように指導すること」「関連のある文法事項はまとまりをもって整理する」など、「英語の特質を理解させる」ことを、取り扱いのポイントとして掲げている。したがって、これらの指導要領をしっかりふまえ、音声学・音韻論の知識が文法の一部として適切に組み込まれることが可能になったならば、学術的に裏付けられた適切な音声文法内容を含む発音指導を、対話的な言語活動と効果的に関連付けて授業実践をすることも可能となり、また、それが音声教育実践の本来あるべき構図でもある。教員研修後のアンケートをみると、「日々の授業実践においては決められた課題が多すぎて発音指導までは時間が足りない」といった理由付けで、発音指導が避けられること

---

[5] 学校英語教育の集大成としてのセンター入試において、発音問題が取得点数上位者においても最も振るわない問題であることについて、第8章で調査結果を紹介しているので参照されたい。この現象に関して学校や有名塾等では「発音問題ができなくても仕方がない」という認識に遭遇することもあるが、難解な発音問題の多くが、音韻論知識を学べば予測可能であるということは、残念なことにほとんど知られていない。もし音韻論知識をもってしても予測不可能な問題があれば、それは不適切な悪問なのであり、出題に問題がなければ、指導者側の音韻知識・指導力不足が結果の原因と考えるべきであろう。

が多い状況が垣間見えるが、定延（2004）において主張されているように、言語教育においては、「音声コミュニケーション教育は、文型や語彙の教育と同じ時間の中で、文型や語彙の教育と結びつけたかたちで行うべきもので、授業時間数の制約は大きな障害ではない」はずである。

　音声文法が学校文法の中で文法との連携を欠いていること、また規則そのものついても断片的で体系付けられていないこと、発音指導が言語能力向上にどれほど重要な役割を果たすかについての教員の意識が十分に育成されていないこと、そのための知識とスキルが不足していること、そして、日常的に授業において行われている言語活動に無理なく組み込む方略が立てられていないこと、小学校における「気づき」を中心とした学びを端緒とする、大学受験や各種検定試験を突破できる音声認識・表出能力を育成する小中高一貫の発音指導プログラムのモデルがない状況であることなど、取り組むべき課題は山積している。文部科学省や経済社会が望む強力な外国語交渉能力の育成を推進することが必ずしも英語教育の最優先事項ではないが、少なくとも、若者たちが社会に出たときに役に立つ「使える英語」を学ぶためには、発音指導体制についての意識改革とともに、教師が指針にできる方法論を根本的なところから見直す抜本的改革が必要である。一朝一夕に、あるいは、2020年の東京五輪開催までのわずか数年で奇跡のように実現化が進むとは到底考え難いが、本気で日本の英語教育を改善していこうとすれば、英語音声教育の遅れを直視し、たとえ何年かかろうとも覚悟して地道に取り組んでいくしかないのである。

　上記で述べた、断片的な音声規則指導については、太田（2013）による大学生を対象にした、中学校および高等学校の英語授業における音声指導についてのアンケート調査が参考になる。太田の調査の結果、驚くべきことに、中学校において発音指導をまったく受けていない・ほとんど受けていないと答えた学生の割合は93％にのぼるという結果が示された。高等学校においても同様の状況のようである。このアンケート調査結果が特殊なのではなく、英語教育の中核を担う中学校・高等学校における音

声・発音指導が、全体としていかに貧困であるかを物語るものと受け止めるべきであろう。全体のわずか数パーセントにすぎない発音指導については、個別項目としてのアクセントやイントネーションに関して、受験問題に出るといった影響からか、若干高い確率で指導されているようである。しかし、最も基本的な調音（母音と子音の詳細）や、発音しやすくするための同化、脱落などの音韻変化、日本語と異なるリズムについての指導をまったく受けていない人が8割前後にも達することが示されていることについては、危機感をもつべきレベルの事態である。各種検定試験の上級資格を取得し、流暢に英会話を操ることができる英語教員が増えてきている状況であっても、教員自身の（流暢さと発音技能を基準とした）英語力が、学習者への発音指導力や、指導への動機に必ずしもつながらないことが垣間見える状況なのである。

　学校英語教育に必要とされる音声学・音韻論の基礎的知識については、第2章において詳説されるが、その前に、音声についての規則がどれほど英語能力育成に重要であるかを理解することが、発音指導に取り組む出発点として必要である。次の第3節において、音声情報と文形式の関係、とくに教室で取り上げられる構文についての知識が、音声情報の談話機能と関係付けられることをみていく。そこで述べることが、発音指導の重要性を伝える一助になればと願う。

1.3 文法指導と活動実践をつなぐ音声学・音韻論の知識

1.3.1 文法体系の中の音声学・音韻論

　文法には、文法記述の目的によって「規範文法（prescriptive grammar）」と「記述文法（descriptive grammar）」の2つのアプローチがある。学習を目的として編集され、学校で教えられる文法記述は、前者のタイプに属する。記述文法は、人間の言語の本質とはどういうものかを記述するためのものであり、語学学習への応用を第一義的な目的としていないため、教育的には推奨されない類の言語表現も含めて、あらゆる類の語法・文法をあ

りのままに記述しつつ分析・考察を行う (Huddleston and Pullum, 2002:5-11)。この2つのどちらを学校英文法が軸にすべきであるか、あるいは、それらのバランスをどのように調整すれば適切な学習英文法が構築されるかについて、真正面から議論した取り組みはこれまであまり出ていない。教室で目にするのは、記述の妥当性が十分に検証されていない「英文法」が慣習化されたものである。ことばの記述のあり方は多様であり、教育上どのような形式が適切で有効であるかということについては多角的な視点から議論・検討されるべきであるが、数十年以上も文法記述が大きな改変を見せていない状況を考えると、もうそろそろ、時代にあった対話重視の教授法と調和する学習文法の開発に向けて、さまざまな試みが出現してほしいところである。

　音声学・音韻論との関連性という点においては、これら2つのアプローチを比較すると、規範文法が、音声に関する規則を文法の一部として含んだ実績がほとんどないのに対して、記述文法では、文法の必須要素として規則体系の一部として有機的に組み込んでいるという違いがあり、特記すべきことである。記述文法である音韻規則を学習英文法に活用するという方向性は正しいが、そのまま学習文法にスライドさせることは、拙速な適用であり、避けるべきである。記述の形式自体に科学的主張の意味が込められているような記述と、学習者が外国語の仕組みを理解するための支援としての記述は、おのずと記述スタイルが異なって当然であり、横滑りはできない。必要なのは、学術成果の内容を教育的配慮を施して加工したものである。

　音声規則が組み込まれる記述文法の一例として、生成文法の理念に基づいて考えると、理論的枠組みによる記述様式の違いはいろいろあっても、ほぼ共通の認識として、文法が記述すべき知識の構成要素として、音声学・音韻論、形態論（語形成理論）、統語論、意味論といった領域がある。これらは構造的に連動しており、極めて大まかな書き方であるが、基本的には、＜音素－音節－形態素－語－句－節－文＞といったボトムアップ的な流

れで記述できる構造関係で結ばれている。音声情報はこれらの各レベルで存在しており、語句の意味と文構造がわかれば文の意味が決まるとする合成（構成）性の原理（compositionality）により関係付けられる音韻構造もあれば、超分節的に適用される音韻現象もある。言い換えれば、順次組み立てられていくものもあれば、全体としてまとまった段階で機能するものもある。

　音声学は、個別言語、たとえば英語の発話・発音において起こる物理的現象を説明する学問領域であり、具体的な音をどのように口腔器官で産出するか、または、発音された音声がどのような音響効果をもって、音素、音節などの音の単位、あるいはリズムやイントネーションなどの韻律（prosody：プロソディ）を表すのかといった情報を説明する。これに対して、物理的・具体的な音がどのように組織・体系化されるのか、音の組み合わせに応じて私たちの身体がどのように対応して、変化した発音を認識したり、発音しやすく改造したりするのかといった音声現象に着目し、どのようなきまりとして慣習化し、聞き手と共有するのかといった、発音の仕組みを説明するのが音韻論である。そのような2つの領域のあり方を考えると、学校文法においては、実技的なスキルは音声学を参照すべきであるが、具体的な外国語の音声表現の仕組みを理解するためには、音韻論の知識が必要だということになる[6]。学習指導要領や関連文書において「英語音声学」という表現が多用されているが、音声指導のために教師がもつべき背景知識としては、発音の仕組みを表す音韻論が大変重要であり、音声学は音韻の仕組みを支える物理的な現象についての知識であることを理解すべきである。両者はどちらが欠けても機能しない。学習指導要領において使用されている「英語音声学」という表現は、便宜上の呼称であることを

---

[6] 音声学・音韻論の境界線については、Carr（2013）、Celce-Murcia 他（2010）、川越（2007）など、入門書的な文献を参照するとよい。外国語学習においては、たとえば、非母語話者である学習者の発音（音声学）が母語話者にどのような音として認識されるか（音韻論）をふまえて発音指導をしなければならないが、そういった際に必要な概念理解である。

理解し、発話を産出・送信し、伝えた意味やメッセージが理解される対話の構図を支える規則として音の規則があり、小さな単位（音素や音韻素性）から大きな単位（文のリズムやプロソディ）に、規則を通してつながっているという枠組を知ることが大切である。

　さらに、極めて重要な文法の原理として、音と形と意味の各規則（音韻論と統語論と意味論）は、相互作用で関係付けられて全体を構築するという側面があり、この構図が学校文法に反映されているとは言い難いことに注意すべきである。3つの中では統語規則が最も優先されるべき位置付けの文法規則であり、音韻規則と意味解釈は、統語情報を参照しつつ決定されるという関係である（Smith and Wilson, 1979）。わかりやすく表現すれば、文の形が決まってから、発音をどうするか、意味がどうなるかが決まるという構図になっているということである。音と意味の関係については、どちらが優先されるか、やや微妙であるが、通常は体系性を配慮して、音声情報が先に決まり、意味はそれを参照する、と説明されることが多い。学校英文法においては、この「形と意味」「形と音」「音と意味」といった相互関係についての言及が極めて少ないが、断片的な文法情報が有機的にかかわりあって機能することを理解することは、子供たちの学習において、知識への関心を呼び覚まし、ことばの知識を生きたものにする可能性が期待できる。生成文法理論でいう「言語獲得装置」が活性化していると考えられる、臨界期前の小学校段階においては、たとえば、意味とリンクさせて英語音韻の仕組みを理解できる可能性があるということである（Chomsky, 1964）[7]。そのようなデザインの教授法が開発され、検証されるようになれば、英語の学びの飛躍的な質的向上につながるであろう。「英語の音声とリズムに慣れ親しむ」とは、まさに、「英語の音声とリズムには仕組みがあることに気づき始める」ことなのである。

---

[7] 林（2018）に、外国語活動後実施した小学校5年生のふりかえりの結果を分析した記述があるが、そこに「言語獲得装置」が活性化されていることを示唆する現象が描かれている。小学生の音素の気づきについては、本書の第5章を参照のこと。

発音が文法形式によって決まるということについて、学校の英語教育実践に関連する事例においては、たとえば、音読するときにどこに区切り（pause）を置くかを判断するときには、統語構造（句や節のまとまり）の情報に基づいて判断されるといったようなことがある。区切りがつきやすい箇所（主語と動詞句の間）やつきにくい箇所（動詞と目的語の間）など、構造的なまとまりや、まとまった句構造の間の統語的距離感など、自然で通じる発話に向けた音読練習をするには、まず構造上の知識をふまえることが必須である[8]。「区切り」は、学習指導要領で発音指導の課題として設定されているものの1つであるが、教室で多用されている「チャンク」とは、重なるときもあるが、基本的に異なるものである。「チャンク」は、構造上の定義をもたず便宜上設定・使用されているものであり、重要な「区切り」とは、文構造理解につながる、統語構造を反映したものであり、両者は区別すべきである。区切りの付き方によって、文構造と伝える意味がまったく違ってくる例を次の（2）に示す。

(2)　　a. It's ↘ me. | ↘ NICK.
　　　　b. It's ↘ ME, Nick.　　　　　　　　　　　　　　（Carr, 2013:122-123）

（2a）では、強勢が2箇所置かれて、区切りが文の境界線となっている。発話の情報の核は、2つ目の（省略）文の 'Nick' に置かれ、そこが相手に伝えたい情報となる。つまり、電話を取った聞き手が、電話をかけてきた発話者の名前を確認できるように、発話者が 'Nick' という名前であるというリマインダを出した発話である。「俺だよ、ニックだよ」という、オレオレ詐欺を思わず想起させるような発話になる。一方（2b）は、音声上の区切りがなく、'me' に強勢が置かれて、'Nick' は、電話を受けた聞き手も知って

---

[8] 音読実践の際に区切りをマークする '/' や '//' などは、便宜上の線形的な境界線であり、必ずしも文構造の正確な階層を表すものではないことに注意する必要がある。

いる既知情報として、続けて付け足した感じで発音される。たとえば電話をかけた側の、電話を取った相手への初動発話であるとすると、'Nick' という名前の（電話を受けた）聞き手に対して呼びかけつつ、自分は名乗らず「俺だよ」と言っているので、発話者は聞き手の名前を知っている人ということになる。字面は同じでも、区切りとイントネーションの置き方によって、発話の意味がまったく異なったものになることがわかる事例である。「区切り」という概念は文法指導上重要なものである。文構造の理解のために、音声表現と整合性をもたせて指導に組み込むものとして扱い、音読指導導入だけのために便宜上設けた目印とは明確に区別する必要がある[9]。構造的な区切りと合わない「チャンク」が恣意的に設けられるリスクがもしあるのであれば、文構造に基づいた音声指導を徹底したほうが賢明である。

　文のステイタスを示す役割を音声が担う例は、枚挙にいとまがなく、たとえば、中学校1年生で「主語−助動詞倒置」型の疑問文の前段階として導入される、上昇調イントネーションにより平叙文が疑問文として機能するパタンが、わかりやすい例としてすぐに思いつく。統語規則の優位性、すなわち構文の形が意味や音声の決め手になるという基本に則って、音声情報と意味には密接な関係があると学ぶことが、音声指導上の大切なポイントである。音調情報が構文解釈にはたす役割を意識させるのに効果的な例をもう1つ、(3)にあげておく。

(3)　　a. Are you free on Tuesday ↗ or Wednesday ↘ ?

　　　 b. Are you free on Tuesday or Wednesday ↗ ?

（Huddleston and Pullum 2002: 868-872）

---

[9] 学校文法の指導項目に関しても音声が構文解析の手がかりとなるような現象は数多く、ほかにもたとえば、関係節の継続用法では、先行詞と関係詞節の間に通常区切りは置かれないが、非継続用法の関係詞節と先行詞の間には区切りが置かれるといったようなことがある。新規に学習する構文を導入する際には、必ず音声表現を確認する必要がある。それをしなければ、生徒に適切な音読をさせることはできない。多様な事例については、Carr（2013）P.106-125 を参照のこと。

(3a) は選択的な疑問文 (alternative question) であり、自由に予定が入れられる日が火曜日なのか水曜日なのか、どちらであるかを問うている。(3b) は、極性的な疑問文 (polar question) であり、火曜日でも水曜日でもどちらでもよいけれども、どちらかの日に時間があるかどうかを問うている。これらは、等位接続構造がかかわる構造の曖昧性についての事例であるが、いずれの場合も、イントネーションのあり方が質問の意味を決定付けている。質問の趣旨を正しく伝えなければ、答えることができないことは明らかである。Q & A 型の対話練習はペアワークとして普及しているが、音声情報との整合性が保証されるように指導すべきである。

　文法構造の峻別という観点から、初期段階の学習において注意しなければならないことの 1 つとして、イントネーションのほかに、さらに、アクセントのパタンの問題がある。次の (4) に示された、名詞句構造の違いを観察して考えてみよう。複合語であるか、名詞句構造であるかという統語構造の違いが、アクセント付与のパタンに反映される例である。

(4)　　a. ENGLISH teacher
　　　　b. English TEACHER

(4a) のように大文字部分の形容詞に強勢を置くと、「英語教師」の意味の複合語 (単語扱い) となり、(4b) のように名詞部分に強勢を置くと、「イギリス人の教師」の意味の名詞句構造 (形容詞＋名詞) となる。この事例は、実は要注意事項であり、とくに中学校の導入期において、学校を舞台とした文脈設定をしている教科書がほとんどであるため、用例が頻発するものと考えられるからである。ALT を話題にした文脈などで、「アメリカ人の英語教師」ならまだしも、「イギリス人の英語教師」が登場人物として出てきた場合、正確なアクセントをつけないと、誤解が生じてしまうということになる。「イギリス人の英語教師」の場合は、'an English ENGLISH teacher' という形も可能となる。'an English teacher from England' のような、前置詞

句が名詞を後置修飾する構造を習う前の段階では、名詞の前に修飾語句を複数重ねて表現するしかないだけに、音声表現を適格な形にして学ぶことは大切である。この他、合衆国大統領の本拠地は 'WHITE house' の強勢パタンであるが、外壁が白い家は 'white HOUSE'、写真を現像する作業部屋は 'DARK room'、光の入らない暗い部屋は 'dark ROOM' である。複合語とのアクセント付与については、意外に教師間で共有されておらず、教師の発音におけるアクセント付与の誤りが観察されることもあるので、慎重に音声表現の確認を取りたいものである（本節で述べた音韻現象については、第 2 章を参照のこと）。

1.3.2 「コピュラ文」という盲点

　本節では、形と意味、そして音の三要素が、組み合わせとして相互に機能して成立する構文を取り上げ、音声指導が文法指導に組み込まれる必然性について述べていく。中学校・高等学校を通して発展的にさまざまな構文型に関与するという意味で重要度の高い項目として、まずコピュラ文を取り上げる。

　コピュラ文とは、コピュラ（繋辞）である be（いわゆる「be 動詞」）が本動詞として成立している 'A be B' の文形式のことをいう。小学校外国語活動からすでに多用され（'I'm happy':1-2、'What's this?':1-7、'When is your birthday?':2-2 など、いずれも *Hi Friends!* の単元主題表現）、小学校と中学校の英語教育を連携させるために最適な基本文形式として、中学校 1 年の最初に出現する教科書がほとんどである。「コピュラ文」という名称は言語学の学術用語であるが、学校教育の現場においては、「受け身」や「使役」などとは異なり、「構文」という文法指導上の特別なステイタス・名称・ラベリングを与えられてはいない。どちらかといえば、必修化された小学校外国語活動でも慣れ親しんだ平易な表現として受け止められ、理解やすいシンプルな文として取扱われている。たとえば *New Crown* の中学校 1 年の教科書では、Lesson 1 〜 3 において 'I am Tanaka Kumi.'、'She is my friend.'、'This is a fox.' といったコピュラ文が提示され、平叙文（肯定・否定）、疑問文とその答え方など、基本的な文パタンを練習する基盤になっている。そこでは、重要な構文的要素が含まれるとは気づかれていないのが一般的である。

　中学校の英文法導入段階においては、コミュニケーション活動重視に舵を取って以来、文法用語が忌避される傾向にあるが、文法範疇を表す用語としては、「主語」および「動詞」などが出現している[10]。コピュラ文の形式を把握するために必要な要素としては、「主語」と「動詞」の他に「補語」が必要である。「A *be* B」の A は be の前の主語（統語形式は名詞句）、そして be の後の補語（統語形式は名詞句 / 形容詞句 / 前置詞句）が B である。しかも、主語、補語といった、文成分の文法的役割を表す文法機能と、動詞、名詞、形容詞などの、統語的ふるまいにより規定される統語範疇は、異なる種類の文法概念であり、コピュラ文の理解には、これらを区別しつつ意味と形の関係性を理解することが必要である。中学校から高校にかけて複雑化していく英文法知識を混乱なく体系化させるためにも、この箇所の文法指導は極めて重要であり、文法指導実践方法の開発と工夫が求められる状況である。ここでは、文法記述の改善について詳細に議論することが目的ではなく、音声的な決まりごとが文法指導でどのように組み込まれ得るかという点に絞って論を進める。

　「A *be* B」形式のコピュラ文に対する学習的取り扱いにおいては、A と B の関係を（数学の等記号を用いて）「＝の関係である」と説明されることが慣習化されている[11]。この説明は、補語が名詞のときはうまく収まることもあるが、形容詞や前置詞句の場合には機能しない。中学校 1 年生の初期に出現する事例に基づいて、be 動詞が主語と補語をつないだ形であるコ

---

[10] それらに含まれる「＿語」と「＿詞」の概念の違いについて現場で説明がなされているかどうか不明であるが、おそらく十分な説明は慣習化されておらず、漢語で表現された「難しげな」表現が、負担感を伴う文法用語として使用されており、不正確なことばの理解につながる危険も感じさせる。
[11] たとえば、*Sunshine English Course 1*, p.58 に示されている。

ピュラ文を取り出し、その構成要素を展開してみると、次の (5)のような組み立てパタンとなっており、かなり多様な表現をカバーしていることがわかる。

(5)　a.　[　主語　+　be　+　補語　]
　　　　　　↓　　　　　　　　↓
　　　　　名詞句　　　　　名詞句
　　　　　　　　　　　　　形容詞句
　　　　　　　　　　　　　前置詞句
　　　b. 名詞句 → 代名詞、限定詞+普通名詞、固有名詞、指示詞

上記 (5)中の主語と補語の組み合わせると、教科書の事例にあるような、次のような例文が可能である。

(6)　a. I am Tanaka Kumi.
　　　b. I'm sorry.
　　　c. You are not from Australia.
　　　d. This is the ball.

(6)以外の可能な形の表現も含め、肯定文、否定文、疑問文などの形をとって、多様な文表現が教科書のあちこちに数多く散在する。

　しかしながら、実はここには見落とされている盲点がある。コピュラ文に関する非常に重要な、ある語学的ポイントが、すべての検定教科書に抜けている状況があり、その結果、授業実践においてもその言語現象への配慮が十分になされていないという状況がある。このことについては、教科書改訂を経て具体的な改善が慣習化されるまで繰り返し指摘しなければならないと考えている。そのポイントとは、コピュラ文には、大きく分けて、2つの表現型が対応し、表面的には類似または同一の表現にみえても、意

味・情報構造、談話機能がまったく異なるということである。具体的には、「措定文 (predicational sentence)」と「指定文 (specificational sentence)」の 2 つの構文タイプである (Declerk, 1988、西山 , 2003)。

英語のコピュラ文「A *be* B」の形において、措定文は、主語 A についての属性情報を B の表現で記述する。たとえば、人であれば、年齢・性別・職業・性格など、その人の‘属性’や状態を述べる表現である。他方、指定文は、措定文とはまったく異なり、主語 A が、補語 B で求められた問いの答えになるような、文の中に「Q & A」の意味構造の要素を含む表現パタンである。たとえば、措定文の例としては、'I'm a teacher.'（「私は教師です」）、'The exhibition was interesting.'（「展覧会は素晴らしかったわ」）など、主語名詞句が指すものの特徴や属性について述べる表現である。それに対し、指定文は、'The tall lady over there is your boss.'（「あそこにいる長身の女性が君の上司だよ（君の上司はあそこにいる女性だよ）」）、'You are the winner.'（「あなたが優勝です（優勝はあなたです）」）のように、「上司はどの人であるかというと、（それに対する答えは）あの長身の女性である」、「勝ったのは誰かというと、（答えは）あなたである。」といったような、問いに対して答えを与えるような意味関係を内包する、やや複雑な情報構造をもつ形式なのである。格助詞に記した下線は筆者が施したものであるが、これらコピュラ文の 2 タイプは、日本語の「は」と「が」の配置の違いで区別できるのが特徴であり、別の視点から考えれば、日本語母語話者は、「は」と「が」についての母語の直観というインフラが有利に働き、抽象度の高いコピュラ文の類型を、難解でややこしい文法説明なしに理解できる背景があると考えることができるのである。中学校英語の導入期でこの文タイプが最初に取り扱われるという事実は、実は、非常に意味のあることなのである。

この 2 つのコピュラ文タイプの違いについて、音声指導の視点からみて非常に重要な点は、措定文と指定文の強勢パタンが異なるということである。次の事例 (7) を用いて、この点を確認する。

(7)　　a. This is an ADVENTURE.
　　　　b. THIS is the dog.

(7a)の措定文では、たとえば、今自分が置かれている苦しい状況（'This'）を目の前にして、その事態の受け止め方として「これは冒険よ（冒険と思えばいいのよ）」と、気持ちを鼓舞するために発話する場面を想像すると、「冒険だ（adventure）」という部分に情報性があり、そこに強勢が置かれる。それに対し、(7b)の指定文表現では、たとえば、渋谷駅の前にある小ぶりの犬の像を見ながら、アメリカ人の友だちに「これが、（話をしていた、映画にもなった、亡くなった主人を待ち続けた有名な）あの犬なんだよ」と発話している状況を想像して解釈を考えてみるとよい。(7b)は、渋谷のような繁華街になぜ犬の像があるか訝る聞き手に対して、目の前にある犬の像が、実は、日本で有名になっただけでなくアメリカで映画化までされた忠犬「ハチ」の像であると指定する発話となる。そこでは「例の犬（the dog）」の箇所は、話し手と聞き手の間で共有された旧情報であり、強勢は置かれない。目の前の犬の像を指して、例の犬は「これだ」と同定するのが発話の趣旨なので、文頭の 'this' に情報性があり、強勢が置かれる。この強勢・イントネーションパタンは、必ず守られなければならない。もしこの音声パタンが崩れたら、上記で説明したコピュラ文の意味・メッセージを正しく伝えることが保証できない。したがって、中学校初期段階においてこの種の文を用いて活動をさせる際には、形と意味とプロソディの組み合わせパタンをある程度整理し、学習させることが肝要である。もしそれをしなければ、活動の適格性は失われるであろう。

　コピュラ文に限らず、さまざまな文の形が音声表現や情報構造とどのような関係で成立しているかを知ることは、伝えたい意味がきちんと伝わるコミュニケーションを指向するのであれば、欠かせない知識である。次の1.3.3では、このような例としてもう1つ、中学校2年で導入される存在文について簡単に紹介する。

1.3.3 存在文の談話機能と発音

中学校 2 年で導入される存在文（'there is/are' の形式の文）も、前節で紹介したコピュラ文のように、基本構文でありながら、文法の形が有する意味や機能、音声表現に関して、教室の活動が構文の談話機能や表現性を反映しているとは言い難いものの 1 つである。言語学研究史上はすでにコンセンサスとなっている知見が十分に反映されないために、教科書・参考書等の記述や教室における活動実践に不正確さが生じることは残念であり、さまざまな機会に指摘がされてきたはずであるが、いまだ大きな改善はみられない (Udo, 2010)。しかし、そのような状況でも、検定教科書の中で、若干例であるが、本文における There 構文の取り扱いが適切で理解しやすいものが現れてきているので、その前向きな事例をみながら、この構文の注意点について説明する。

(8)　　On the phone:

　　　Taku:　Tina? I'm lost. I need your help.

　　　Tina:　OK. Don't worry. I'll find you.

　　　　　　　What can you see around you?

　　　Taku:　Well, I can see a pond in front of me.

　　　Tina:　Anything else?

　　　Taku:　There are some trees around the pond.

（*Columbus 21 English Course*: 34）

(8)は、公園で迷子になった Taku が、携帯電話で Tina と対話しながら、周囲に見えるもの（池と、池の周囲の木々）を伝えて、迷子になった場所を Tina に伝え、そこから誘導してもらおうとしている場面である。There 構文の事例は、Taku がいる場所が見えていない電話の向こうの Tina に、Taku の居場所から何が見えるかを伝える目的で発話されている。There 構文の動詞 be の後の名詞句が表しているのは、Taku に見えていて、Tina には見え

ていないけれども、Tina にその存在を知らせたいものである。聞き手に見えていないものの存在を知らせるという働きが、ここでのこの構文の談話機能であり、話し手と聞き手の両方に池や木々が見えていては使えない構文なのである。この教科書の対話場面は、言語学的に検証された知見と整合性のある文脈設定になっている[12]。

　相手の知らない・気づかない・忘れた・見えていない情報の存在に、気づかせたり、教えてあげたり、リマインダを出したりする、この談話機能は、「提示機能 (presentative function)」と呼ばれている (Bolinger, 1977)。文全体が聞き手にとって予備知識にない新しい内容を表す新情報であり、とくに名詞句が最も情報性が高くなる部分であるので、そこに強勢が置かれる。there は形式的に主語の役割を果たすダミーという機能語であるので、強勢は置かれない。また、文末の場所副詞句も、とくに対比的な意味がなければ、強勢を置く必要がない。存在を表す数量詞である some も機能語なので、弱形が選択される。したがって、上記の該当教科書例文は、概ね次の (9) のように、山型のプロソディの流れをたどって、音声のピッチが調整されることになる。

(9)　　There are some TREES around the pond.

強勢を置くところと置かないところをつないだ、このイントネーションパタンは、There 構文の意味を伝え、談話機能を果たすためには、確実に守られなければならない。音声情報を適切に表出しなければ、この構文によって表された文表現が伝える、相手にとって意味のある新情報を、効果的に、かつ確実に伝えることはできない。

　以上、1.3 では、基本的な形式上の条件（統語構造と意味、それらと調

---

[12] しかしながら、p.35 のエクササイズにおいては、残念なことに、せっかく適切に文脈提示した談話機能についての理解を定着させる練習課題にはなっていない。本文の扱いと練習問題は整合性が保証されるのが望ましい。

和する音声情報）が、まず最も重要な学習の出発点として整えられなければならない内容であることを述べた。未習の構文を新規に学習課題として導入する際には、形式的な特徴（統語規則）と意味だけでなく、その形の談話機能や発話意図が伝わるような発音(区切りやプロソディなど)で、しっかりと音声表現が伝わるように、授業活動案が組み立てられるのがよい。第6章で圓井が述べるように、聞き手に意図が伝わるように音声表現を実際に演じる際に、たとえば、音調曲線のピッチ幅を大きく広げて発音することは、生徒たちにとっては思いの外ハードルが高い。せっかくペアやグループなどの対話スタイルで練習する設定をしても、外国語を用いて自分の表現性の壁を突き破るのは、かなりのエネルギーを要することである。英語による音声表現能力を向上させるには、本節で述べた、文形式の表現機能と発話意図を反映した場面設定を整え、対応する適切な音声情報を確実につけて、心理的障壁を乗り越えて繰り返し練習するしかない。

　中村他（2010）によれば、英語力の初級者と中上級者を比較した場合、上級になるほど、プロソディよりも文法構造思考の依存度が高くなることがわかっているが、このことが、外国語学習者の自然なプロセスを物語るものであるか、それとも、日本の英語教育の実情を反映し、プロソディなどの音声情報に依存しない学習をさせた結果の、音声情報処理能力の貧困に起因するのかどうかは明らかではないが、発音指導が遅れている実情と合わせて、こういった英語教育研究結果についても関心をもち、それぞれの英語教育実践における発音指導について、省察的に検証することが必要であろう。（教師のための省察的実践については、第9章を参照のこと。）

1.4 まとめ

　本章では、発音という学習課題に対して、学校英語教育においてどのような位置付けと扱いが適切であるかについて、言語学の学術的知見に基づいて、文法指導に適切に組み込むことがいかに大切であるかを述べ、そのために内容論と実践研究をすり合わせる必要があることを主張した。同

時に、「文法」という存在が、慣習化されたイメージにおいて否定的に捉えられ、文法知識が「生きた英語」につながらないものであるとする先入観が、音声表現能力向を阻む要因になりかねないことに注意を促した。英語教育実践者がもつべき「知識」への姿勢についても再考を促し、発音が音声学・音韻論の知識に基づいた現象であることをふまえ、文法の一部として組み込む視点が、体系的・組織的で、より有効な英語学習実践につながることを、具体的な事例を通して示唆した。

　文法知識の内容と提示スタイルを検証せずに過小評価するだけでは、魅力ある文法の学びは享受できない。学術的知見の教育への応用は、英語という個別の教科に限定されることではなく、教育実践全体の中で、教科横断的に、「知識」が私たちの人生や生活に与える意味を考えながら、より精力的に議論されるべき問題であると思われる。英語教育においては、知識ということばに対して「現実から乖離した役に立たないもの」という誤ったイメージをもたせるのではなく、コミュニケーションに直結する知識の取り扱いを工夫し、適切な文脈を背景に発話意図を的確に伝える音声表現に結実させることが、授業実践・活動の質的向上を目指すための重要な課題である。教科内容にかかわるさまざまな学術的知見に関心をもち、それらを学び教育実践につなげていくことは、たいへん重要である。本章では、教科教育実践における知識の捉え方について、英語教育の課題を通して熟考し、文法知識体系に音声学・音韻論の知識を蘇らせ、実践に織り込んでいくことの大切さを訴えた。

（有働 眞理子）

参考文献

有働眞理子（2011）「文法の指導」髙橋美由紀・柳善和編著『新しい小学校英語科教育法』,182-193. 協同出版 .

有働眞理子（2012）「言語の知見を学校教育に活用するということ」藤田耕司・児玉一宏・谷口一美・松本マスミ編著『最新言語理論を英語教育に活用する』,24-33. 開拓社 .

太田かおり（2013）「日本の英語教育における盲点 - 音声教育の現状と課題 -」『九州国際大学国際関係学論集』8,37-69.

川越いつえ（2007）『英語の音声を科学する』大修館書店 .

定延利之（2004）「音声コミュニケーション教育の必要性と障害」『日本語教育』123 号 ,1-16.

中村智栄・原田康也・石崎俊（2010）「日本人英語学習者の音声文理解にプロソディ情報が果たす役割」情報処理学会研究報告 JPSJ SIG Technical Report, Vol.2010-NL-196 No.10,1-8.

西山祐司（2003）『日本語名詞句の意味論と語用論』ひつじ書房 .

林奈津美（2018）「音声への気づきを促す小学校英語教育に向けて - マルチセンソリー・ストーリーテリングを取り入れた実践例 -」兵庫教育大学修士論文 .

Bolinger, Dwight（1977）*Meaning and Form*, New York:Longman Higher Education.

Carr, Philip（2013）*English Phonetics and Phonology: An Introduction.* Second Edition. Chichester,UK: Wiley-Blackwell.

Celce-Murcia, Marianne, Donna M. Brinton, Janet M. Goodwin（2010）*Teaching Pronunciation: A Course Book and Reference Guide*, Second Edition. New York: Cambridge University Press.

Chomsky, Noam（1965）*Aspects of the Theory of Syntax*. Cambridge, Massachusetts: MIT Press.

Declerk, Renaat（1988）*Studies on Copular Sentences, Clefts and Pseudo-clefts*.Leuven, Belgium:Cornell University Press.

Huddleston, Rodney, Geoffrey Pullum.（2002）*The Cambridge Grammar of the English Language*. Cambridge:　Cambridge University Press.

Smith, Neil, Deirdre Wilson（1979）*Modern Linguistics: The Results of Chomsky's Revolution.* London:Penguin Books.

Teranishi, Masayuki, Yoshidumi Saito, Katie Wales（2015）*Literature and Language Learning in the EFL Clasroom*.Basingstoke,UK:Palgrave Macmilan.

Udo, Mariko（2010）Grammar for second language learning: Linguistic studies' contribution to education. In　岸本秀樹編『ことばの対象』309-321. くろしお出版 .

参考資料

文部科学省（2014）*Hi friends! 1, 2*, 東京書籍 .

New Crown English Series 1, 三省堂 .

Sunshine English Course 1, 開隆堂 .

Columbus 21 English Course 2, 光村図書 .

音声学・音韻論と英語教育実践

第 **2** 章

－対話能力を強化する英語音声指導に向けて－

2.1 中学校・高校ではどんな発音指導がされているのか

　「中高ではどんな発音指導を受けましたか」と入学して間もない学生に
毎年聞いているが、講義を受講する 100 名ほどの学生のうち 10 名くらいが
リズムの指導を受けたといい、ほかは単語のアクセント位置を習った、あ
るいは発音記号を学んだというものもいる。しかし、大半は発音指導を受
けた覚えがないし、発音記号もよくわからないという。R と L がむずかしい
ということや、th 音は舌を歯の間に挟んで発音するといったことを知ってい
る学生は多いが、会話練習や教科書の朗読のときにそうした発音に注意し
ているかというと、先生も本人も関心がなかったというものが多い。イント
ネーションについては Yes/No 疑問文は上昇調、Wh 疑問文は下降調という
ことや、付加疑問文や選択疑問文の音調については習った記憶はあるが、
知識として教えられただけで、実際に発音指導を受けた記憶はないという。
これは手島（2011）に詳細に報告されている中学高校の発音指導の現状と
基本的に同じであり、手島（2011）によるとこの状況はこの 30 ～ 40 年の
間大きくは変化していない。

　同じ学生たちに音声学の基本について 90 分の講義を 3 回した後で、自
由記述でコメントを書いてもらうと、「いままでどうせできないとあきらめて
いたが、なんだか発音ができそうな気がしてきた」、「こうした授業を中学
で受けたかった」といったコメントが多い。「こうしたことが学びたくて大学
にきた」という学生もいる。大学受験という頭の上にのっていたつかえが
取れて、さぁこれからは自由に英語を学べるという初心に帰ったようなワク
ワク感が感じられることも多い。もちろん、なかには中高で学んだ英語は

何だったのだろうかという怨念に近い思いを発する学生もいる。自分の発音がだめなのは中高の教育のせいだという怨念である。

　２年間にわたり筆者は、兵庫県教育委員会主催の小中高等学校英語教師対象の研修会で英語音声学の講習を担当してきた。まる一日音声学の講義を受け、ワークショップに参加したあとで、自由記述で感想を書いてもらった。中学校の教師の方々の記述からいくつかを拾うと、「音声の指導こそが生徒の興味・関心をひく大切な指導であることがわかりました」「音のリンキングは教科書のリーディングの時にしてみると子供たちの興味を引き上げてやれると感じた」「発音を正しくすることは子供のやる気につながる。いい発音が少しずつでもできるようになることが、英語への意欲を高めると思います。いろいろなアクティビティを仕掛けたいです」など、音声学の知識をもっと身につけて生徒に教えてみたいという思いが現場にあることが感じられる。

　研修会の講師をしてよかったと思うのは、次のような感想をいただいたときである。「文強勢やリズム、どんな語が脱落するか、弱く発音するとはどう発音することかなどに、一定の法則があることを非常に興味深く思いました」「単語のリンキングや (his, her の) h を読まないということは知っていたが、それをロジカルに説明できるということを詳しく知ることができました」などである。これらのコメントにある「一定の法則がある」「ロジカルに説明できる」ということこそ、まさに音声学・音韻論の専門家が英語教師にわかっていただきたいことだからである。単に「この文ではここを強く読みましょう」というだけでは、その文はうまく読めてもほかの文に応用する力がつかないのである。なぜこの文ではここを強く読むのか、そして強く読むとはどういうふうに読むことかを説明し模範をみせて初めて生徒は納得し、会得する。

　中学校の英語教科書の教師用指導書をみると、イントネーション記号や文強勢の記号はついているが、なぜそこにその記号がつくかの説明がない。どこかに書いてあるのかもしれないが、そこまで読み込む時間は通常ない。

理屈がわかれば指導書のイントネーションの記号も意味をもつ。なぜここが強く発音されるのか、なぜここで音調が下がるのかといったことについて、何となくフィーリングで生徒に教えるのではなく、「ロジカルに説明」する必要がある。ロジカルな理屈がわかればどんな文にも応用ができるし、指導書の記号がなくても自分で考えて決めていける。文の朗読や英語のスピーチをするときや、英語で会話をするときに、どのように発音すべきかがわかり、リスニング力の向上にもつながる、何よりも英語の音声を聴くことが面白くなれば、これこそ教師がすべきことだと考える。

　このように考えると、英語教師に要求される能力は決して小さくはない。教師は、生徒がぶつかる発音上の問題点を把握し、その指導方法を身につけていなければならない。そのためには英語音声の仕組みを知り、日本語音声の仕組みとの違いを知っている必要がある。なぜこのように発音するのかをロジカルに説明しないと生徒は理解しないし、発音の力は身につかない。ただし、教師は自分自身の発音についても研鑽をつまなければいけないが、英語母語話者のように発音できないからといって怖気づくことはない。大事なことは、自分の発音を客観的に評価できること、つまり、自分の発音の問題点を把握していること、そして、常に英語の音声に関心をもって英語を聞くことである。教師がおもしろいと思うことは生徒に必ず伝わっていく。

　英語教育の質、それを現場で支える英語教師の質が問題視されてきて久しい（竹蓋, 1997）が、手島（2011:42）が指摘するように、英語教員免許状の取得要件に英語音声学は明記されていない。英語音声学は英語学の一部として扱われており、英語音声学を履修せずに英語教員の免許状を取得できる状況である。「コミュニケーション重視の英語教育」（文部省, 1989）を謳いあげながら、英語音声学についての基本的な知識なしに英語教員になれる教員養成の体制は、現在もいまだに変っていない。手島（2011:42）が書いているように、「自らの英語の発音について指導を受けたことがなく、英語音声学に関する基本的な知識もない者が、英語教員になれる」体制

が続いている。さらには、小学校外国語教育も 2020 年度から教科として導入されると、英語を指導することは想定されていなかった小学校教師たちが英語を教えることになる。小学校教師たちが契約違反だといっても、また、有識者たちが小学校への英語教育導入の危険を指摘し続けても、容赦無く現実は進んでいく。英語教育を担当する者たちが、その質を上げていくことが求められている現状である。

　発音指導で教えるべきことは大きく 2 つに分かれる。1 つは個々の音の発音であり、もう1つは単語を越えた文の発音、つまりリズムとイントネーションである。本論文では後者の指導のもととなる英語の文発音のルールを示し、日本語の音声と比較しつつ、日本を母語とする生徒にありがちな問題点について順を追って検討しながら、学校教育に必要な英語の音声文法を述べていく。

2.2 文のリズム

2.2.1 強勢リズムと拍リズム

　英語のリズム指導というと (1) のような文を思い出す方もあると思う。

(1)　　a. **Mice eat cheese.**

　　　b. The **mice eat** the **cheese**.

　　　c. The **mice** have **eat**en the **cheese**.

　　　d. The **mice** will have **eat**en the **cheese**.

手拍子をうち、それに合わせて太字部分が際立つように発音する。これは太字の部分を同じ時間間隔で発音する練習である。太字部分は強勢（アクセント）のある部分で、それが音楽のビートのように等時間隔で繰り返す。これを強勢リズムといい、英語に特徴的なリズムである。太字部分を文強勢とよぶ。これは単語の強勢を語強勢とよぶのと並行した術語で、文の強勢という意味である。

英語の強勢リズムに対し、日本語のリズムは拍リズム（または、音節リズム）という。「きびだんご」という単語でもいいし、「たまごをたべました」といった文でもよいので発音してみると、一文字（これを拍[1]という）一文字が同じタイミングで発音されることがわかる。手拍子をうつと「きびだんご」では5回手拍子をうつし、「たまごをたべました」では9回手拍子をうつ。これが日本語のリズムで拍リズムという。一拍一拍が同じ長さで発音される。もちろん急いで発音するような場合には同じ長さではないこともあるが、注意して発音するとほぼ同じ長さ（時間）になる。

　では「きびだんご」を英語母語話者が発音するとどうなるだろうか。試しに「キ～ビダ～ンゴ」のように「キ」と「ダ」を強く長めに、他を弱く短めに発音してみよう。日本語のはずが、急に英語風に聞こえてくる。ここからわかることは、英語風のリズムではどこかが長く強くなって、どこかが短く弱く（速く）なることである。つまり、英語の文を英語らしく発音するには、同じ長さで発音するのではなく、長く強いところと、弱く短いところを交互に作る必要があるといえる。そこでまず、英語ではどこを強くするか、どこを弱くするかを知らないといけない。つぎに、どうやって強くするのか、また、どうやって弱くするのかについて、その発音方法を知る必要がある。この2点を本節で述べる。

　(1)のような文を、手拍子をつけて生徒と一緒に発音しても、生徒に何を教えているかがはっきりしていない場合が多いと思う。強いところはどういう単語で、どういうふうに強く発音するか、弱いところはどういう単語でどういうふうに弱く発音するかを教えないと応用がきかない。当然ながら、リズム練習用の(1)のような文だけでなく、教科書にある会話文も、講読用の文も、英語のリズムで発音する。英語を生徒とともに読むときに、また、

---

[1] 拍は仮名1文字に当たる単位で、音声的には子音＋母音でできていることが多いが、仮名文字「ん」や「っ」も1拍である。「ほん」という単語は2拍語である。一方、音節は母音を1つもつ単位で「ん」や「っ」は1音節にならない。そこで「ほん」は2拍だが、1音節語である。

CD を聞くときに常に英語のリズムを意識させて、絶えず少しずつ教えていくとよい。

2.2.2 文強勢とリズム

再び (1) の文をみよう。

(1)　　a. **Míce éat chéese.**

　　　b. The **míce éat** the **chéeese**.

　　　c. The **míce** have **éat**en the **chéese**.

　　　d. The **míce** will have **éat**en the **chéese**.

太字の文強勢をもつ単語とそれ以外の単語を比べると、品詞のタイプに違いがある。文強勢をもつ語は名詞と動詞で、それ以外は冠詞や助動詞である。さらに文 (a) は太字の単語だけでできているが、文 (b) から文 (d) についても太字部分だけ読めば、およその文意がわかる。つまり太字の名詞や動詞は文の意味内容の重要な部分を示している。名詞や動詞、さらに形容詞、副詞といった品詞の単語を内容語とよぶ。一方、太字でない冠詞や助動詞は機能語とよぶ。文の時制など、文法機能を示す単語である。つまり、英語の単語は品詞によって内容語と機能語に 2 分される。文の意味内容に強く関係する品詞と文法機能を示す品詞である。内容語は文中で文強勢をもちやすく、機能語は文中で文強勢をもたず弱く発音しやすい。内容語と機能語に属する品詞をつぎに掲げる。

(2)　　内容語 (文強勢をとりやすい)

　　　　名詞

　　　　動詞

　　　　形容詞

　　　　副詞

指示代名詞（This is a book. の this など）

疑問詞

否定辞（not および isn't, don't, can't など not を含む縮約形）

数詞

(3)　機能語（文強勢をとりにくい）

人称・再帰・相互代名詞（she, his, themselves, each other など）

助動詞（do, have, can, will, 義務を示す must など）[2]

be 動詞

前置詞

接続詞（and, but, or など）

関係詞（which, that, where, what など）

冠詞

there 構文の there

　ではこれをふまえて、英語教科書で文強勢をみてみよう。次の (4) は中学校用教科書の一節である。

(4)　a. **Thís** is my **grándmòth**er **Nán**cy.

　　　b. She's **síx**ty-**fíve yéars óld**.

　　　c. She **líves** in Am**ér**ica.

　　　d. She **wórks** in Sàn Franc**ís**co.

　　　e. She's a **fá**mous **jóur**nalist.

　　　f. She **spéaks mán**y **fór**eign **lán**guages.

太字が文強勢をもつ単語である。まず注意してほしいのは、文強勢をも

---

[2] ウェルズ（2009:358-9）によると may, might, should、推量の must, ought, need などは文強勢をとりやすい。

つのは音節であり、単語ではない点である。たとえば、'America' という名詞（内容語）は文強勢をもつが、'America' 全体が強く発音されるわけではない。'América' の中の語強勢をもつ音節（'mer'）のみが文強勢をもつ。ほかは弱化して発音する（弱化については本章 2.3.2 を参照）。つぎに、複合語 'grandmother' と 'San Francisco' に注意して欲しい。前者では 'grand' と 'moth'、後者では 'San' と 'cis' が文強勢をもつ。複合語とは 2 つ以上の語が集まって全体で 1 語となるものである。辞書を見ると 'grándmòther'、'Sàn Francísco' のように主強勢と副強勢（文字の上の記号「ˋ」で示す）がある。副強勢をもつ音節も文中では文強勢となる。

　さて、(4)を文強勢が等時間隔になるように発音してみよう。(4)の下線部がリズミカルに発音しにくいと感じられる。これは文強勢をもつ音節が連続しており、間に弱の音節がないためである。(5a)と(5b)を比べてみよう。「●」は文強勢をもつ音節（強音節ともいう）、「・」は文強勢のない弱音節を示す。

(5)　　a. **Thís** is my **grándmòth**er **Nán**cy.　　She's **síx**ty-**fíve yéars óld**.
　　　　　 ●　　・　・　　●　　　　●　　　　●　　・　　●　　●　　●

　　　b. She **líves** in A**mér**ica.　　　　She **wórks** in **Sàn** Fran**cís**co.
　　　　　　　 ●　　・　　●　・　　　　　　　 ●　　・　●　　・　●　・

(5a)　の下線部では ● が連続している。一方、(b) では ● と ● の間に弱音節（・）が介在している。(b)はリズムがとりやすく、(a)はとりにくい。(a) のように文強勢が連続する場合、真ん中の文強勢音節の声の高さ（ピッチ）を多少下げる。'fíve yéars óld' は 'fíve yèars óld' のように「高低高」と発音する。「タンタンタン」と同じ間隔でリズムをとるが、'years' で声を低くし、同時に強さも抑え気味にする。連続する文強勢をリズミカルに発音するテクニックである。

　英文をリズミカルに発音するための注意点は、ほかにも 2 つある。1 つは

弱音節発音であり、もう1つは弱起の発音である。前者は弱形とか弱化と呼ばれ、本章2.3で取り扱う。後者の弱起とは文が弱音節で始まることである。(5b)をみると、文頭の 'she' に文強勢がなく、弱音節で文が始まる。これが弱起である。一方、(5a)は文強勢をもつ 'This' で始まる文であり、強起である。文のはじめは発話にエネルギーがあり、強くなりやすい。そのため強起は発音しやすい。一方、弱起はエネルギーを抑えて発話を始めるので難しい。慣れないと、弱音節に文強勢をつけてしまいがちである。(5b)の 'she' を強く発音する生徒は多い。弱く素早く次の文強勢音節に移行する発音テクニックをもつ必要がある。これについては本章2.5.4で扱う。

2.2.3 強勢移動

　アメリカに初めて行ったとき驚いたことがある。初日の朝ラジオから 'Japanese'という単語が聞こえてきた。だが、語強勢の位置が違う。'Japanése' と習ったのに、ラジオでは 'Jápanese' と発音している。どういうことかとそのときは訳がわからず驚いたが、今にして思えば、それは強勢移動とよばれる英語の音変化であった。本章2.2.4で、文強勢が連続すると「高低高」のようにピッチに変化をつけるテクニックをみる。この 'Japanese' にみる強勢移動も、連続する文強勢をリズミカルに発音するための音変化である。

　'Japanese' に強勢移動が起きるのは、つぎに強勢音節がくる場合である。つまり、'He is a Japanese boy.' という場合、(6a)にみるように 'nese' と 'boy' の強勢が連続する（この強勢の連続を強勢衝突とよぶ）。すると強勢移動が起こり、(6b)のように 'Jap' が主強勢となる。一方、'He is Jàpanése.' という場合、強勢移動は起きず、主強勢はもともとの位置 'nése' にある。(6)では、強勢を ●、副強勢を ○ で示す。副強勢はピッチを低めて発音する。

(6)　　a. Jàpanése + boy　→　　b. Jápanèse boy.

　　　　　○ ・ ●　　　●　　　　　● ・ ○　　　●

(6) では、リズムは (6a) も (6b) もどちらも 3 拍子であるが、(6a) では強勢が連続していてリズムがとりにくい。一方、主強勢が移動した (6b) では、強勢の連続は回避され、リズムがとりやすく、発音しやすくなっている[3]。

　次は小学校英語教材からの事例である。'thirteen' は単独発音や、'She is thirteen.' のように、つぎに強勢がこない場合には、'teen' に主強勢がある。ところが、(7a) のように、後ろに強勢がくると強勢移動が起きる。

(7)　　a. thìrtéen ápples　→　　b. thírtèen ápples
　　　　　○　●　●　・　　　　　　　●　○　●　・

類例を (8) にあげる。

(8)　　a. Chìnése + **flág**　→　**Chí**nèse **flág**
　　　　b. Nèw **Yórk** + **Cíty**　→　**Néw** Yòrk **Cíty**
　　　　c. Rèd **Cróss** + hóspital　→　**Réd** Cròss **hós**pital
　　　　d. dùty-frée + **shóp**　→　**dú**ty-frèe **shóp**

さらに、次の (9) のような場合でも強勢移動が起きることがある。(9) は「形容詞＋名詞」の事例で、形容詞が長い (音節数が多い) ので、副強勢をもっている。

(9)　　a. dèmo**crá**tic + **cóun**try　→　**dé**mocràtic **cóun**try
　　　　b. ìnter**nát**ional + **tré**aty　→　**í**nternàtional **tré**aty
　　　　c. òpti**mís**tic + **ví**ew　→　**óp**timìstic **ví**ew
　　　　d. commùni**cá**tion + **prób**lem　→　com**mú**nicàtion **prób**lem

---

[3] 強勢移動は第 1 語に副強勢がある場合に起きる。'Japán báshing' のように 'Japan' に副強勢がない場合には、強勢連続があっても移動は起きない。

（9）では強勢音節が直接連続していないことに注意すべきである。形容詞と後続名詞の間には弱音節が介在する。弱音節は弱く短く発音されるため強勢音節の連続に近い状況が生まれる。そこで強勢移動が起きることがある。

2.2.4 単語と文は同じリズム型
「忙しすぎて英語の授業のリズム指導や発音指導にかける時間がない」というのはよく聞く現場の声であり、ほとんどの英語教師が実感していることであろう。しかし発音指導というほどでなくても、新しい単語を導入し、新しい構文を導入するときに音声を使って記憶に定着させることはできる。新出単語は発音指導の絶好のチャンス、また、新出構文は文のメロディを教えるチャンスと考えるとよい。とくに、単語は母音や子音だけでなく、強勢音節の発音方法や弱化、弱起を教え、リズミカルな発音を教える格好の材料といえる。

単語と文はリズムという点では共通している。次の（10）では、単語、文、そしてその中間レベルの句が共通のリズムをもつ様子を3パタン示す。

（10）
リズム型	● ・	・ ●
単語	mother	police
文	Do it.	We won.
句	look at	by bus

リズム型	○ ・ ●	・ ● ・
単語	Japanese	production
文	Shut the door.	We've done it.
句 / 文	warmer places	instead of

リズム型	○・●・	・○・●・
単語	education	communication
文	Sally loves it.	He took a taxi.
句／文	Lucky Jonny	for many decades

　(10)の左側の語句は強勢音節で始まる強起であり、右の語句は弱音節で始まる弱起である。単語のリズムにも文と同様に弱起があるわけで、弱起をもつ長い単語（たとえば 'commùnicátion'）を使って、強勢リズムの練習ができる。単語でリズムと弱化や弱起のコツをつかみ、文の弱化発音への導入をすることができる。

2.3 弱形式
2.3.1 弱く発音するにはどうしたらよいか
　2.1 にみるように、日本語は拍リズムであり、どの拍も原則として同じ長さで発音する。「きびだんご」ということばのある拍を強く長く発音し、ほかを弱く短く発音するということはない。基本的にどの拍もはっきりと同じ長さで発音する。そのような母語の影響によって、日本語を母語とする学習者（JNS と略記）は、英語を発音するときにどの音節も弱くせずはっきりと同じ長さで発音してしまう。さらに、弱く発音することも苦手である。このような癖を修正するには、文強勢を強く長く発音する練習だけでは不十分である。文強勢のない音節を弱く短く発音するテクニックをマスターすることも必要である。本項では弱化の方法を 7 つ紹介する。
　弱化のテクニックを学ぶ前に、実は心構えも大切である。精神論に違和感をもつ人もいるかもしれないが、JNS の心の中には、実は「はっきり発音して悪いことがあるだろうか、外国語の人に下手な英語で話をするのだから、せめてどの音節も丁寧にはっきり発音するのが礼儀であろう」といった気持ちが根付いているかもしれない。「緩急をつけて速く発音すれば恰好はいいかもしれないが、それは英語の達人たちがやることで、私は恰好が

悪くてもどの音節も明瞭に発音する」といった気持ちがどこかにないだろうか。こういったことが実は日本語母語話者 (JNS) の拍リズムの感覚、つまり日本語のリズムを英語にもち込む原因になるのである。

　拍リズムではどの拍もはっきりと発音することがきちんとした良い発音で、国語の時間の音読でもそうした発音が求められる。弱化は規範からはずれた発音とされる。しかしこの規範は日本語のもので、英語の強勢リズムでは通用しない。英語では、明瞭に発音する音節と、弱化させて不明瞭に発音する音節が、波のうねりのように繰り返すことが、気持ちのよい発音である。英語母語話者は、この波のうねりのようなリズムに心地よく浸りながら、強勢のあるはっきりした部分を中心に意味を聞き取っていく。JNS の発音ではどの音節も強勢をもつので、英語母語話者にとってはどこを聞き取ってよいかわからないし、リズムに心地よく漂うことができない。JNS の英語発音はわかりよいのではなく、わかりにくく、聞き取る気がしないと言われる。その理由の 1 つが拍リズムの影響である。そこで、JNS である英語教師には、明瞭だと思っている発音が、実はわかりにくい発音でしかないというロジックを心に刻んで、以下の 7 つの弱化テクニックを身につけていただきたい。

2.3.2 音を弱化する

　日本語の母音といえば「あいうえお」の 5 つで、実にわかりやすいが、英語の母音は 14 もある。しかも、この 14 母音とは別に、弱母音と呼ばれる母音がある。弱母音とは、強勢のない音節に表れる母音のことである。一方、14 母音は強勢のある音節 (強音節) に表れる母音で、これを弱母音に対して完全母音とよぶ。完全母音は強勢のある音節の母音で、たとえば、'Cánada' では第 1 音節が完全母音、ほかは弱母音である。出現頻度からいうと弱母音が圧倒的に多い。

　弱母音は明瞭な音質をもたないのが特徴で、弱く短く暗い音である。ため息をつくときに「あーぁ」というが、その最後の「ぁ」のような音である。

この弱い音は発音記号の /ə/（シュワー）で表される。しかし、弱母音にも種々の音色があり、/ɪ/ や /e/ に近い音色の音も使われる。この /ɪ/ は、短母音 /i/ を弱くこもったようにした音である[4]。試しに、'músic' と 'belíeve' と 'ecólogy' という単語の下線部の母音を英和辞典で確認してみよう。'músic' の発音表記は /mjúːzɪk/ で、弱母音は /ə/ ではなく /ɪ/ である。一方、'belíeve' の発音表記は /bɪlíːv/ と /bəlíːv/ で、弱母音は /ɪ/ と /ə/ である。また、'ecólogy' の語頭の弱母音は /ɪ/, /ə/, /e/ の 3 種類があげられている。話者により、前後関係により、また方言により変わってくる。シュワーに代表される弱母音の特徴は短くこもった音色であり、どの音とはっきりいえないような音色という点である。日本語のいずれの母音で代用することもできない。

　教室で新出単語を教えるときは、発音指導の絶好のチャンスである。語強勢のある母音の発音方法をしっかり教えると同時に、語強勢のない母音を弱く短く弱母音で教えることを忘れないでいただきたい。たとえば、'Cánada' であれば、/kǽnədə/ の第 1 母音 /æ/ を教えると同時に、ほかの母音は、同じつづり字でも弱母音になることを、耳と口で覚えさせる必要がある。日本語の「カナダ」と違って、英語では第 1 母音とほかの 2 つの母音は音質も長さも違うのである。

　弱母音は 'Cánada' や 'belíeve' のような内容語の語強勢のない音節に表れるだけではない。機能語の母音はほぼすべて弱母音である。(1) の 'The **mice** have **eat**en the **cheese**.' における 'the' も 'have' も弱母音で発音される。これについては、本章 2.3.4 に詳述する。

2.3.3 単語を連結する

　JNS の英語は 'choppy' だという評価が多い。'choppy' とは、単語ごとにぶつぶつ切れて聞こえるという意味である。たしかに学生たちの朗読を聞

---

[4] 注意してほしいのは、短母音 /i/ は日本語の「イ」とは非常に異なる音だということである。短母音 /i/ は日本語の「エ」の口構えで「イ」を発音したような音である。つまり、「イ」と「エ」の中間的な音である。

くと choppy であり、同じ文を英語母語話者 (ENS) が読むとスィスィと滑るようになめらかである。この違いを生む要因の1つが連結 (linking) である。

'not at all' という句が「ナタトー」のように続いて聞こえるのに気づいた方もあると思う。'not' の t と 'at' の a が連結し、'at' の t と 'all' の a が連結している。先行する語の語末子音と後ろの語の語頭母音が連結するもので、最も気づきやすいタイプの音連結である。以下では連結する部分を＾で示す。

(11)　keep^out → kee pout　make^up → ma kup　left^it → lef tit

'keep out' や 'make up' では、母音と母音の間に子音は1つである。このような場合、この /p/ や /k/ は両方の音節に属するが、発音練習では、kee/pout や ma/kup のように /p/ や /k/ を後ろの語の初めにつけて発音すると感覚がつかみやすい。'make up' では 'make' の最後の音を 'e' だと思う人がいるが、この 'e' は発音しない文字（「黙字」という）で、発音表記では 'make' /meik/ となる。語末音は /k/ であり、'make up' は連結すると /méikʌp/ となる。'left it' は lef/tit のように音節分けして発音する。

(12)は半母音（または渡り音）といわれる子音 /j/ か /w/ が連結部に入るものである。(a)では /j/ が入って 'be able' の下線部は「ィエイ」のようになり、(b)では 'do it' の下線部は「ゥイ」をのように発音して滑らかな語の連結を作る。

(12)　a. be^able → be yable　say^it → say yit　my^own → my yown
　　　 b. do^it → do wit　how^is^it → how wi sit　blue^ink → blue wink

子音 /j/ は 'yes' とか 'year' の語頭音で日本語のイ音よりも唇を横に引いて短く発音する音である。/w/ は 'wet' とか 'week' の語頭音で日本語のウ音よ

りも唇を尖らせて（つまり唇を丸めて）短く発音する。'wet' を「ウエット」'week'「ウイーク」と発音している場合には「ウ」が長すぎるので注意が必要である。「ゥエッ」「ゥイー」のように短い「ゥ」を目指して練習すると /w/ の感覚がつかめる。

2.3.4 機能語の弱形を使う

機能語が通常文中で弱化して発音されることを 2.2.2 でみた。試しに機能語である be 動詞 'was' と 'been'、人称代名詞 'she', 'her', 'them'、助動詞 'can', 'have' の発音記号を英和辞典でみてみよう。(13) は『ジーニアス英和辞典』の場合だが、発音記号に《弱》と《強》がある。弱形と強形の略記である。

(13) 機能語の発音表記の一例（弱形と強形）

品詞	つづり字	《弱》	《強》
be 動詞	was	/wəz, wz/	/wʌz, wɑːz /
	been	/bɪn/	/biːn/
人称代名詞	her	/hər, ər, əː/	/həːr/
	them	/ðm, ðəm, əm/	/ðem/
助動詞	can	/kn, kən/	/kæn/
	have	/həv, əv, v, ə/	/hæv/

英和辞典の表記では、まず弱形があり、つぎに強形が記されている。これは弱形が通常の発音形であり、強形は特別な場合の発音であることを示している[5]。そこに記された弱形の発音をみると、私たちが理解している発音とは様相が違う。たとえば人称代名詞の 'her' や 'them' の弱形では /ər/, /əm/ のように語頭の子音が脱落したり、/ðm/ のように母音がなかったりする。助動詞 'have' でも /əv/ や /v/ のように語頭子音がない。'can' では /kn/ のように母音が脱落している。'was' にも母音の脱落した弱形がある。

機能語の弱形では単に母音が弱母音になるだけではなく、母音が消えたり、語頭の子音が消えたりすることがわかる。

英語のリスニングで 'teacher' と聞こえたので、先生のことだと思ったら、'teach her' と言っていたとか、'Willie be there?' と言っているから Willie 君の話だと思っていたら代名詞 he が主語の 'Will he be there?' であったなど、聞き間違いが起きることになる。'Whatser name?' は 'What is her name?' で、'Bill lostiz purse.' は 'Bill lost his purse.' となる。ただし、文頭にある 'he' の /h/ が脱落することはない。そこで、'He's coming.' の 'he' では /h/ 脱落は起きない。

リズム練習の文章 (1) の 'The mice will have been eating the cheese.' で考えてみよう。この文をリズミカルに発音するためには、下線部を弱化させて素早く発音しなければならない。強形を使っていてはいくら速く口を動かしても間に合わない。そこで下線部は /ləbn/ と「ルブン」のように言ってみる。/ləbn/ の /l/ は 'will' の弱形, /ə/ は 'have' の弱形、/bn/ は 'been' の弱形である。 つづり字通り発音するという呪縛から離れることができれば弱形は実に言いやすい。「ルブン」のようなカタカナ表記も弱形の説明とともに使えば発音指導に効果的である。

---

[5] 機能語が強形で発音される場合は、大きく分けると 2 つある。1 つは機能語が意味上の重要性をもつ場合であり、もう 1 つは構造上（つまり、機能語の文中での位置から）文強勢がつき、強形で発音される場合である。前者は本章 2.4.4 で扱う。後者の場合をつぎにあげる。

  a. A: Are you going to the party?　B: I want to (/tu:/), but I can't.
  b. What are you listening to (/tu:/) this time?
  c. How nice it is (/ɪz/) to hear from you again.
  d. What are you looking for (/fɔ:r/)?

(a) から (d) に共通するのは、機能語の後ろに内容語がない点である。たとえば、(a) では 'I want to go, but I can't.' といってもよいが、下線部 'go' は省略されている。そこで、機能語 'to' は強形で発音される。一方、'go' が省略されない文では 'to' は弱形で発音される。(b) から (d) では、前置詞の後ろにある疑問詞（ここでは what, how）が文頭に移動しており、前置詞の後ろに内容語がない。そこで前置詞が強形で発音される。これについては水光 (1985, 第 3 章) に詳しい。注意したいのは、これらの機能語は強形で発音されるが、次の本章 2.2.4 で扱う焦点語になるわけではないことである。本章 2.4.4 で扱う機能語が意味上の重要性をもつ場合には機能語が焦点語になるので、その点に違いがある。

第2章　音声学・音韻論と英語教育実践　　55

　こうした弱形の発音に慣れると、速いと思っていた会話英語も聞き取れるようになる。発音できない音は聞き取れないとまではいえないが、普段自分で発音しているとリスニングが容易になることは、多くの人の体験からも確かであろう。

2.3.5 縮約形を習得する

　小学校用英語教材の *Hi, friends! 1* をみると、'What's this?'、'I'm happy.' などいくつかの縮約形が登場する。縮約形とは、単語の連続で語境界がよくわからない形態のものをいう。この事例では前者が 'What is this?'、後者が 'I am happy.' と書き表すことができる。つまり、下線部が縮約されて、一続きのつづり字で表記されている。この2例では縮約により be 動詞の母音が消えて弱形になる。生産的に縮約形を作る単語の形態が8つ (is, are, has, have, had, will, would, not) あるが、そのうち最も頻度の多いものが 'is' と 'not' である。否定辞 'not' を含む縮約形には注意すべきものが2つある。'won't' ('will not') と 'don't' ('do not') で、それぞれ /wount/, /dount/ と発音する。どちらも /ou/ という二重母音になるので注意が必要である。

　一方、つづり字表記では縮約されないが、話し言葉では縮約されるものがある。その中には英和辞典に略式の縮約形としてつづり字表記が載っているものもある。(14) に事例をあげる。詳細な説明については、Dickerson (1989:73ff) を参照されたい。

　(14)　a. 疑問詞 + 機能語　who'll (who will), where'd (where did),
　　　　　　who'd (who would, who had)
　　　　b. 存在文の there+ 機能語　there's (there is, there has),
　　　　　　there'll (there will)
　　　　c. 指示代名詞 + 機能語　this's (this is, that has),
　　　　　　that'll (that will), those'd (those would, those had)

また、(15)のような英和辞典には載せにくい縮約形もある。

(15)　(a) 固有名詞 + 機能語

Tom's (Tom is, Tom has), Jane'll (Jane will),

Prof. Long'd (Prof. Long would, Prof. Long had)

(b) 普通名詞 + 機能語

my name's (my name is), the book'll (the book will),

his wife'd (his wife would, his wife had)

最後に 'wanna' と 'gonna' を考える。前者は 'want to'、後者は 'going to' の縮約形で、英和辞典(『ジーニアス英和』)では、'wanna' (/wʌnə, wɑːnə/) は略式・非標準、'gonna' (弱形 /gənə/、強形 /gɔnə/) はアメリカ英語では略式、イギリス英語では非標準である。

この縮約形は英語教科書には出てこないが、漫画の本(たとえば *Peanuts Books*) をみると 'wanna' と 'gonna' ばかりで、'want to' や 'going to' をみつけるのがむずかしい。確かに、英字新聞や Newsweek のような雑誌の記事に 'wanna' と 'gonna' という縮約形は出てこないが、英語の通常の会話では 'wanna', 'gonna' と発音することが多い。'I <u>want to</u> go to school.' や 'I'm <u>going to</u> do it.' という文を考えてみると、下線部の 'want to'、'going to' は内容語の動詞というより 'will' や 'can' のような助動詞に近い。機能語として扱われ、弱化することが必然である。この 'wanna' と 'gonna' の 2 つの縮約形の文字表記をみて、使ってはいけない発音形と考える向きもあるが、文字表記と発音上の使用は別である。'wanna' と 'gonna' は話し言葉ではごく日常的に使われる縮約形である。

英和辞典に「略式」と表示されると、非標準の発音形ということで、学校教育では使ってはいけない表現のように思うかもしれないが、決してそうではない。『ジーニアス英和辞典』(4 版 : xiv) では語のスピーチレベルを、まず(A) 標準と(B) 非標準に分ける。つぎに(A) の標準英語を①正式(か

たい書き言葉、話し言葉）、②略式（くだけた書き言葉、話し言葉）、③俗（俗語、非常に砕けた話し言葉）と区別する。'wanna' と 'gonna' は（A）標準の②略式の発音形であり、かたい書き言葉には使わないが、話し言葉では普通に使われることがわかる。確かに 'wanna' には非標準の使用もあるが、とくにアメリカ英語の口語では、俗語や卑語とは異なるものである。

　（14）や（15）にあげた形態も略式である。かた苦しい書き言葉では使わないが、話し言葉では普通に使われる。弱形の発音を学ぶためにはこうした縮約形をつづり字としてみることも有効である。略式ということに違和感をもたずに、発音形だけでなく、つづり字としても縮約形を教育現場に導入することが望まれる。それにより、弱形発音への違和感がとれるのではないかと考える。

2.3.6　音を同化させる

　同化とは、ある音が隣の音の特徴を取り入れることをいう。たとえば 'have to' は通常 /həvtə/ ではなく、/həftə/ のように発音する。下線部の /v/ が /f/ と発音される。これは /v/ の隣の /t/ 音の無声音という特徴を /v/ が取り入れて、/f/ と無声化して発音されるもので、同化現象（無声化）である。同じように、次の音と同化して無声化する事例を（16）にあげる。'→' の左の発音は一語一語はっきりと発音した場合であり、右は自然な速度で発音した場合である。下線部が同化した音である。

（16）　'of course'　　　/əv kɔ:rs/　　　→　/əfkɔ:rs/

　　　　'his shirt'　　　　/hɪz ʃə:rt/　　　→　/hɪsʃə:rt/

　　　　'love to go'　　　/lʌv tə gou/　　　→　/lʌftəgou/

　　　　'with thanks'　　/wɪð θæŋks/　　　→　/wɪθθæŋks/

（16）の事例をみると下線部の音はいずれも摩擦音である。有声の摩擦音のつぎに無声音がくると無声化が起きることがわかる。この同化は発音の

時間順序からみると、後に発音された音（'have to' の /t/）が前に発音された音（'have to' の /v/）に影響するので、逆行同化とよばれる。

　これとは逆に、左の（先に発音された）音が右の（後に発音された）音に影響を与える進行同化もある。規則的複数形の 's' の発音や、規則的過去形の 'ed' の発音が代表的な事例であるが、所有格の 's' や動詞の三人称単数現在形でもみられる。同化した後の2音（下線部）が「有声音・有声音」、または「無声音・無声音」であることに注意していただきたい。

(17)　club+s→/bz/　　cup+s→/ps/　　dog+s→/gz/　　duck+s→/ks/

　　　rub+ed→/bd/　　help+ed→/pt/　　jog+ed→/gd/　　look+ed→/kt/

単語末尾の音が有声音か無声音かによって、複数形や過去形の接尾辞の発音が変わる。これはわかりやすい規則であるが、単語末尾の音が有声音かどうかわからないと使えない。有声音は日本語で濁点のつく子音だと思っていると、有声かどうか判断できない場合がある。それが(18)に上げた3種類の音である。(18a)の /l/, /r/ は有声音であり、(18b)の鼻音はすべて有声音である。また、(18c)の母音も有声音である。喉に手を当てて声帯の震えを感じて有声音であることを体感させるとよい。

(18)　a. 語末音 /l//r/　Bill's /lz/　kills /lz/　snores /rz/　cars /rz/

　　　b. 語末音 /m//n//ŋ/　Tom's /mz/　Jane's /nz/　runs /nz/　songs /ŋz/

　　　c. 語末音 母音　Anna's /əz/　lady's /iz/　cries /aɪz/

同化というと 'Don't you~?' や 'Would you~?'、'Could you~?' などを思い出す人が多いと思う。いずれも「チュ」とか「ヂュ」という音が特徴的である。この「チュ」という音は、口の口蓋部分（口の内部の天井部分）で作る音であるため、こうした同化現象を口蓋化ともよぶ。(19)の事例のいずれにも 'you' または 'yet' がある。さらに、'you' の前の語の末尾をみると、/t/ か /d/

である。'you' や 'yet' の語頭子音 /j/ が口蓋化の立役者である。この /j/ を
ゆっくり発音すると、口蓋を舌がこすりそうになる。/j/ は口蓋音とよばれ、
/j/ が直前の音（/t/ または /d/）と融合して新たな音の /ʧ/ または /dʒ/ ができ
る。(16)(17)でみた同化の場合とは違い、この同化では2音とも変化して
新たな音になる。これを相互同化とか融合同化とよぶ[6]。

　口蓋化を起こす子音は /t/, /d/ のほかに /s/, /z/ がある。この4つの音は
どれも歯茎で発音する音という共通点をもっている。歯茎音 + /j/ で /ʧ/, /dʒ/,
/ʃ/, /ʒ/ という口蓋音ができることになる。

(19)　a. /t/+/j/

　　　　Want you→/wʌ́nʧu/　not yet→/náːʧet/　last year→/lǽsʧɪər/

　　　b. /d/+/j/

　　　　Did you→/dídʒu/　Mind you→/máɪndʒu/　told you→/tóuldʒu/

　　　c. /s/+/j/

　　　　Miss you→/míʃu/　In case you→/ɪnkéɪʃu/

　　　d. /z/+/j/

　　　　Has your father→/hǽʒər/　is yet→/ɪʒét/　as yet→/əʒét/

'Gimme a break'（いい加減にしてくれよ）という句を聞いたことがあるか
もしれない。'gimme' は 'give me' の意味で 'give' の /v/ が次の /m/ とまった
く同じになったものである。これを完全同化という。'Let me go.' の下線部
を 'lemme' と表記することもある 'Good morning.' の下線部を /gum/、'good
news' の下線部を /gun/ と発音するのも完全同化である。

---

[6] 日本語にも口蓋化がある。タ行とサ行の子音を考えてみよう。「タチツテト」、「サシス
セソ」を発音記号で表記すると、/ta, ʧi, tsu, te, to//sa, ʃi, su, se, so/ となる。「チ」と「シ」
の子音が他とは表記が変わる。音質が変わるからである（「ツ」の子音も音質が変化す
るが、口蓋化ではないのでここでは扱わない）。これは「チ」と「シ」の子音が母音「イ」
の前で口蓋化するためである。日本語の口蓋化は母音「イ」によって起きるが、英語の
口蓋化は母音 /i/ では起きず、半母音 /j/ で起きる。これは英語の母音 /i/ が日本語の母音
「イ」と違って口蓋音ではないためである。注4参照。

2.3.7 音を消去する

英語のつづり字には 'doubt' の 'b' や 'night' の 'gh' のように発音しない文字（黙字, silent letter）がある。こうした黙字はどんな場合にも発音されることはない。しかし、英語の単語の中には発音の仕方によって発音されたり発音されなかったりする音をもつものがある。たとえば、'exactly' という語は /ɪgzǽktli/ と発音する場合だけでなく、/ɪgzǽkli/ と /t/ を消去して発音することも多い。試しに後者で発音してみると、前者よりもずいぶんと発音しやすい。私たちはつづり字の音はすべて発音するものだと思いがちだが、/ɪgzǽktli/ の下線部のような子音連続は ENS にも発音しにくいので、話し言葉では簡略化されやすい。

ただし、どの音でも消去してよいわけではない。歯茎音の /t/, /d/ が消去されやすく、'exactly' のように 3 子音連続の真ん中の /t/ や、'wínter' のように語強勢の後の子音連続 /nt/ の /t/ は落ちやすい。(20)では消去される音を斜字体で示す。

(20) 　語中消去　res*t*less　kin*d*ness　mos*t*ly　perfec*t*ly　sof*t*ly
　　　語中 /nt/　twén*t*y　cén*t*er　plén*t*y　dén*t*al　orién*t*al　ín*t*er
　　　句中消去　ol*d* man　blin*d* boy　Wes*t* Side　nex*t* day

歯茎音 /t/, /d/ 以外にも、(21) にみるように /r/ 音が消去されることがある。

(21)　February/fébri/　tempe*r*ature/témpʧər/　su*r*prise/səpráɪz/

'She is kind of shy.'（彼女はちょっとシャイです）というようなときの 'kind of' は 'kinda' と表記されることもある。英和辞典では《俗》というスピーチレベルで表示されるつづり字であるが、'of'/əv/ の子音 /v/ が消去されることを示している。つづり字表記は《俗》であるが、/v/ の消去は話し言葉ではよく使われる。前の語の末尾子音と連結して、(22)の事例の下線部は「ラッ

第 2 章　音声学・音韻論と英語教育実践　　61

ツァ」「ウェイスタ」「ソータ」のような感じで発音される。

（22）<u>Lots *of*</u> money /lɑ́:tsə/　<u>waste *of*</u> time /wéɪstə/　<u>sort *of*</u> /sɔ́:rtə/

　本章 2.3.2 で強勢のない音節（弱音節）の母音が弱化することをみたが、弱化した母音はさらに消去されることもある。次の（23）の例において、斜字体の母音は消去されやすい。

（23）　chóco*la*te　cám*e*ra　mýst*e*ry　híst*o*ry　vég*e*table　cómp*a*rable
　　　　díff*e*rent　fáv*o*rite　rést*au*rant　bév*e*rage　fám*i*ly　ínt*e*resting

消去される母音には共通した特徴がある。まず語強勢音節のすぐ後にあること、もう 1 つは後ろに /r/ か /l/ があることである。'cámera' の斜字体の母音をみると、すぐ前に強勢があり、後ろに /r/ がある。そこで斜字体の母音は消去されやすい。発音練習するときには、'cám' で口が閉じていることを確認してから 'ra' と続けるよい。斜字体の母音消去が確認できる。JNSは 'cám' や 'dífferent' の 'díff' のような子音で終わる発音が苦手なので、この方法は有効である。

2.3.8 英語教科書を使った弱形の指導を考える

　JNS の発音は一語一語途切れている。どの単語もどの音節も強く発音しているので、リズミカルにならない。こんな問題点を克服してなめらかな強弱のある英語発音ができるようにするための工夫を考えてみる。（24）は中学校 1 年用英語教科書の一部である。この発音指導をする際にはどんなことに注意したらよいだろうか。

(24) "Origami"

Daisuke: Look at this picture.

Mike: Wow! Can you make that lion?

Daisuke: No, I can't. That's too difficult for me.

Mike: How about a crane? Can you make one?

Daisuke: Yes, I can.

Mike: What about you, Ms.Wood?

Ms.Wood: I can make a crane too. Here you are.

Daisuke: Oh, you're good at origami.

まず、新出単語の 'difficult', 'crane' の発音指導である。ここでは 'difficult' の語強勢音節（'diff-'）を長めに声を少し高くして発音すること、/f/ の発音に注意すること、そして第2音節の弱母音 /ɪ/ を発音しないことを教えたい。'crane' は /kr/ という子音連続が難しいので、/kur/ と母音が入らないように、/k/ から /r/ へのすばやい移行を指導する。

つぎに、新出表現の 'What about ～ ?', 'Here you are.' 'be good at ～' の発音を指導する。ここでは次節で登場する焦点語と文強勢を指導し、連結箇所にマークを入れる。コーラスでリズミカルに発音する指導をしながら、弱化（とくに文頭の弱起）部分のあいまいな発音に生徒の注意をむけたい（弱起については 2.5.4 参照）。以下では文強勢はアクセント記号（´）、焦点語は囲み文字、連結箇所は（^）、弱起部分は波線で表示する。

(25) "Origami" 発音指導用の記号つき

Daisuke: Lóok^at this │pícture│.

Mike: │Wów!│ Can you máke that │líon│?

Daisuke: Nó I │cán't│. Thát's tóo │dífficult│ for me.

Mike: Hów^about^a │cráne│?

　　　　 Can you │máke│ ^one?

Daisuke:　　Yés, I cán .

Mike:　　　Whát^about^ yóu , Ms. Wóod ?

Ms.Wood:　I can máke^a cráne tóo . Hére you^ áre .

Daisuke:　　Oh, you're góod^at^ origámi .

　「発音指導のためにとる時間はないのです」「新出単語、新出表現を教え、つづり字も教え、会話練習をして英語による自己表現へともっていくだけで時間がすぎてしまう」という声がよく聞かれる。そのとおりだと思う。しかし、言葉は音声を発することが基本であり、相手に通じる発音ができることが新しい言語を学ぶ楽しみである。日本語風の発音で会話をすることは生徒たちも不満なのである。毎回少しずつ発音指導を入れることを考えてみよう。新出単語や新出表現の発音をコーラスでする際に、ポイントを一言つけ加える、会話文をコーラスで読む前に連結と弱起のマークをつけさせる、ペアで会話をさせながら、強勢と弱化のコメントを一人一人に声かけする、そんなひと手間が発音指導の基本だと考える。

2.4 イントネーション

2.4.1 イントネーションのピーク

　再び（1）のリズム練習の文をみよう。太字部分が文強勢をもつ（つまりリズムのビートになる）部分である。

(1)　　a. The **míce** have **éat**en the **chéese**.

文強勢は他よりも強く、ちょっと長めに、声を少し大きく発音する。すると自ずと声がほんの少し高くなる。（1a）には文強勢音節が3つあるが、すべて同じように発音されるわけではない。どれか1つの文強勢が他よりもぐっと大きく発音されて、そこから声が下降し始める。この一番目立つ文強勢をピーク（または核）とよぶ。3つの文強勢の中のどれをピークにしてもよ

いが、通常、文中で最後の文強勢をピークにする。声の上げ下げ（ピッチ）を曲線で表すと次のようになる。

(26)　The **míce** have **éat**en the **chéese**.

(26) の文全体を覆うピッチ曲線をイントネーションとよぶ。イントネーションには必ず一番際立つ音節（'cheese'）があり、それがピークである。ピークでピッチが大きく変化する。これを音調（トーン）といい、(26) は下降調[7]である。ピーク以外でもピッチは上がり下がりするが、これは意味に関係しないので、取り扱わない。イントネーションのピークをもつ単語を焦点語 (focus word) とよぶ。(1) では 'cheese' が焦点語である。ピークとは焦点語の中の一番目立つ音節(つまり、語強勢をもつ音節)のことである。(26) のイントネーションを簡略化して、ピークとなる焦点語の左に下降調を矢印でマークし、(27) のように表示する。

(27)　The **míce** have **éat**en the ↘ **chéese**.

本項では 4 つ大事なことが出てきている。まとめると次の (28a~d) のようになる。

(28)　a. イントネーションには必ず 1 箇所ピークがある
　　　b. ピークで声の高さ（ピッチ）が変化する。これを音調という
　　　c. 文強勢の 1 つがピークになる
　　　d. ピークをもつ単語を焦点語とよぶ

---

[7] 下降調とはいうが、実際には (26) にみるように、下降の前にピッチは上昇する。これを上昇下降調と感じる人もいるが、この場合の上昇は下降のための準備であり、とくに意味がないので下降調とよぶ。本稿では扱わないが上昇下降調は複合音調として別に存在するので注意すべきである。

2.4.2 焦点語はどうやって決めるのか

本章 2.4.1 で「文強勢の中のどれをピークにしてもよいが、通常、文中で最後の文強勢をピークにする」とあるが、これはどういう意味だろうか。実はこれが英語音声のもつ基本的現象で、末尾焦点 (End focus) という。前節に再提示した (1a) の文には文強勢をもつ単語が 3 つある。そのどれでも焦点語 (＝ピーク) にすることができるが、どれを焦点語にするかで文の意味が変わる。下記 (29) は A が問いで B が答えである。B 文の太字が文強勢、囲み文字が焦点語である。[　] が焦点となる領域、つまり、話し手が大事な新情報として聞き手に伝達する部分である。(29a) では B 文全体が焦点領域であり、(29b) では B の 'have eaten' という動詞句部分が焦点領域である。(29c) では B の 'the mice' という名詞句のみが焦点領域である。

(29) 焦点語と焦点領域

a.　A:What's going on here?
　　B: [The **míce** have **éat**en the boxed{**chéese**} .]

b.　A:What have the mice done to the cheese?
　　B: The **míce** [have boxed{**éat**en}] the **chéese**.

c.　A:Who have eaten the cheese?
　　B: [The boxed{**míce**}] have **éat**en the **chéese**.

焦点領域と焦点語の関係をみよう。(29a)、(29b)、(29c) のいずれの場合も焦点領域の最後の内容語 (名詞や動詞) が焦点語である。つまり、話し手は焦点領域の最後の内容語を焦点語にしていることになる。(29c) の B では 'the mice' が大事な情報である。そこで 'the mice' の最後の内容語の 'mice' を焦点語とする。「 boxed{そのねずみ} がチーズを食べてしまった」という文意である。(29b) の B では 'have eaten' が大事な情報である。そこで 'have eaten' の最後の内容語の 'eaten' を焦点語とする。

「そのねずみがチーズを 食べてしまった 」という文意である。

(29a)のBでは 'the mice have eaten the cheese' が大事な情報である。大事な情報を示す文全体が焦点領域であり、その最後の内容語の 'cheese' が焦点語となる。「そのねずみがチーズを食べてしまった」という文意である。この文意では強調される語や句がとくにあるわけではない。文全体が大事な新情報だからである。

本章 2.4.1 で「どの文強勢部分をピークにしてもよいが、通常、文中で最後の文強勢をピークにする」とあるが、「通常」という部分に注意していただきたい。通常、とくに会話の始めでは話し手と聞き手の間に共有されている知識がない。そこでは文全体が新しい情報である。話し手は文全体を大事な情報として聞き手に伝達する。それが「通常」の意味である。現実の日々の会話において話をする場合には、話し手と聞き手が共有する情報はたくさんあり、初対面の人と話をする場合以外は、諸々の情報を共有しているが、会話の始めでは文全体が新しい情報であり、大事な情報と考えることができる。

(29a)のように文全体が大事な情報、つまり発話の焦点として伝達される場合を「広い焦点」(broad focus) とよび、(29b)、(29c)のように文の一部が大事な情報、発話の焦点として伝達される場合を「狭い焦点」(narrow focus) とよぶ。焦点語はどうやって決めるのか、その答えは、話し手が何を大事な情報として聞き手に伝達するかによるということになる。日本語の音声でも狭い焦点の場合は多少声を張り上げる。(29c)の「そのねずみがチーズを食べてしまった」という場合を考えると、確かに日本語でも「ねずみ」で声が大きくなる。日本語と英語の違いは (29a)である。広い焦点で、文全体が大事な情報という場合に、末尾の焦点語を強く発音するという発音の仕方は日本語にはない。そのため、JNS は狭い焦点はすぐに理解するが、広い焦点を理解し使うには訓練が必要である。

第 2 章　音声学・音韻論と英語教育実践　　67

2.4.3 狭い焦点と脱焦点化

　次の(30) に示した会話の例文をみてみよう。焦点語を囲みで示している。問題は波線部分である。

(30)　a. A: I want to go to Kyoto .

　　　b. B: Where in Kyoto? Do you visit some temple or some shrine ?

　　　c. A: Neither . I've seen the temples and the shrines.

　　　　　I'm going to a nice restaurant .

(30a)の A の発話は、最後の内容語（'Kyoto'）が焦点語になっている。末尾焦点であり、文全体が大事な情報（焦点領域）の広い焦点である。一方、(30b)の B の最初の発話では、最後の内容語ではなく疑問詞 'Where が焦点語であり、狭い焦点になっている。これは B の発話 'Where in Kyoto?' の波線部分（'in Kyoto'）が、すでに知っている情報であって大事な情報ではないことによる。波線部分は脱焦点化して、残った内容語である 'Where' が大事な情報として焦点語になっている。同じことが (30c) の A の波線部分にもいえる。'the temples and shrines' はすでに知っている情報で大事な情報ではない。そこで残る内容語の 'seen' が焦点語になっている。A の最後の発話では 'I'm going to a nice restaurant.' 全文が新しい情報であるため、最後の内容語である 'restaurant' が焦点語になっている。広い焦点である。

　次の会話はどうだろうか。焦点語を決めてみよう。

(31)　a. A: Have you seen my umbrella?

　　　b. B: What color umbrella?

　　　c. A: It was red. A big red one.

　　　d. B: Well, I saw a red umbrella in the office.

e. A: Thank you! I'll go and get it.

f. B: But the office is just closed!

（31a~f）の会話に焦点語（囲み文字）と脱焦点部分（波線）を示して（32）に記す。

（32）解答例

a. A: Have you seen my umbrella?

b. B: What color umbrella?

c. A: It was red. A big red one.

d. B: Well, I saw a red umbrella in the office.

e. A: Thank you! I'll go and get it.

f. B: But the office is just closed!

　（32a, e）の A、（32d, f）の B の発話は文末焦点である。発話全体が新情報であり、広い焦点になっている。一方、（32b）の 'umbrella'、（32c）の 'red one' は、その前の発話で出てきた情報の繰り返しであり、旧情報である。そこで脱焦点化となるわけである。脱焦点化した部分を除いた部分の最後の内容語が焦点語になる。（32b）では 'color'、（32c）では 'big' が焦点語になる。これは狭い焦点である。

　さて、（32b）の 'What color umbrella?' では 'color' が焦点語で、狭い焦点であるが、大事な情報は 'color' だけではない。'color' を末尾とする句全体、'what color' が大事な情報として提示されている。一方、（32c）では 'big' が焦点語で、これも狭い焦点である。しかし、ここでは大事な情報は 'big' 一語である。それは 'big' を末尾とする句が存在しないためである。同じような狭い焦点であっても、一語だけを焦点領域とする場合と、数語をもつ句全体が焦点領域となる場合があることに注意する必要がある。

　JNS は、（32b）の 'What color umbrella?' のような場合に疑問詞 'what' を

第 2 章 音声学・音韻論と英語教育実践　　69

焦点語にする傾向がある。疑問詞のほうが意味的に大事だと考えるためである。'color' を焦点語とすることが、'what color' 全体を焦点領域にすることになるという末尾焦点の原則が日本語にはないためである。

　同じことが (30c) の最後の発話文でも見受けられる。'I'm going to a nice restaurant .' は文全体が大事な情報であり、末尾焦点の原則から、文末尾の内容語の 'restaurant' が焦点語となる。これは広い焦点で、焦点領域は文全体（'restaurant' を最後の内容語とする句全体 = 文全体）である。JNSはこういう場合に、'I'm going to a nice restaurant.' のように 'nice' を焦点語にする傾向がある。日本語で「いいレストランに行くつもりだよ」という場合に、「いい」が高く発音されるため、その発音の影響（母語の転移）であるといわれている。ところが、英語では末尾焦点の原則から、'a nice restaurant' というと 'nice' を狭い焦点としていると解釈される。「すごくいいレストラン」というように 'nice' を特別に強調していると解釈されることになる。

　次の (33) の例は、中学 1 年用英語教科書から「形容詞 + 名詞」を含む文章を取り出したもので、空港の手荷物受取所で出てくる旅行鞄を前にした会話である。

(33)　a. Kevin: Whose bag is this?

　　　b. Becky: It's mine.

　　　c. Kevin: That's a nice camera .

　　　d. Becky: Thanks. It's my father's.

鞄の話をしていた Kevin は、Becky が首から下げているカメラをみて 'That's a nice camera' と言う。この文の焦点語は 'camera' であり、'nice' ではない。この会話では 'That's a nice camera' 全体が新情報として提出されており、末尾の 'camera' が焦点語になって広い焦点を示している。

もう1つ同じ中学1年用英語教科書の会話文の例をみよう。Becky と彩が屋上から町を見ている。

(34)　a. Becky:　That's a big sign . Is that a fish market?

　　　b. Aya:　　No, it's not. It's a restaurant.

　　　c. Becky:　Is it a sushi bar?

　　　d. Aya:　　Yes, it is.

　　　e. Becky:　Sushi is my favorite food.

まず (34a)、Becky の 'That's a big sign' という発話である。文末の名詞 'sign' が焦点語であり、広い焦点になっている。文全体が大事な情報として示されていることがわかる。つぎに (34e) で Becky が発話する 'Sushi is my favorite food.' という文では、形容詞の 'favorite' が焦点語になっている。これは食物が会話の話題であり、'food' は新情報ではないため脱焦点化したことを示している。ただし、'food' という単語はそれ以前の会話に出てきていない。話の流れの中で 'food' が旧情報になっていることを話し手が察知して脱焦点化している。

　どの単語を焦点語としてもよいが、それによって話し手が聞き手に示す意味内容が変ってくる。たとえば (32) の会話で Kevin が 'That's a nice camera .' ではなく、'That's a nice camera.' または ' That's a nice camera.' ということもありうる。カメラをまじまじと見ながら言うとしたら、'That's a nice camera.' と言うほうが感に堪えたような響きがある。また、別のカメラをちらちら見ながら言うとしたら、' That's a nice camera.' と言うほうが比較した上でもっと良いという意味で真にせまっているかもしれない。文末の内容語を焦点語にする末尾焦点の 'That's a nice camera .' の言い方は、文全体が焦点領域となるので、特別な響きやニュアンスがない表現なのである。

　どの単語を焦点語に選ぶかは話し手しだいであるが、焦点語によって伝達される意味が変わる。話し手と聞き手が同一のコードで焦点語の意味を

解読していてこそ会話が成立するので、日本語という別のコードを英語に持ち込むと混乱や誤解が生じる可能性があるわけである。イントネーションは言葉の音声の中でも最も原初的なものといわれる。つまり、私たち人間は母語のイントネーションのコードを無意識に身につけており、それは意識化されていない。相手が違う母語をもち、違うイントネーションのコードで話しているということがそもそも理解しにくいといわれている。R音やL音が発音できないという場合には、外国人だからしょうがないと思うだけの理性と冷静さをもつ人であっても、イントネーションの違いについては、理性以前のところで感覚的に母語のコードの中で反応してしまうというわけである。

イントネーションのコードは、焦点語のルールだけではない。まだまだたくさんある。次の節も読んでいただきたいが、それでも全部ではない。イントネーションは音声と意味や感情を結びつけるシステムであり、人間が母語として身につけているイントネーションの知識は底知れず深いものがある。

2.4.4 機能語が焦点語になる場合

文強勢がリズムのビートとなり、文強勢の1つが焦点語となって、イントネーションのピークを作る。文強勢になるのは、単語の中でも内容語といわれる名詞、動詞、形容詞を中心とした品詞であるというのが、ここまでの説明である。英語の単語には、内容語に対して機能語とよばれる品詞群もある。冠詞、前置詞、接続詞、人称代名詞などである。これらは通常文強勢にならず、弱化することで文のリズムに貢献する。

では、なぜ内容語は文強勢となりやすく、機能語は文強勢になりにくいのだろうか。それは意味と関係する。意味上大事なものは、音声言語では強勢をつけて明瞭に発音される。意味上大事でないものは弱化される。名詞のような内容語は、通常話者にとって大事な意味をもつことが多く、冠詞や人称代名詞のような機能語は、通常それほど大事ではない。試しに、

火急のときに使う言葉を考えてみよう。最小限の単語で意味を伝えようとする場合である。「今行きますよ」という意味で 'Coming!' とだけ言うことが多い。'I'm coming.' の 'I'm' が省略されている。省略されている部分は機能語である。機能語は意味内容が薄いので省略されやすく、文強勢や焦点語になりにくいわけであるが、機能語でも意味内容をしっかりもつ場合があり、そうした場合は文強勢をとり、また焦点語にもなる。一方、内容語も意味内容が薄ければ文強勢をもたないこともある。

本節では機能語が焦点語になる場合をみる。次の会話をみよう。

(35)　a. A: What are you doing?　　　　B: I'm reading .
　　　b. A: Who's reading?　　　　　　B: I'm reading.
　　　c. A: Why aren't you reading?　　B: I am reading.

(35) は Celce-Murcia(2010:227) のあげる用例にヒントを得たものであるが、同書では教師と生徒でこの会話を行うことを薦めている。とくに (35c) では「なぜ読んでいないのですか」という A の否定疑問文に対して、「読んでいますよ」と B が反駁している感覚をつかむことが大事である。B では「読んでいる」という肯定の意味を強調するために 'am' が焦点語になっている。

　機能語が焦点語となる場合の 1 つが、(36) のように相手の主張に反駁する場合である。いくつか事例をあげる。(36b) ～ (36e) は Gilbert(2012:71) による。

(36)　a. A: He stopped smoking .
　　　　　B: But he is smoking outside now.
　　　b. A: I'm not going .
　　　　　B: Yes , you are going.
　　　c. A: That's a mean dog .
　　　　　B: Yes , it is a mean dog, but not as mean as mine .

d. A: He won't pay you.

B: Well, I say he will pay me!

e. A: You haven't stopped by for a long time.

B: Yes, I have stopped by, but you're never here.

f. A: I don't think you can finish it today.

B: I can finish it.

(36b)のBではbe動詞が焦点語となっている。この文では、「（行きたくないので）行かないよ」と駄々をこねる子供Aに対して、親Bが「何を言っているの、行くのよ」と叱りつけている状況が目に浮かぶ。この 'yes' は語気鋭く発音するとよい。日本語の「はい」という訳語の感じとはまるで違うので注意がいる。一方、(36c)は「嫌な犬だね」というAに対して、「確かに嫌な犬だけれど、私の犬ほどではないわ」という会話である。Bは 'Yes, it is a mean dog.' と相手に同意を示しているのだが、この同意は次の反駁へのサインにもなっている。

　(36d)と(36f)のBの発話では、be動詞以外の助動詞が焦点語になっている。(36d)ではAが「あいつはきっとお金を払わないよ」というのに対して、Bが「大丈夫払いますよ」と見得を切る感じの会話であろう。(36e)は「長いこと来てくれなかったじゃないか」というAに対して、Bが「いや、訪ねてきているよ、お前さんがここにいなかっただけだよ」といった会話である。この場合も 'yes' の訳語に注意していただきたい。

　次の(37a)～(37d)は、それぞれBにおいて、強調や対比のために機能語が焦点語になる事例である。

(37)　a. A: Thank you.

B: Thank you.

b. A: Would you like to have vanilla or chocolate?

B: Well, I'd like to have vanilla and chocolate.

c. A: Do you care for a cigar ?

B: No , but he does.

d. A: We should have helped him.

B: It's not our fault.

　以上は、機能語が対比・強調・反駁など意味上重要な役割を担うために、焦点語となる場合である。実は機能語にはこうした意味上の重要性がないにもかかわらず、焦点語となる場合がある。その事例を水光（1985:128,145）から（38）にいくつか示す。（38a）～（38d）は「疑問詞＋ be または助動詞＋代名詞」、（38e）～（38g）は疑問詞と前置詞が中心の事例である。疑問詞は文頭では何らかの強勢をもつが、通常、焦点語にはならないことに注意していただきたい。

(38)　a. How are you?　　　cf. How are your parents ?

　　　b. What is it?　　　cf. What is this ?

　　　c. How can they?　　cf. How can they do that ?

　　　d. Where is he?　　　cf. Where's my dog ?

　　　e. What about it?

　　　f. Where are you from ?

　　　g. What's it for ?

　（38a）の 'How are you?' への答として 'How are you ?' という場合、焦点語は 'you' である。「ご機嫌いかがですか」、「あなたの方はいかがですか」という意味になる。また（38b）の 'What is it?' では 'is' が焦点語であるが、'What is this ?' といったように、主語が 'this' になると焦点語は 'this' になる。同様に、'Who is it?' では 'is' が焦点語だが、'Who is that?' では 'that' が焦点語になる。この事例の 'that' は、状況から旧情報とされる場合は脱焦点化し、'Who is that?' と発音される。ウェルズ（2009:216）を参照されたい。

2.5 音調

2.5.1 上昇調と下降調

英語の平叙文の末尾は下降調で発音し、疑問文の末尾は上昇調で発音するということはよく知られている。日本語も基本的に同じである。上昇調は相手に問いかける調子であり、下降調は断言調である。「京都↗」と上昇調で発言すると、問いかけている場合だけでなく、不確実な感じや情報をもっとくださいという要求にも感じられる。下降調で「京都↘」という場合には「京都に行きます」といった主張とともに話の完了が感じられる。ここまでは日本語も英語も似ている。たいていの学習者が日本語も英語も音調は同じだと安心してしまう。しかし学習者がよくつまずくのが、英語の下降調の使い方である。

まず、英語の wh 疑問文（疑問詞疑問文）を考えよう。「どこへ行きたいですか↗」「何を読んでいるの↗」と日本語の wh 疑問文は語尾を上昇調にする。これは「学校へ行きたいですか↗」「本を読んでいますか↗」という Yes-No 疑問文と同じ音調である。英語で wh 疑問文を下降調で発音することは JNS にはハードルが高い。試しに下降調で日本語文「どこへ行きたいですか↘」「何を読んでいるの↘」を発音してみよう。まるで相手を詰問しているような気持になる。相手に失礼で下降調は使えないと多くの学習者が思うことが想像できる。しかし、これは日本語の音調の意味を英語に持ち込んでいるためで、英語の世界では wh 疑問文の下降調には冷酷な詰問調の意味は通常感じられない。今井（1989:178）によると、wh 疑問文は wh 句の部分に正しい情報を補ってもらいたいという話し手の主張を表す文であり、そこで主張を表す下降調が主に用いられるとある。また竹林（1996:444）では、wh 疑問文は、wh 句以外の部分は事実だと知っていて wh 句部分のみを尋ねている点が、Yes-No 疑問文とは性格が違うと述べられている。wh 句部分の答えがほしいと主張するので下降調になる。事実を主張する平叙文の音調が（通例）下降調であるように、wh 疑問文の通例の音調は下降調である。

下降調の wh 疑問文が詰問調にならないようにするためには、焦点語（ピーク）で声をあまり上げないようにするとよい。低下降調 (low-fall) といわれる感情を抑えた下降調である。断定の響きが抑えられる。単刀直入な詰問調を避けるためには、wh 疑問文に低上昇調を使うこともできる (2.5.2 参照)。すると相手に対してやさしい疑問文になる。しかし、これはためらいがちな問いかけであるように響いてしまう可能性もあることを知っておきたい。

　JNS が戸惑うもう 1 つの下降調が選択疑問文である。

(39)　Would you like ↗ bananas or ↘ oranges ?

(39) のような事例は英語学習のはじめに出てくる。'A or B' の選択疑問文では「A は上昇調、B は下降調」という学習はしているはずであるが、なぜか A も B も上昇調で発音する学習者が多い。「バナナですか↗オレンジですか↗」と問いかけるとき、日本語ではどちらの選択肢にも上昇調を使う。この日本語の音調の影響で学習者は間違ってしまうのだと考えられる。日本語と英語では音調の使い方が違うという基本的なことを意識させる必要がある。英語ではオレンジで選択肢が終わり、これ以上選択肢はないことを下降調で示す。「バナナやオレンジのほかにもありますが、」と選択肢がまだあることをにおわせる場合は、'Would you like ↗ bananas or ↗ oranges ?' のように文末も上昇調になる。英語では上昇調は未完結、下降調は話の完結を合図する音調である。

　JNS がうまく使いこなせない下降調がもう 1 つある。付加疑問文の下降調である。付加疑問文は上昇調で発音される場合と下降調の場合があることはよく知られている。しかし、日本の学習者たちのほとんどが上昇調しか使わない。知識として下降調の付加疑問文があることは知っていても使おうとしない。付加疑問文は平叙文や命令文の末尾に付加された短い Yes-No 疑問文である。これは先行する文とは別の一区切りとなり、1 つの

焦点語をもち音調をもつ。(40)の付加疑問部分では焦点語は 'isn't' である。

(40)　a. The highest mountain in Japan is ↘ Mt.Fuji ,/ ↗ isn't it?/
　　　b. The highest mountain in Japan is ↘ Mt.Fuji ,/ ↘ isn't it?/

(40a)のように付加疑問部分を上昇調で発音すると、Yes-No 疑問文と同じく、情報を求める文となる。話し手は、'The highest mountain in Japan is Mt. Fuji.' という自分の発言について相手が同意するかどうかの確認を求めている。一方、同じ付加疑問部分を (40b) のように下降調で発音すると、この発言は相手の同意を強要したり、懇願したりするものになる。ウェルズ (2009) のいう「強要する下降調」である。下降調の付加疑問文は (41a) のように感嘆を表現したり、(41b)、(41c) の B のように聞き手に有無を言わせず同意させる力の行使になったりする。(41b) は生徒と教師の会話、(41c) は親子の会話であり、どちらもウェルズ (2009) による。

(41)　a. She looks ↘ wonderful , / ↘ doesn't she?
　　　b. A: Why did I only get a C?
　　　　　B: Because you made a lot of ↘ mistakes ,/ ↘ didn't you?
　　　c. A: Mummy, can I have some cake?
　　　　　B: We'll have to ↘ see , / ↘ won't we?
　　　　　（ちょっと待ってなくちゃね）

　本項では JNS のつまずきやすい 3 種類の下降調をみてきた。wh 疑問文、選択疑問文と付加疑問文である。疑問文は上昇調で発音するという日本語の影響から抜け出せるよう、生徒たちに挑戦の機会をぜひ与えていただきたい。ペアの会話練習が表現力を飛躍的に伸ばすはずである。

2.5.2 音調と構文

　注意していただきたいのが、平叙文は下降調、疑問文は上昇調というように、構文との関係が絶対的にあるわけではないということである。確かに平叙文は下降調をとりやすく、疑問文は上昇調をとりやすいが、これは平叙文が自己主張する文であることが多く、主張型の下降調と相性がよいためであり、また、疑問文は相手に問いかける文であり、判断を保留し断定しない型の上昇調と相性がよいためである。つまり、平叙文を下降調で発音することが多いのは、文意と下降調が合いやすいからであり、文意によっては平叙文を上昇調で発音する場合もありうる。次の文で考えよう。

（42）　a. 下降調　Tokyo is a wonderful ↘ city .
　　　　b. 上昇調　Tokyo is a wonderful ↗ city .

「東京は素晴らしい町ですよ」と自分の考えを伝える場合には、主張型の下降調 (42a) で発音するが、「東京は素晴らしい町ですかねぇ」と自己主張を抑えて判断を保留し、相手の反応をうかがうつもりならば、上昇調 (42b) となる。

　wh 疑問文も必ず下降調というわけではない。(43) の文をみてみよう。

（43）　a. 低上降調　What are you doing ?

　　　　b. 高下降調　What are you doing ?

「何をしているのか」という疑問であるが、そのニュアンスはいろいろである。夕暮れ時に一人で公園にいる子供に聞く場合には、やさしい口調の低上昇調 (43a) がふさわしい。一方、会社の廊下で不審な人物に語る場合であれば、高下降調 (43b) を使うことになる。高下降調は下降調だが、通常の下降調より下降の開始時点のピッチが高い。その分下降幅が大きく、詰問口調

になる。

　Yes-No 疑問文は基本的に上昇調であるが、とくにアメリカ英語では下降調も使われる。(44a)は高下降調で取り調べ室での会話のような居丈高な詰問調になるし、(44b)は低下降調で、無表情な空港での事務的な質問のような感じである。

(44)　a. 高下降調　Did you actually see that?

　　　b. 低下降調　Is this your first trip to the US?

　命令文の基本は下降調であるが、命令口調を和らげたい場合や、命令というより依頼や要請の場合には低上昇調が使われる。'Close the door.' の文を、命令として発言する場合には下降調 (45a) となる。焦点語のピークのからの下降の幅が大きいほどきつい命令口調になる。同じ文を上昇調で発言するとやさしい依頼口調となる。上昇調の場合には低上昇調(45b) で、それも焦点語のピーク音節で声を一度下げてから上昇することが多い。

(45)　a. 下降調　Close the door.　　b. 低上昇調　Close the door.

　音調は構文で決まるものではない。音調自体に断定とか疑問などの意味があり、文の意味と相まってニュアンスを作る。その際に、高上昇調、低上昇調、高下降調、低下降調といった声の振れ幅（声の高さ）の違いもニュアンスを変える。声の振れ幅が大きいほど感情移入が大きい。高下降調と高上昇調は強い関心、感動を示し、低下降調と低上昇調は無関心、そっけなさ、または穏やかさを示す。

　日本語はイントネーションを多用しない言語なので、JNS はイントネーションに対して臆病である。声を上げたり下げたり、歌の指導のように楽しみながらやってみると、口の動かし方、音調を使いわける感覚をつかむこと

ができる。Celce-Murcia (2010:231ff) は、こうした音調の練習方法を (46) のようにピッチ曲線つきで紹介している。(46a) ~ (46c) は、同一文ですべて下降調であるが、声の下げ幅が変化している。それにより聞き手に伝わるニュアンスが変わる。

2.5.3 下降上昇調

音調としては下降調と上昇調が基本であるが、この2つが複合した下降上昇調も使われる。(47) に示したような事例であり、下降調の後に上昇調が続く。焦点語のピーク音節で下降が始まり、文 (または区切り) 末尾で上昇する。焦点語が (47a) のように1音節の場合と、(47b) ~ (47d) のようにそうでない場合とでは、上昇の仕方が違うので注意が必要である。まず (47a) の焦点語 (Five) が文末で1音節の場合は、'Five' という1音節内で声が下降して上昇する。これを '↘↗ Five' のように示す。つぎに、(47b) のように焦点語 (school song) が長い場合をみよう。焦点語の語強勢音節で下降が起こり、上昇は焦点語の末尾音節で起きる。表示では '↘↗ school song' となるが上昇は 'song' で起きる。さらに、(47c) のBと (47d) の文をみてみよう。焦点語の後ろに単語が続く。この場合に下降は焦点語の語強勢音節で起こるが、上昇は文末 (区切り末) の音節で起きる。'He ↘↗ says so.' と記すが、上昇は 'so' で起きる。

(47) a. A: There are four questions.　　B: ↘↗ Five.
　　　　　　　　　　　　　　　　　　　　　(5つですけど)　(ウェルズ)

b. I can sing our ↘↗ school song .

(校歌なら歌えますがほかはどうも)

c. A: Did he finish it?   B: He ↘↗ says so.

(そう言ってますけど)   （ウェルズ）

d. I ↘↗ love Mike....

(愛してはいるが結婚までは踏み切れない)   （竹林）

　下降上昇調は、下降調の断定と上昇調の不確実性の両方の意味をもつ。
そこで (47a) や (47c) のような控えめな表現や、(47b) や (47d) にみる言外の
含みをもつ表現になる。どれも、断定しつつ一部不確実さを残す意味の表
現である。

　この音調のもつ一部不確実さを残すという特徴から、部分否定を表す
文で下降上昇調はよく使われる。(48) の事例は竹林 (1996:452) による。全
否定の文と比べていただきたい。(48a) では下降調は 'everybody' の語頭音
節で起きるが、上昇調は 'hero' の語末音節で起きる。(47b) では下降調は
'any' の語頭音節で起こり、上昇調は 'fish' で起きる。

(48)　a. ↘↗ Everybody can't be a hero.

(部分否定：誰もが英雄になれるとは限らない)

cf. Nobody can be a ↘ hero . (全否定：誰も英雄にはなれない)

b. I can't eat ↘↗ any fish.

(部分否定：魚ならなんでも食べられるわけではない)

cf. I can't eat any ↘ fish . (全否定：どんな魚も食べられない)

c. He didn't marry her because she was ↘↗ rich .

(部分否定：彼女が金持ちだから結婚したというわけではない)

cf. He didn't marry her because she was ↘ poor .

（全否定：彼女が貧しかったので、彼は彼女とは結婚しなかった）

2.5.4 文頭の音調（弱起）

　小学校外国語教材の *Hi, friends!* には (49) のような文が多くみられる。文のはじめが代名詞 'I' や助動詞 'can' など、機能語で文強勢のない単語である。文の出だしが弱で始まる。これを音楽用語で弱起とよぶ。ドイツ語では弱起をアウフタクト（Auftakt, 英語 upbeat）というが、これは指揮者がタクトを振りあげる動作からきた用語である。つまり、(49a) では文頭の 'I can' で指揮者はタクトを振りあげて文強勢のある play でタクトを振り下ろす。出だしが弱というのは習得がむずかしい。とくに、教室で一斉にコーラスで発音練習するときには、強起（強い出だし）になりがちである。オーケストラの指揮者になったつもりで教師が指揮棒をふるって弱起を教える必要がある[8]。

(49)　a. I can play ↘ SOCcer .
　　　　・　・　　●　　　●　・

　　　b. Can you jump a ↗ ROPE ?
　　　　・　・　　●　　●　　　　●

　JNS は発音の際に文頭の代名詞の 'I', 'you', 'they', 'it' を、高く文強勢をつけて発音する傾向がある（Mori, 2005）。大学生の中にも、'I like English.' といった文で、'I' を焦点語の 'English' よりも高く発音し、それが英語ネイティブ風であると信じ込んでいる者がいる。しかし、ENS にとっては、こうした発音は 5 歳児くらいの幼児の発音のように感じられたり、「（ほかの人は知りませんが）私は英語好きですよ」といった自己主張の強い発言に受

---

[8] 教材付属の CD では文頭の 'I' や 'Can' のピッチが高いことがある。JNS はピッチに敏感で、ピッチが高いと文強勢だと感じる傾向があるが、これは文強勢ではない。

け止められることがあるので、注意が必要である。

　(50) も弱起の事例で、波線部が弱起である。(50a)〜(50c) の波線部は機能語であり、(50d)〜(50g) においては内容語である。実線部は文強勢をもつ語を示す。事例はウェルズ（2009:356）による。

　(50)　a. I was just going to call you.

　　　　b. It was a terrible shock .

　　　　c. There're many books to read.

　　　　　cf. There he sat , / drinking his beer .

　　　　d. I found it very interesting .

　　　　e. I think we're all very tired today.

　　　　f. Well, I'm not sure .

　　　　g. No, I can't accept .

とくに (50c) の there 構文の 'there' は、文強勢をつけて発音しがちなので注意していただきたい。There 構文の 'there' は機能語で、位置を示す副詞 'there' は内容語である。副詞の 'there' は文頭にくると文強勢をもつ。

　興味深いのは、(50d)〜(50g) にみるように内容語が弱起部分に含まれる場合である。意味上重要でないと感じられる文頭の語句は、文強勢を失い弱起になることがある。'I think' だけでなく、'I mean', 'I suppose', 'you know' などがある。また文頭の導入間投詞 'well', 'yes', 'no', 'so' なども文強勢をとらずに弱起になることがある。

2.5.5 区切りと音調

　ここまでは、主に次の (51a) のような比較的短い文を検討してきた。(51a) は 'teeth' を焦点語とし、そこで音調が下がり、文全体が1つのイントネーションの流れで発話される。一方、(51b) の文をみると、1つの文が3つの区切りに分かれている。(51b) では斜線 / を引いた箇所で区切り、一区切りごと

84

に1つの焦点語を置き、そこに音調をつけて発話するのが自然である。

(51)　a. He brushed his ↗teeth . /

　　　b. He brushed his ↗teeth , /changed his ↗clothes , /
　　　　 and left the ↘house ./

(51b) の文の区切り（斜線）をみると、文中のコンマと一致している。書き言葉の世界でコンマは文の構造上の切れ目を示す。音声の世界にコンマはないが、その代わりになるのが、イントネーションの区切りである。区切りは文の終わりの位置だけでなく、句や節の右端や左端に置かれる。これが基本である。

　しかし、コンマと区切りが常に一致するわけではない。書かれた文にはコンマがなくても発音では区切る場合もある。(52) に事例をあげる。(52a) は中学1年用英語教科書の文であり、(52b) はアメリカ大統領 Bill Clinton の年頭教書 (1998年) の一部である。(52b) のように、演説では大事な部分で単語ごとに区切りが入る場合もある。こうした区切りは必ず区切らなければいけない義務的なものではない。話し手の意図やスタイルで区切らない場合もある。一方、(52c) のように、コンマがあるが区切りにならない場合もある。なお、区切りで息継ぎをしたり、休止したりすることは自然ではあるが、必ずしも区切りで休止しなければならないわけではない[9]。

(52)　a. Let's live together / as members of a family ./

　　　b. We have a/ smaller / government , / but a stronger / nation . /

　　　c. Are you coming, too ?/

---

[9] 区切りの直前の音節は長めになる（phrase final lengthening）ことが知られている。水光 (1985:85) による。

1つの文の中に複数の区切りがある場合、最後の区切り以外は通常低上昇調をとる。次の事例をみてみよう。

(53)　a. What he ↗ wants / is a comfortable ↘ life ./
　　　　（主語の節で区切る）

　　　b. Do you remember the old ↗ dog / we saw at the ↗ gas station ?/
　　　　（関係詞の省略された節）

　　　c. Talking on the ↗ phone / is my uncle ↘ George ./
　　　　（述部が文頭に移動しているとき、移動部分の後ろで区切る）

　　　d. ↗ Luckily ,/ we are all ↘ safe ./
　　　　（文頭の文修飾副詞）

　つぎに文中にある挿入節の音調をみておこう。これも低上昇調をとるが、挿入句全体のピッチが低くなり、前後に休止が置かれる。

(54)　a. The man in the ↗ corner ,/ I ↗ believe ,/ is Mr. ↘ Adams ./
　　　b. It ↗ is ,/ ↗ however , / impossible for us to live ↘ eternally ./
　　　c. This ↗ way ,/ for ↗ example , /helps you save time to ↘ read ./

　最後に区切りによって意味が変ってくる事例をみよう。(55a) は非制限用法の関係詞節である。この関係詞節は挿入句の一種と考えることができ、上昇調の連続となる。これを、(55a-cf.)の制限用法の関係詞節と比較しておこう。制限用法の場合は娘が複数いる可能性があり、＜日本に住んでいる方の娘＞という訳が適切な場合もありうる。一方、非制限用法の場合には娘は一人しかいない。(55b) は文修飾副詞の事例であり、副詞（句）が1つの区切りをもち下降上昇調を使う。一方、動詞 die を修飾する副詞の場合には独立した区切りをもたない。

(55) a. My ↗|daughter|, /who is living in ↗|Japan|,/

　　　is coming to ↘|see|me./

　　　（私の娘は日本に住んでいるんですが、私に会いに来るんですよ）

　　　cf. My daughter who lives in ↗|Japan|/ is coming to ↘|see|me./

　　　　（日本に住んでいる＜ほうの＞娘が私に会いに来るんですよ）

　　b. ↘↗|Happily|,/ he didn't ↘|die|./

　　　（幸せなことに彼は死にませんでした）

　　cf. He didn't die ↘|happily|./

　　　（彼は幸せには死にませんでした）

　JNS はよく文中の区切りで音調を下げてしまう。すると、聞き手は話が完結したものと勘違いして、自分の話を始めてしまうことになる。これとは逆に、最後の区切りで十分に下降しないためのトラブルもある。下降調が不十分なために、まだ文が完結しないと勘違いされるのである。これは日本語の音調の特徴を英語に持ち込んでしまったためのトラブルである。イントネーションの間違いは、語彙や文法の間違いと違って表ざたにならないことが多い。聞き手は戸惑うが何とか会話は継続する。しかし、戸惑いは静かに水面下で継続するのである。

2.5.6 英語教科書を使ったイントネーションの指導を考える

　つぎの (56a) は中学 2 年生用英語教科書からの会話事例である。焦点語、音調、文強勢、弱起を検討してみよう。通常は、焦点語と音調、さらには連結が発音指導の中心だが、文のはじめの弱起部分にポイントをおいて発音指導することもできる。(56b) が解答例である。

第2章　音声学・音韻論と英語教育実践　　87

(56)　a. Taku:　　　Excuse me. Will you explain the lunch special, please?

　　　Waitress: Sure. It's steak and chips. It comes with soup.

　　　Taku:　　　Good. I'll have it.

　　　Waitress: How do you like your steak?

　　　Taku:　　　Medium, please.

　　　Waitress: Would you like a drink?

　　　Taku:　　　Yes.I'll have tea.

　　b. 解答例

　　　Taku:　　　↘↗ Excuse me.

　　　　　　　　Will you explain the ↗ lunch special , please?

　　　Waitress: ↘ Sure . It's steak and ↘ chips . It comes with ↘ soup .

　　　Taku:　　　↘ Good . I'll ↘ have it.

　　　Waitress: How do you like your ↘ steak ?

　　　Taku:　　　↘ Medium , please.

　　　Waitress: Would you like a ↗ drink ?

　　　Taku:　　　↘ Yes . / I'll have ↘ tea .

　(57a) は高校 2 年生用英語教科書の講読用文章である。講読では文意
をとることが指導の中心であるが、区切りのしるしを入れさせ、各区切りに
1 つの焦点語をマークするようなタスクを読解の前に組み込むこともできる。
(57a) は一文であるが、(57b) の解答例では 5 つの区切りに分けている。
もちろん別の区切り方もできる。コンマのないところは区切らなくてもよい。
たとえば、'from an early age' を 1 つの区切りにして、6 つの区切りにすること
もできる。

(57)　a. In the West, where it is common for children to sleep in their own
　　　　room from an early age, parents give their kids stuffed toys to
　　　　prevent them from getting lonely.

b. 解答例

In the ↗ West , / where it is common for ↗ children / to sleep in their own room from an ↗ early age,/ parents give their kids stuffed ↗ toys / to prevent them from getting ↘ lonely ./

(57b) をみると、区切りの最後の内容語が焦点語になっている場合がほとんどであるが、'from an early age' だけは 'early' を焦点語にしている。これは意味的な強調のための狭い焦点である。もちろん、この場合に 'age' を焦点語とすることも可能である。その場合は広い焦点となる。イントネーションは話者の意図を伝えるものであり、正解は1つとは限らない。しかし、(57) をみてもわかるように、自然な音読ではこうなるだろうというイントネーションの在り方はある程度決まっている。

　次の例も高校2年生用英語教科書の講読用文章であるが、これは単に音読というよりも、読み聞かせ風の読み方指導に使えそうな文章である。区切りのしるしを入れさせ、各区切りに1つずつ焦点語と音調の印をつけるタスクがまず考えられる。この文章ならではの指導ポイントは、会話文と地の文の違いをイントネーションで示すところである。地の文を下線で示している。

(58) a. "Hi, Amber. It's Kyle."
　　　I recognized his voice. Kyle Bennett – the new boy in my brother Matthew's class. Kyle had been to our house once or twice with some other friends, but this was the first time he'd actually said anything to me.
　　　"Can I sit down?" he asked.
　　　"I don't know. Can you?" I joked.
　　　"I … er… I meant, do you mind if I sit down?"
　　　"Help yourself."

第2章　音声学・音韻論と英語教育実践　　89

<u>I carried on reading, my fingers skimming over the page.</u>

b. 解答例

"↘Hi,/ ↗Amber./ It's ↘Kyle."/ I recognized his ↘voice./
Kyle ↘Bennett/– the ↘new boy/ in my brother Matthew's
↘class./ Kyle had been to our ↗house/ once or twice with
some other ↘friends,/ but this was the ↘first time/ he'd
actually said anything to ↘me./

"Can I sit ↗down?"/ he ↘asked.

"I don't ↘know./ ↗Can you?" /I ↘joked./

"I … er… I ↗meant,/ do you mind if I sit ↗down?"/

"↘Help yourself."/ I ↘carried on reading ,/my fingers skimming
over the ↘page./

　下線部のうち発話文の直後に続く箇所は、本章 2.5.5 で扱った 'I believe'
などの挿入句と同じ読み方をする。つまり、会話部分よりも全体に少し声を
低めにして読む。この部分の焦点語は声をあまり大きく上げない。図示す
ると (59) のようになる。

(59)　"Can I sit down?" / ~~he asked~~.

　単に英語を読む、ということから、聞き手を話に引き込むような読みへ、
寺島 (1997) のいう「表現読み」へと進めていくことができれば大成功である。
単なる音読から朗読へ、表情をこめたオーラルリーディングへと発音指導の
可能性は広がっていく。

2.6 むすび：日本語母語話者の英語発音はどのように聞こえるか

発音指導というと、母音や子音の発音を思い浮かべるが、それは発音指導のほんの一部でしかない。R音やL音といった単音の発音も大事であるが、相手に通じる英語を使うには英語らしいリズムとイントネーションが大事である。JNS が英語で話しているのに、聞き手は日本語で話していると思ってしまう場面がよくある。逆に、外国人が日本語で話しかけているのに、聞き手の JNS は外国語だと受け止める場面もよくある。ここに共通する問題点がリズムとイントネーションである。

JNS の英語発音についてはさまざまな問題点が指摘されている。Celce-Murcia (2010) では JNS の英語から ENS が受ける印象を以下の (60a) ～ (60c) のように述べている。太字は本章筆者による。

(60)　a. Japanese, Spanish, and Dutch typically has a narrower range – thus making the English intonation of learners from these language groups sound somewhat **flat**. …

　　　b. Transfer of the narrow L1 intonation range to English often makes these L2 speakers sound **uninterested and bored**.

　　　c. Japanese has much shorter and less exaggerated intonation peaks than English (Todaka 1990)；this can convey the impression of **tentativeness or abruptness** to English listeners when L1 intonation patterns are transferred too directly.

(60a) では、日本語のイントネーションが音域が狭いため、英語を話すと単調で退屈な感じがすると述べ、さらに (60b) では、母語のイントネーションを英語に持ち込むために、会話に無関心な退屈している感じがすると述べている。(60c) では、日本語のイントネーションのピークが短く、強調が少ないために、ためらっているような不確かな感じや、ぶっきらぼうな感じがすると述べている。

また、外国語訛りの英語から受ける感じについて、以下のようにも記している。

(61) [These people] may find prosodic features of second-language speech
 – such as **choppy**, unnatural rhythm, overly flat intonation, or
 inappropriate application of intonational patterns – annoying or
 difficult to understand.

ここでいう choppy とは、連結のない一語一語切れた発音のことをいう。こうした特徴をもつ（外国語訛りの）英語は理解しづらく鬱陶しいと述べている。

　同書は聞き取りにおける問題点もあげている。非 ENS にはイントーションで伝達されるユーモア、皮肉、怒りなどが伝わらないとある。言葉そのものは理解しても、話者の意図を誤解してしまうのである。その一例として、'That's a great idea.' と上司が部下に皮肉をこめて言っても、文字通りに解釈してしまう場合をあげる。上司の本当の意図である 'That's a stupid idea.' という思いは、イントーションがわからないと伝わらないのである。

　Pennington（1987）はこうした JNS の発音問題の根にあるのは、母語の干渉よりも、日本の国語教育（language education）の影響であると指摘している。それによると、漢字という書き言葉の読み書きを中心とする言語教育は、一語一語はっきり発音する正確さ（accuracy）中心のボトムアップ（bottom-up）方式である。英語のイントーション教育には、流暢さ（fluency）中心のトップダウン（top-down）方式の指導が大切であるが、日本の生徒は正確さを旨とする方略（accuracy strategy）を使い、書き言葉中心の指導を受けている。しかも、英語イントーションの知識はほとんどない。そこで生徒が日本語の知識と言語共通のリズム原理を使って英語を話そうとしてしまうのは当然の成り行きであるというのである。

　この論文が書かれたのは 30 年も前のことであり、この間に日本の英語

教育政策は多様な変貌を遂げている。しかし、ここで指摘されている日本の英語発音教育の問題点が過去のものとは、残念ながらとても言えない。英語教育が小学校へと広がる中、発音教育の正しい認識が今こそ真に求められている。

「JNS は日本語風の英語で発音すればよいのだ、何も ENS のように発音する必要はない」といった声がある。「これからの JNS はアジアをはじめとする世界で活動するのであり、そこで使われる英語は多様な訛りのある英語なのだから、ENS の英語だけにこだわる必要はない」という意見もある。今、英語の目標として 'intelligible English'（わかりやすい英語）という用語が使われる。しかし、「わかりやすい英語」とは何だろうか。JNS の英語はわかりやすいのだろうか。JNS どうしで英語を使っていると、日本語風の英語はわかりやすく思える。一語一語はっきりと発音すれば、世界中の人にわかりやすいように思える。しかし、世界の人の声を聴くと、どうもそうではないらしい。一語一語はっきり発音する、抑揚のない JNS の英語発音の特徴は、決して相手にとってわかりやすくはないようである。それどころか、わかりにくく聞くのも嫌になるような英語であり、しかも、失礼でおもしろくない話をする人という印象を与えるらしい。この印象を変えるためには、何としても、単語を連結し、弱化をして、リズミカルに話し、大事なところには抑揚をつけて英語を話す必要がある。

こうした英語のリズムとイントネーションの指導は、リスニング力の伸長にも有効であるという実験結果がさまざまに出されている（Brown & K-Brown, 2006; Ueda, 2015 ほか）。リスニング力を上げることは英語教育の大きな課題である。そのためにも英語のリズムとイントネーションが日本語とは違うこと、どこが違うのか、その違いからどのような問題が JNS の英語発音とリスニング力に生じるかを知ること、そして、それを知った上で発音指導をすることがまさに求められている。

言葉はまず音声を使って伝達するものであり、言語教育にとって発音指導は基本である。言語学習の魅力は未知のことばを自分の口で発音する

楽しさ、通じるときの楽しさである。外国語、たとえば、韓国語を学ぼう
という人がいれば、それは必ず話すことを目指している。ハングルを読むだ
けで満足する人はいない。学校教育の中の英語学習といえどももちろん同
じである。今はそういう時代なのである。

（川越 いつえ）

参考文献

今井邦彦（1987）『新しい発想による英語発音指導』大修館書店 .

竹林滋（1996）『英語音声学』研究社 .

ウェルズ , J.C.（2009）長瀬慶来（監訳）『英語のイントネーション』研究社 .

川越いつえ（2007）『新装版 英語の音声を科学する』大修館書店 .

水光雅則（1985）『新英文法選書1 文法と発音』大修館書店 .

竹蓋幸生（1997）『英語教育の科学：コミュニケーション能力の養成を目指して』アルク .

手島良（2011）「日本の中学校・高等学校における英語の音声教育について：発音指導
の現状と課題」『音声研究』第 15 巻第 1 号 , 31-52.

寺島隆吉（1997）『チャップリン「表現よみ」への挑戦「独裁者」で広がる英語の世界』
あすなろ社 .

森田勝之（1998）『映画英語のリスニング』DHC.

Brown, James Dean & Kimi Kondo-Brown（2006）*Perspectives on Teaching Connected Speech
to Second Language Speakers*. National Foreign Language Resource Center, University of
Hawai'i at Mānoa.

Celce-Murcia, Marianne, Donna M. Brinton, Janet M. Goodwin（2010）*Teaching
Pronunciation: A Course Book and Reference Guide*, Second Edition. New York: Cambridge
University Press.

Dickerson, W.B.（1989）*Stress in the Speech Stream – The Rhythm of Spoken English: Student
Text*. Urbana: University of Illinois Press.

Gilbert, Judy B.（2012）*Clear Speech: Pronunciation and Listening Comprehension in North
American English*, Fourth Edition. New York: Cambridge University Press.

Mori, Yuko（2005）The initial high pitch in English sentences produced by Japanese speakers.
English Linguistics 22, 23-55.

Pennington,Martha C.（1989）Acquiring proficiency in English phonology: problems and
solutions for the Japanese learner.『名古屋学院大学外国語教育紀要』No.16, 1-19.

Ueda, Marisa（2015）*Towards Effective Teaching Methods in EFL Listening for Intermediate
Learners*. 渓水社 .

マザーグースの英語を
音韻的にみる

第3章

3.1 目的と背景

　英語の導入期によく用いられる教材としてマザーグースがある。これは歌や振り付けなどを通して英語を教授できるということに加えて、マザーグースの唄が短く、そのうえ、詩がリズミカルだからである。本論はマザーグースを教材として教授する際に、教授者が知っておいたほうがよいマザーグースの音韻的な事実、主にリズムとの関係を、マザーグースの詩の分析を通して、概観する。その際に、音楽のリズムとの関係についてもみてゆく。

　英語教育では、通常音のみならず文字を通して教授されることが多い。この際に問題になるのが、音声と語・文法の関係である。文法により語を組みあわせて文を構成するが、構成された句や文とその音声の関係は単純に一対一で対応しているかのように、教授者・学習者とも理解しているように思われる。しかし、実際には、文法的な関係と音の関係が単純に一致していない場合もある。このことは英語を発話する際（スピーキング）と知覚する際（リスニング）に、文法に頼って英語を理解することになる日本人学習者には問題となることがあるが、この問題はあまり指摘されることはない。この問題は、通常、音の連結（リンキング）などと絡めて処理されるが、実は文法上の区切りと、音韻上の区切りにギャップがある場合があることを認識しておくほうが好ましいと考えられる。このような事実は、マザーグースや慣用的な句をリズムの観点から考察すると理解がしやすいので、本章ではこの問題も考察する。

3.2 マザーグース

3.2.1 マザーグースについて

日本語ではマザーグースとして知られている英語の伝承童謡は、アメリカでは Mother Goose と、英国・オーストラリアなどでは Nursery Rhymes とよばれている。このようなマザーグースは、歌われるものもあるが、本来的には詩であるという。

平野 (1972:5-6) は、マザーグースと英語を話す「民族の集団的無意識」との関係に言及し、マザーグースの英語のもつ「言葉の喚起性」の重要性を指摘して、マザーグースに出てくるフレーズや名前が含みをもって、映画や小説などで引用して使用されることを指摘する。このように英語文化圏の重要な背景をなすマザーグースは、同時に英語の音韻的特徴もよく反映している。マザーグースは親から子供に口承で伝えられ、「英語の口承詩の伝統の残している最後のジャンル」という研究者 (Giegerich, 1992:273) もいる。実際、マザーグースの中には古い時代にさかのぼるものもある (詳しくは平野 (1972) を参照のこと)。

さて、マザーグースは英語の導入でしばしば用いられるが、そこに問題はないのであろうか。マザーグースの英語に関して必ず参照されるべき研究である平野 (1988) の意見をまずみておく。

英語の伝承童謡いわゆるマザーグースの唄 (略してたんにマザーグースとも言う) は、本来は幼児を相手とするものだから、その英語は大人の英語よりよほど易しいはず、と考える向きが一部にあるようだが、これはマザーグースをめぐる最大の誤解の一つかもしれない。マザーグースこそ英語入門期の教材にふさわしいという見解 (私はこの見解に一面賛成、一面反対である) も、こういう誤解から生れる場合が多い。マザーグースの英語の実体はなにか。これについての認識が必ずしも正確でないように思われる。マザーグースの英語は、はたして一部で頭から決め込んでいるように、易しいのだろうか。何百篇の唄が現に伝承され愛唱されているのだから、その中には易しいものも確かに存在するが、少し付き合ってみると、安易な理解を拒否するものが少なくないことにだれでも気が付く。実際にマザーグースの訳出や解説を、たとえば教室でやってみて、その予想外の手ごわさに気が付く場合もあろう。

平野の主張をまとめると、1) マザーグースの英語は一概に簡単とはいえない、また、2) 英語入門期の教材としてふさわしいともいえるし、そうでないともいえる。これに答えるために、平野は、1)「ライムの要請」、2)「古さと地域性」という 2 点から、マザーグースの英語の「多様性と複雑性」に説明を加える。

　本稿は、入門期の英語教材としてのマザーグースの問題点には触れずに、その音韻的特徴をとくにリズムとの関係からみてゆく。

3.2.2 話し言葉のリズムとマザーグース・詩のリズム

　まず留意すべきことは、マザーグースは詩であるからといって、話し言葉と関係がないということはなく、話し言葉に基盤があるということである。したがって、第 2 章 2.2 で解説されている文のリズムについての原則は、マザーグースにも、当然当てはまる。さらに、文強勢を受ける傾向があるのが内容語で、そうでないのが機能語という原則も同様に当てはまる。

　しかし、話し言葉に基盤を置きながらも、マザーグースや詩においては、詩的許容（poetic license）とよばれる、詩ならではの逸脱が許容される場合がある。

3.2.3 マザーグースと英詩

　マザーグースは本来的に詩であるという指摘はみたが、この詩というのはどのような意味だろうか。いわゆる伝統的な英詩と同じであろうか。

　とくに 14 世紀の英国詩人 Geoffrey Chaucer 以来の伝統的な英詩においては、1 つの強勢のある音節（＝1 つの母音を中心とした音のまとまり）と 1 つないし複数の強勢のない音節（＝弱音節）の組み合わせからなる詩脚（foot）の繰り返しによる規則的なリズムと、1 行中の詩脚の数により、韻律（meter）とよばれる英詩を構成する重要な要素が決定される。そして、マザーグースと伝統的な英詩の決定的な違いは、英詩においては原則 1 行中の音節の数が一定していることである。このような詩は「強勢・音節によ

る詩」（accentual-syllabic verse）とよばれ、行末での脚韻（rhyme: 複数行の行末の語、または複数の語の、強勢のある母音以降の音が同じもので繰り返されること）を伴って用いられる[1]。たとえば、次の Wordsworth の Daffodils という有名な詩（最初の2行だけを示す）は弱強4歩格（iambic tetrameter）と分類され、弱音節＋強音節のまとまり（iamb）が、1行に4回生起するパタン(4歩格 tetrameter)をもつ。詩脚のパタンには弱強以外にも、強弱や弱弱強や強弱弱などがある。

　ここでは、(1) の詩の下に、強勢のある音節（＝強音節とも強勢音節ともいう）には●を、強勢のない弱音節には・を付した。

(1)　　I wonder'd lonely as a cloud.
　　　　・ ● | 　・　 ● | ・ ●| ・ 　 ●

　　　 That floats on high o'er vales and hills,
　　　　 ・　　● 　| ・ ● | 　・ ●　 | ・ ●

　このような英詩では、1行に表れる音節数が一定で、1つの強音節の前後にともなわれる弱音節の数も基本的に一定である。このような詩形はフランスからもたらされ、元来は音の強弱ではなく、その長短によるリズムの規則的な配置による詩形であって、英語の本来の詩形ではない。

　一方、マザーグースの詩は、「強勢による詩」（accentual verse）とよばれるもので、1行中の強音節の数は一定であるものの、音節の数は必ずしも一定ではない。言い換えると、1つの強音節に伴われる弱音節の数に変異がある。この点でマザーグースの詩は伝統的な英詩と異なる。強勢による詩は強勢・音節による詩よりも古くから存在した英語の本来的な作詩法であった。ただ、8世紀のアングロサクソンの英雄叙事詩 *Beowulf*（ベオーウルフ）から15世紀頃まで続いた強勢による詩は、強勢のある音節をもとに、その強音節での語頭音をあわせる頭韻を組み合わせた作詩法であった。た

―――――――――――――――――――――――――――――――――
[1] 英詩の韻律と話し言葉のリズムの関係については、リーチ（1994）の第7章が詳しい。

とえば、14世紀の『ピアズ・プラウマン』（*Piers Plowman*）という詩の1・2行目は、

(2)　In a somer seson whan softe was the sonne,
　　　(In a summer season　when soft was the sun)
　　　・・●・●・　・●　・●・

　　　I shoop me　into shroudes as　I a sheep were,
　　　(I shaped myself into　shrouds as(if) I a sheep　were)
　　　・●・・●・　・●・●・

　　　（日差しが温和な暖かな季節に / 羊であるかのように服を着込んで）

となり、1行目は 'somer', 'seson', 'softe', 'sonne' の各語の第1音節に強勢があり、それぞれの語が頭韻を踏み、詩のリズムを構成している。2行目もwere を除き、強勢がある3語が頭韻を踏んでいる。

　マザーグースは、弱音節数の数が不定である点では強勢による詩である頭韻詩と類似しているが、マザーグースが頭韻ではなく脚韻を使用する点では、強勢と音節による詩と類似しており、ちょうど強勢による詩と強勢と音節による詩の中間のような詩であるといえる。このように、マザーグースの詩は古くからの形式をもち、話し言葉に基盤をもち、話し言葉のリズムと密接に関係していることは明らかである。

　マザーグースの詩は後にみるように、強音節によるリズムに依拠しながらも、弱音節の数が可変である点において、伝統的な英詩よりも話し言葉をより密に反映している。さらに、話し言葉においては、さまざまな条件のために、リズムがきれいに表れないことが多いが、マザーグースの詩はリズムが明白に感知できるため、話し言葉のリズムの練習の素材として適しているといえる[2]。

---

[2] 深澤（2015: 262-276）の付録CDが等時間隔を意識させるメトロノーム音が入った形でマザーグースの詩を収録しており、このような練習に有用である。

3.3 マザーグースの英語のリズムの特徴

　ここでは、英語のリズムと、それと密接に関係する脚（foot）という概念について触れ、マザーグースを音韻的に分析する。英語の強勢リズムについては、主に第 2 章 2.2 と川越（2007）を参照して論じる。

　まず、次の有名なマザーグースの唄をリズムの観点から考察する。

(3)　　Humpty Dumpty sat on a wall,
　　　　●　・　●　・●・・●

　　　　Humpty Dumpty had a great fall.
　　　　●　・　●　・●・・●

　　　　All the king's horses, and all the king's men,
　　　　●　・　●　・●・●・・●

　　　　Couldn't put Humpty together again.
　　　　●　・　●　・●・●・●

この唄では、● で示した強音節と次の強音節の間の時間的間隔が等しい（第2 章 2.2.1 参照）。(3)の例で注目すべきは、● のあとに続く・で示した弱音節の数である。1 つの場合と 2 つの場合があるが、どちらの場合でも、● と● の時間的な間隔は同じであることに注意する必要がある。つまり、弱音節がその数にかかわらず強音節間の時間が等しいということは、第 2 章 2.3でみたように、弱音節は弱く早く発音されるということを意味する。強音節を中心にみると次のように、(3)は詩に入れた縦棒 | で区切られるであろう。

(3')　**Hum**pty | **Dum**pty | **sat** on a | **wall**,
　　　　●　・　●　・●・・●

　　　Humpty | **Dum**pty | **had** a great | **fall**.
　　　　●　・　●　・●・・●

All the king's | horses, and | all the king's | men,

● · · ● · ● · · ●

Couldn't put | Humpty to|gether a|gain.

● · · ● · ● · · ●

縦棒で示した、1つの強音節から次の強音節までのまとまりを脚（foot）とよぶ。言い換えると、等時的であるのは脚という音韻上の単位ということになる。なお、この脚は先のセクションで述べた詩脚に基づいて作られた音韻論上の概念で、音韻論では1つの強音節から始まり、次の強音節までの（ただし2つ目の強音節は含まない）の音韻的なまとまりを意味し、1つの強音節のみの場合と、いくつかの弱音節が後続する場合がある。これは、音節のつぎに大きな音韻上の単位である。

　さて、上記の例の脚に注目すると、'sat on a' が sat^on^a「サトナ」や had^a^great「ハダグレイト」のように、また、horses^and、couldn't^put、Humpty^to-、gether^a- も1つのまとまりとして音連結され、発音される（第2章2.3.3を参照）。等時間隔を保とうとすれば、このように発音しなければならないし、このようにリズミカルに発音練習することは、拍リズムをもつ日本語を母語とする英語学習者には、英語のリズムのよい練習になることは確かである。

　このような練習がよいのは確かであるが、上記の脚の区切りをみて、何か気づかないであろうか。たとえば、(3')の1行目の後半行は、音声上 sat on a | wall と区切られるが、これは文法上の切れ目 sat | on a wall とギャップがある。同様に2行目後半の音声上の切れ目 had a great | fall も、文法上の切れ目 had | a great fall とギャップがある。それのみならず、4行目においては、Humpty to | gether a | gain のように、'together' と 'again' という語が、to-gether、a-gain と音節に分割され、分割された要素（＝音節）はもとの語とは別の脚に配当される。つまり、語の境界とは関係なく、音韻上の区切り・まとまりである脚が形成されているのである。

第3章　マザーグースの英語を音韻的にみる　　101

　この点について、竹林 (1996:406) は「脚の境界は語の境界や文法的な
単位の境い目とは必ずしも一致しない」と指摘するが、音声学書などで指
摘されることは少なく、また、英語教授者・学習者の間でもあまり気づか
れていないのではないだろうか。しかしながら、この点に気をつけることは
重要である。なぜなら、非母語話者である日本語母語話者は通常、語と
文法により文を理解・産出するが、英語母語話者が産出した話し言葉では、
上記で示したように文法上の区切りと、音声上の区切りが必ずしも一致しな
い場合があり、リスニングで戸惑う可能性があるからである。このような
ギャップはとくに、リズムがよい句や文に顕著であろう。
　たとえば、「〜のような」という直喩で、語頭音が同じ頭韻のフレーズで
も同じことがみられる。

(4)　cool as a | cucumber
　　　●　・　・　●　・　・
(5)　dead as a | door-nail
　　　●　・　・　●　　・

文法的には ‘形容詞 + as a 〜’ のように ‘as’ の前で区切るが (つまり、cool |
as a cucumber)、音韻的な区切り (＝脚) は上記のように文法上の区切りと
異なる。
　このような点が日本人にとくに問題となるのは、音読指導や読解指導の
際に、文法上の区切りでチャンキングを行うように指導するからである。文
法的な区切りと音韻的な区切りが全く不一致であるわけではなく、大まか
には一致しているのであるが、ここで示したような不一致がある場合があ
ることも心得ておくべきであろう (本書 p.25 も参照のこと)。
　もう1つ注意する必要があるのは音連結と関係することであるが、1つの
脚内の弱音節の機能語が先行する強音節にくっつくような形になっている
ことである。先に述べた Humpty Dumpty 中の ‘sat on a’ では、‘sat’ が強音

節で、後続の 'on'、'a' が弱音節の機能語であるが、**sat**^on^a「**サ**トナ」のように、強音節の 'sat' に弱音節の機能語 'on' と 'a' が前に向かって連結している。このような特性を前節的（enclitic）とよぶことがある。これは、2 行目の '**had** a great' も同じである。

このような気づきのために、マザーグースは英語の導入期の児童・中学生のみならず、高校生にも用いる意義が十分あると考えられる。このような音韻と文法上の区切りのギャップは通常の話し言葉では、認識するのが難しいため、マザーグースのような明白な例により慣れる練習をする意義がある。

3.4 マザーグースの詩の分析 [3]

3.4.1 マザーグースの詩の音韻的特徴

このセクションでは、代表的なマザーグースの詩のリズムを分析しながら、同時にマザーグースの詩に表れる音声的な修辞技法についても触れる。その際、内容語と機能語の単純な 2 分類では説明しきれない、句強勢や文強勢についても解説を加える。まず、分析に入る前に、マザーグースの詩の音韻的特徴について、Burling（1966）に沿ってみてゆく。

Burling（1966:1418）によれば、「英語のマザーグースの唄の圧倒的大多数は、16 ビートから成り、それが 4 行に分かれ、それぞれの行は 4 ビートから成る」という。ビートとは強音節を指す。先に（3）で示した Humpty Dumpty はまさにこの形式で構成されている。もちろんアルファベット歌のようにこの形式に当てはまらないものもある。

つぎに、先に指摘したように、マザーグースの詩の 1 行の弱音節の数には揺れがある。そして、この弱音節のパタンにより、ある詩が他の詩と違うという印象を与えると Burling（1966:1420）は述べる。また、1 行に 4 つのビート＝強勢がないようにみえる場合も、実は 4 つ目のビートが強音節で

---

[3] 本章はマザーグースの韻律分析を行うが、英語の文章の韻律分析については、渡辺（1994）の第 8 章が高校用教科書を用いて行っており、参考になる。

なく休止（rest）により埋められる場合があるという。これはどの行でも起こりうるが、とくに2行目と4行目で起こる傾向が高いという。この休止の問題は重要で、強勢ともかかわる問題であるので、具体的な分析の際に解説する。

3.4.2 Humpty Dumpty

まず、(3')は脚の観点からはみたが、それ以外の面に触れていないので、再度検討する。そのためにここに詩を再録する。

（3'）　Humpty Dumpty sat on a wall,

　　　　Humpty Dumpty had a great fall.

　　　　All the king's horses, and all the king's men,

　　　　Couldn't put Humpty together again.

まず、1行目の行末の語 'wall' は強勢以下の部分 /ɔ:l/ が 'fall' と同じ、また、2行目の 'men' と 'again' の強勢以下の部分が /ɛn/ と同じで、aabb という形で1行目と2行目、3行目と4行目が脚韻（rhyme）を踏んでいる[4]。また、行末ではないが、行中でも Humpty Dumpty という名前自体も脚韻を踏んでおり、このようなものを行中韻とよぶ。マザーグースに出てくる名前にはこのように脚韻を踏んでいるものも多い。

　3行目は **'all - hor**ses **- all - men'** に強勢がある。'king's' は 'king' が名詞で内容語であるため強勢があると考えるかもしれないが、名詞の所有格＋名詞では、後続する名詞に強勢がある[5]。

　この3行目は日本人英語学習者には等時間隔で発音するのが困難な部分であるが、鷲津（1997:297-304）が述べるように、日本人学習者は弱音

---

[4] 'again' には /əgéɪn/ 以外に /əgén/ の発音もあり、ここの脚韻は後者の発音による。
[5] 文強勢については、第2章 2.2.2 および川越（2007:183-193）を参照のこと。品詞別のより詳しい情報については、竹林（1996）の第6章を参照のこと。

節を弱く発音するのが苦手なためで、そのためには「弱音節は口だけ動かして声を出さないようにチャント」をする練習をした上で、全体を発音練習させると、発音がよりスムースとなる（第2章2.3, 第4章4.5.1も参照のこと）。

　つぎに4行目の 'couldn't put Humpty together again' については、'couldn't' は助動詞ではあるものの否定の 'n't' がつく助動詞の否定形は常に強形が用いられる（第2章2.2.2）。また、'put Humpty together' のような「他動詞＋名詞目的語＋副詞」の場合、「第2＋第1＋第3強勢」となる傾向があるものの、'couldn't put' の両方に強勢があると強勢衝突（＝強勢の連続）が起こるために 'put' を弱に発音すると元来第3強勢であった 'together' の強勢が相対的に強まることになり、強勢を受けることになる。

3.4.3 Georgie Porgie

(6) **Geor**gie | **Por**gie, | **pud**ding and | **pie**,

$\quad$●　·　●　·　●　·　●

Kissed the | **girls** and | **made** them | **cry**;

$\quad$●　·　●　·　●　·　●

When the | **boys** came | **out** to | **play**,

$\quad$●　·　●　·　●　·　●

Georgie | **Por**gie | **ran** a|**way**.

$\quad$●　·　●　·　●

この詩も Humpty Dumpty と同じように1行に4つの強音節があり、それが4行という構成である。強勢に関しては、3行目で 'came out' で 'out' の方が強勢を受けているのは、自動詞＋副詞では副詞に第1強勢が動詞に第2強勢が置かれるためで、主語の 'boys' にすでに強勢が置かれるために、'came' に強勢が置かれると強勢衝突が起こるためである。4行目の 'run away' では、直前の '-gie' と 'away' の a- が存在するために、強勢衝突を

起こさずに 'run' と '-way' の両方に強勢が置かれることになる。なお、3 行目の最初の 'When' は話し言葉であれば、対比などの場合を除いて、強勢が置かれることは通常ないが、ここに強勢が置かれる。

　音韻上と文法上の区切りでギャップがあるので注意するべきなのは、2 行目の 'kissed the'、3 行目の 'When the' という脚の区切りである。

　脚韻は pie : cry, play : away と aabb という単純な形式である。'Georgie Porgie' という名前自体、Humpty Dumpty と同じように、行中韻で脚韻を踏んでいる。一方で、'Porgie' は、後半の 'pudding', 'pie' と、'p' の頭韻により結びつけられている。1 行目の後半部 'pudding and pie' は詩の意味とは関係ないが、'Porgie' と頭韻を踏むためだけに挿入された埋め草的な句である。これらの頭韻を踏む子音を含む音節は強音節である。

3.4.4 Old King Cole

　今までみてきた詩は Burling の指摘するとおり 4 ビートであったが、この Old King Cole は一見そうはみえない。

(7)　　Old King | Cole was a| merry old | soul,
　　　　●　　·　　●　　·　·　●　·　●　　·　　●

　　　And a | merry old | soul was | he; | (R)
　　　·　·　　●　·　·　●　　·　●　　·　(●)

　　　He | called for his | pipe, and he | called for his | bowl,
　　　·　　●　·　·　　●　·　·　●　　●　·　·　●

　　　And he | called for his | fiddlers | three. | (R)
　　　·　·　　●　·　·　●　·　●　　●　(●)

この詩は (3) (6) と異なり、強＋弱 (＋弱) のような単純な音節の繰り返しではなく、2 行目・4 行目は弱音節で始まっている。マザーグースにおいてはこのようなリズムの変奏はよくみられるが、これにより単調なリズムに変化

が生じる。ただし、強勢の点からいうと、2 行目 'And a'、3 行目 'He'、4 行目 'And he' は遊離している「脚前余剰部」といわれる部分である。話し言葉であれば、このような部分は「脚からはみ出した部分はほかの弱音節よりも一層早く発音され、その結果極端に圧縮されて母音や子音が脱落することさえある」と竹林（1996:406）は指摘する。

　音韻的なまとまりである脚と文法的な区切りのギャップが、この詩では大きい。1 行目 'Cole was a' の脚、2 行目 'And a' の脚、3・4 行目の 'called for his' の脚は、文法的なまとまりとは分離している。

　1 行目と 3 行目の soul : bowl が、また、2 行目と 4 行目の he : three が脚韻を踏んでいる。4 行目の 'his fiddlers three' は 'his three fiddler' が通常の語順であるが、脚韻のために、'three' が修飾する名詞のあとに置かれるという、詩的許容が生じている。1 行目内の Cole : soul が行中韻を踏んでいる。マザーグースの詩では 1 行目で行中韻がよく起こり、その場合、1 行目の 2 番目と 4 番目の強音節が韻を踏むと Burling（1996:1422）は指摘するが、この詩はその指摘に合致する[6]。

　また、この王様の名前が 'Cole' となったのも、'King' と頭韻を踏むため /k/ の音で始まる名前である必要があったためであって、偶然ではない。

　さて、この詩では 2・4 行目が 3 ビートしかなく、最後の強音節が欠けているようにみえるが、Burling の指摘するとおり、実は強音節の代わりにここには（R）と書いたが、休止が存在している[7]。

　この詩に対応する楽譜を次ページに掲げる[8]。この詩に対応する楽譜上では、休止符の代わりに、2 行目行末の語 he と 4 行目行末の語 'three' が

---

[6] Burling が 1 行と分析する 4 ビートからなる行が、多くのマザーグース集では 2 ビートからなる半行ずつに分けられる場合がある。たとえば Jack and Jill / Went up the hill は多くのマザーグース集で 2 行に分けられている。これは 1 行目の第 2・4 強音節が韻を踏むためであるともいえる。

[7] このような休止は、話し言葉においても強勢を創出するために使われる道具立てで、Giegerich（1992:276）は沈黙の強勢（silent stress）とよぶ。

[8] Free Sheet Music（Music, Lyrics and Chords）（https://makingmusicfun.net/m/old_king_cole_leadsheet.html）に基づき、コードを削除し MuseScore により作成した。

それぞれ全音符と付点 2 部音符で表現され、それらの語を長く伸ばして発音させることで拍の不足分を補う形となっている。このように他よりも長い音符で表現していることは、詩の上で休止がある証拠であるといえよう。

さらに楽譜をもう少し検討し、マザーグースの詩のリズムが楽譜上ではどのように再現され、どのように言葉のリズムと関係するかを概観する。

まず、言語のリズムは楽譜上では拍子 (measure) で表現されるが、拍子は「自由を制約する人工的な概念的な原理」であり、「反復を内容とする人工的なリズム」であると芥川 (1971:88, 91) は解説し、リズムと混同すべきでないとする。続けて、「2 拍子は強弱の反復」、「4 拍子は 2 拍子の複合ではあるが、強い第 1 拍、やや強い第 3 泊という 2 つのアクセントを」もつと解説する (芥川, 1971:91)。つまり、楽曲では、小節のはじめの音符にあてがわれるのは歌詞・詩の強音節の部分に当たる。また、1 つの音符に 1 音節があてがわれるが、窪薗 (1998:13) は「英語の歌では ... 語の強勢構造と楽譜の構造との間に相関関係がみられる」と指摘する。これは音節および強勢と楽譜との対応関係について述べているのである。

実際に (7) の詩に対応する楽譜をみると、1・2・3・4 行目の最初の強音節

の部分はそれぞれ、小節の最初に置かれて強いアクセントのくる位置に置かれている。一方、(7)の詩の2行目と4行目は両方とも、2つの弱音節で始まる（弱起という：第2章2.5.4および第4章4.4.3を参照のこと）。楽譜では、この部分に対応する箇所は2行目・4行目のそれよりあとの詩の部分とではなく、その前の行の詩と同じ小節に入れるという操作がなされている。実際に楽曲でこの詩を聞くと、2行目の冒頭部 'And a' は2行目のそれ以降の部分と遊離して聞こえる。同じように3行目の 'He' も遊離して聞こえる。先に述べたように、拍子は人工的なリズムであるので、マザーグースの詩が楽曲に載せられると、リズムがより一層明確にされるので、歌でマザーグースを歌うことでよりリズムを明確にできるといえる。

3.4.5 Hickory Dickory Dock

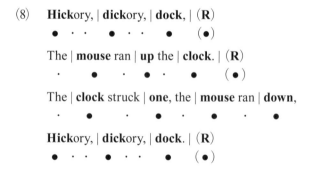

3行目を除いては、強音節が3つしかないようにみえるが、実はそれらの行の最後には休止 (R) がある。1行目と4行目は強音節から始まるが、2行目と3行目は脚前余剰部である弱音節をもつ 'The' から始まり、これにより、行ごとにリズムに変化が生じ、単調さが減少する。また、3行目は他の行と違って休止がないため、他の行より早く発音され、緩急がつき、より変化を感じられる。

つぎに、この詩に対応する楽譜をみてゆく[9]。上で言語上の休止と示した部分に対応する楽譜では休符が入っている。また、上記で脚前余剰部とした2・3行目の 'The' は、'The' が修飾する 'mouse'、'clock' の小節ではなく、それに先行する行の最後の語と同じ小節に入れられており、文法的には 'The' が一緒に名詞句を形成する主要部である 'mouse'、'clock' と切り離された形であることは、脚と文法上の区切りが分離しているということを示している。

3.4.6 Twinkle, Twinkle, Little Star

最後に日本でも歌としてよく知られていて、比較的新しく作者が知られているものの、マザーグースにも収録されている次の詩をみてゆく。

(9)　　Twinkle, | twinkle, | little | star,
　　　　●　・　●　・　●　・　●
　　　　How I | wonder | what you | are!
　　　　●　・　●　・　●　・　●

---

[9] 白川他編（2000a:52）に基づき、コードを削除し MuseScore により作成した。

Up a|bove the | world so | high,
● · ● · ● · ●
Like a | diamond | in the | sky.
● · ● · ● · ●

　まず、'-kle'、'-tle' の下の部分に弱音節を示す・がついていることに疑問をもつかもしれない。これは、'l' や 'r'、'm' や 'n' などは子音ながら聞こえ度が高いために、音節を形成する働きをもつといわれる音節主音子音であるからである（川越 2007:102）。これを間接的に支持するのは、あとでみる楽譜でのこれらの音節の扱いである。なお、脚韻は、star : are、high : sky で aabb という形式になっている。

　強弱の繰り返しのゆったりした単純なリズムの歌であるが、話し言葉では文強勢を通常持たない前置詞の 'above'、'like'、'in' に強勢があることに注意する必要がある。

　この詩で気をつける必要があるのは、3 行目 'Up a-' と '-bove the' と 'world so' と 4 行目の 'Like a' の部分で、音韻的な単位と文法的な・語彙的な単位にギャップがある。3 行目の 'Up a-' の脚は、'above' という語を音節で分断して、この語の境界を無視するかのように形成されている。

つぎに、この詩の楽譜を確認する[10]。上掲の楽譜によれば、音節主音子音 /l/ が形成する音節（-kle, -tle）にも音符が与えられている。また、行末の脚韻を踏む語はすべて強音節だけから構成される単音節語（star: are; high:sky）であるが、その他の脚の強音節＋弱音節（例：Twin-kle, lit-tle, How I, won-der など）と同じような扱いにするため、楽譜上では2分音符が当てられている。

3.4.7 頭韻と脚韻

個々のマザーグースの詩の分析は行ったが、ここで頭韻について触れておく。なぜなら、とくに頭韻は表現技法として英語に深く根ざしており、頭韻をよく使用する英語圏文化のことを、あるドイツ人研究者は頭韻文化と評した。このように広く頭韻が使用されている理由は強音節の前の音が目立ちやすく、記憶に残りやすいためである。

身近な例としては、ディズニーのキャラクターの名前の多くが頭韻でできている。たとえば、'Mickey Mouse'、'Minnie Mouse'、'Donald Duck'、'Daisy Duck' など。また、'Beauty and the Beast' のような映画のタイトルも、頭韻である。また、'Intel Inside'（日本語では「インテル・ハイッテル」）や 'Guinness is good for you.'（ギネスはよいビール）のように商品の広告でもよく用いられる。それ以外にも、'Money makes the mare to go.'（「地獄の沙汰も金次第」）などの諺や、「〜のような」という直喩表現の 'cool as a cucumber'、'time and tide' や 'bed and breakfast' のような慣用句、「パタパタ、ビーチサンダル」の意味の 'flip-flop' や「ジグザグ」の意味の 'zigzag' のような擬音的な重複複合語などもある。

マザーグースの詩において頭韻は脚韻ほど組織的に使用されていないが、登場人物の名前や形容辞がついた名前として使用されることがある。たとえば、有名な 'Jack and Jill' や、'Barnaby Bright'、'Old King Cole'、'Little

---

[10] 白川他編（2000b:20）に基づき、コードを削除し MuseScore により作成した。

Miss Muffet'、'Peter Piper'、'Simple Simon'、'Wee Willie Winkie' などがある。また名前ではないが、'goosey gander' や、標準語の 'daffodil'「水仙」に対応する方言的で頭韻的な 'daffy-down-dilly' のような複合語を含め、多くの頭韻的な語句がみられる。また、文法的な単位にはなっていないものの、'Baa, Baa, Black Sheep' で 'black' が使われる理由は 'Baa' との頭韻のためであるし、また、先にみた 'Georgie Porgie, pudding and pie' の 'pudding and pie' も 'Porgie' と頭韻を踏むための句である。ただし、昔の頭韻詩のように、頭韻は組織的には用いられていない。

　一方で、脚韻については、行末韻として組織的に使用される以外に、登場人物の名前が脚韻で行中韻を構成している場合は頭韻のものと比べると少数である。すでにみた 'Humpty Dumpty' や 'Georgie Porgie' などである。

3.5 まとめ

　英語の導入期によく使用されるマザーグースの詩のリズムを脚に具体的に分解して、楽譜との対応関係などをみてきた。また、詩のどの部分に強勢があるのか、また、脚が文法・語彙上の単位と必ずしも一致しない場合があることなどをみてきた。

　マザーグースの詩は、伝統的な英詩と話し言葉の中間的な性質を示しており、そのためにリズムを教授するには好都合な教材といえる。伝統的な英詩と異なり、脚において弱音節の数が一定ではない点で、話し言葉とより類似している。この意味で、マザーグースを用いて、リズムの練習を行う意義はあると思われる。とくに、拍リズムをもつ日本語を母語とする英語学習者には意義がある 。

　ただし、マザーグースの詩は好韻律的（eurhythmic）といわれ、英語のリズムを理想的に示す例外的なもので、実際の発話はリズムをそれほどき

---

[11] Roach（2009:110）は英語の等時的な強勢リズムに懐疑的であるが、日本語・ハンガリー語・スペイン語のように弱音節をもたない言語の話者には、リズム練習に一定の意義があると述べており、本書の第 2 章 2.3 で扱われている弱化の問題は重要である。

れいに示すわけではない。したがって、Roach（2009:110）は、詩を朗吟するように英語を話さないといけないかのように学習者に思い込ませるまで練習をしてはいけないと警告するが、教授者は留意しておく必要があろう。

（谷　明信）

参考文献

芥川也寸志（1971）『音楽の基礎』岩波書店.

川越いつえ（2007）『英語の音声を科学する』大修館書店.

川越いつえ（2018）「第2章　音声学・音韻論と英語教育実践－対話能力を強化する英語音声指導に向けて－」本書、38-93.

窪薗晴夫・太田聡（1998）『音韻構造とアクセント』研究社.

白川眞理子他編（2000a）『うたおう！マザーグース 上』アルク.

白川眞理子他編（2000b）『うたおう！マザーグース 下』アルク.

竹林滋（1996）『英語音声学』研究社.

平野敬一（1972）『マザー・グースの唄－イギリスの伝承童謡』中央公論社.

平野敬一（1988）「マザー・グースの英語」谷本誠剛（編）『児童文学とその英語』139-155, 大修館書店.

深澤俊昭（2015）『改訂版 英語の発音パーフェクト学習事典』アルク.

リーチ、ジェフリー・N.（1994）『英詩鑑賞：言語学からの洞察』島岡丘・菅野弘久訳. リーベル出版.

鷲津名都江（1997）『わらべうたとナーサリーライム－日本語と英語の比較言語リズム考』増補版. 晩聲社.

渡辺和幸（1994）『英語のリズム・イントネーションの指導』大修館書店.

和田あずさ（2018）「第4章　小学校段階における英語音声指導－「歌とチャンツ」に焦点を当てて－」本書、114-137.

Burling, Robbins（1966）The metrics of children's verse: A cross-linguistic study. *American Anthropologist* Vol. 68, Iss. 6, 1418-1441.

Giegerich, Heinz J.（1992）*English Phonology: An Introduction.* Cambridge: Cambridge University Press.

Opie, Iona and Opie Peter, eds.（1997）*The Oxford Dictionary of Nursery Rhymes.* New ed. Oxford: Oxford University Press.

Roach, Peter（2009）*English Phonetics and Phonology: A Practical Course. 4th ed.* Cambridge : Cambridge University Press.

小学校段階における 英語音声指導

第4章

－「歌とチャンツ」に焦点を当てて－

4.1 背景

　英語教育推進がますます重視される中、2011 年度施行の現行学習指導要領より小学校外国語活動が悉皆的に実施された。そして 2020 年度実施に向けた次期学習指導要領改訂に当たっては、教科外活動としての外国語活動は第 3 学年に開始され、第 5、6 学年では教科となることが示されている。総合的な学習の時間で英語活動が行われていた期間も含めて、これまで、カリキュラム、教材、各活動などについて、実践の場からの提案が数多くなされている。一方、小学校英語教育研究においては、混乱や不安が少なからずある中で真摯に児童や英語教育と向き合ってきた現場教員の取り組みを理論的に裏付け、強化していくことが一層求められている。

　小学校英語教育に対する教員の不安は多岐にわたるが、主要なものの 1 つが、英語運用能力に関するものであろう。現行学習指導要領では音声中心の活動を行うこととされており、英語母語話者や英語に堪能な地域人材の協力が得られない場合を考慮し、視聴覚教材の積極的な利用が推進されてきた。また、次期学習指導要領でも、日本語との違いに留意し、英語の音声やリズムに慣れ親しんだり、発音練習を行うなどして現代の標準的な発音や韻律を指導したりすること、その際、視聴覚教材を有効活用し、児童の興味・関心をより高め、指導の効率化や言語活動のさらなる充実を図ることとされている。このような英語の音声やリズムに慣れ親しむことができる教材の例として、歌やチャンツがあげられる。Sposet (2008) は、音楽と言語教育は活版印刷が開発される以前から密接に結びつき、言語のリズムや流れを導入するドリルとしてチャンツが用いられていたこと、現在

でもアメリカでは子供および大人の非英語母語話者に対してナーサリー・ライムを用いた教育が行われていることなどを指摘している。日本においても、全国で 91.9%（ベネッセ教育研究開発センター, 2010）、東京都では 94.0%（東京都教育委員会, 2013）の小学校で歌やチャンツを用いた活動が行われている。また、中学生を対象に行った調査では、性差は見られつつも概ね英語の好き嫌いや得意不得意に大きく左右されることなく、普段の生活で英語に触れる機会として半数近くが「歌詞を見ながら英語の歌を聴く」ことを選択した（ベネッセ教育研究開発センター, 2008）。これらのことより、歌やチャンツは教員のみならず学習者にとっても身近な教材であるといえる。ただし、「歌やチャンツを用いると慣れ親しむことができる英語の音声やリズム」とは何であるのかが、今もって不明確であるまま使用されていることがある。また、「歌」と「チャンツ」の区別があいまいなまま取り扱われている場合もあろう。

　そこで本章では、英語音声指導における歌とチャンツの活用意義について明らかにし、それぞれの特性を示しながら類似点と相違点を整理することを目的とする。まず、外国語教授法の中で音声指導がいかに取り扱われてきたか、その中で言語のもつ音楽的要素に着目した教授がどのように位置付くかを概観する。つぎに、歌とチャンツを通じてどのような英語音声の特徴を学ぶことができるかについて、音素、音節、アクセントとリズム、イントネーションの点から述べる。最後に、歌やチャンツを用いた音声中心の活動を行うに当たり、積極的な声を出して参加することが難しい児童の学びの見取りについて論じる。教材として、また学習活動として、歌やチャンツが学習者にどのような学びをもたらし得るかを示すことで、英語の知識や技能を指導することに不安やためらいをもつ現場教員にとって、日々の授業を一層実り多きものとするのみならず、自身の英語力向上に前向きに取り組む一助となれば幸いである。なおここでは、歌を、歌詞が音楽的な意図をもつ旋律と結びついたものを指すこととする。具体的には、各音楽ジャンル（クラシック、ジャズ、ポピュラーなど）における歌唱曲、童謡や

遊び歌などを含む。一方「chant」とはもともと、リズムに乗って繰り返されるフレーズもしくは旋律やリズムが単調な歌を指す言葉である。このような性質が英語教育に活用される場合には、一定のリズムに合わせて日常会話表現を歌うこととなる。この場合、音楽表現を目的として作られた旋律や伴奏は必要としない。この点において、本章では歌とチャンツを区別する。

4.2 英語音声指導における「歌とチャンツ」の位置付け
4.2.1 外国語教授における音声指導の変遷

冒頭に述べたように、国を問わず、歌やチャンツは言語教授に有用な教材として長らく取り扱われている。ここでは、外国語教授における音声指導にとって歌やチャンツがどのように位置付けられるか、換言すれば、歌やチャンツを用いた活動が音声中心の教授法のどのような理念に通底しているかを概観する。

外国語教授法としては、ギリシャ語やラテン語など古典を教養や知的修練として学ぶために、長らくGrammar-Translation Methodが用いられてきた。これは、中世以降話者が減少しつつも、これら古典語が教育上の主要科目であったため、「書き言葉」中心の指導が行われてきたことによる。これに対する反発として生まれたのが、学習者の母語使用や翻訳を排し、音声中心の教授を重視する Direct Method である。このうち Gouin Method や Berlitz Method では、目標言語母語話者の教師を模倣することによる発音習得が目指された。一方、Sweet (1899) や Jespersen (1904) が支持、拡充させた Phonetic Method では、音声学的知識に基づいた体系的な聴解と発音の訓練が主張された点で、前者の 2 つとは本質的に異なっている。

Direct Method のうち後者の理念を踏襲し、日本の英語教育にも多大な影響を与えたのが The Oral Method である。創始者である Palmer (1921a; 1921b; 1934) は、言語運用に関して音声による言葉が第一義であると説き、文字に先んじて音声の教授を対象言語で行うことを主張した。教授の過程は幼児の母語獲得に倣い、聴覚的な観察 (auditory observation)、口頭

による模倣 (oral imitation)、反復練習 (catenizing)、記号としての言語と意味との融合 (semanticizing)、類推による作文 (composition by analogy) という 5 つの習性が示された。そしてこれに習熟する方法として、耳を訓練する練習 (ear-training exercise)、発音練習 (articulation exercise)、反復練習 (repetition exercise)、再生練習 (reproduction exercise)、置換練習 (substitution exercise)、命令練習 (imperative exercise)、定型会話 (conversational exercise) という 7 つの練習があげられた。

　一方、前者の教授形態、つまり目標言語母語話者の発話をできるだけ正確に模倣、反復することで言語習得を目指す方法は、第二次世界大戦中に交戦国の情報収集を目的とした言語習得のための短期集中型教育プログラムとして実施された The Army Specialized Training Program へと継承された。そして、この教授法を受け継ぎ、一般の学習者に向けた新しい教授法として開発されたのが、Audiolingual Method である。この教授法では、Direct Method や The Oral Method とは異なり言語の意味よりも音声や形式を重んじ、学習者の母語獲得と目標言語の習得は異なるものであるという前提に立つ。そのうえで、未知で新出の表現という刺激 (stimulus) に対する学習者の反応 (response) が教師によってほめられたり認められたりすることで強化 (reinforce) されると、さまざまな表現を関連付けて自動化 (automatize) できるようになるという流れが示された (Fries, 1945)。学習者の誤りはできるだけ避けるべきとされており、実際の指導過程に含まれる模倣と暗記(mimicry and memorization / Mim-Mem) やパタン・プラクティスにおいては、初期の段階から言語構造、語順、発音などの正確さが求められ、誤りは直ちに修正されながら、正確に模倣・再生できるようになるまで何度も練習が繰り返される。

　以上のような音声中心の教授法は、言語は習慣形成によって習得されるという考え方に支えられている。このような行動主義に異議が唱えられるとともに、学習者の認知的もしくは情意的な側面を重視する教授法が発展する。たとえば The Comprehension Approach では、listening は単なる 4 技

能のうちの１つとしてではなく、Chomsky（1965）が仮説として提唱した言語習得装置（あらゆる個別言語の基盤となる抽象性を有する普遍文法を介在して言語の入出力を処理する人間の生得的能力）を活性化し、目標言語の規則を内在化する期間であると位置付けられた。他方、Hymes（1972）が 'communicative competence' を提唱したことで、社会的相互作用における言語の役割とあり方が重視され、Communicative Language Teaching が主流となっていく。この教授法において、教材は日常の言語使用と学習者の関心や需要を反映したものとされ、'authentic' な教材と、教材の 'authentic' な活用が強調されている。

4.2.2 教授法としての「Jazz Chants」

　どのような教授法においてもドリル的な学習は言語を学ぶ上で必要となるが、習慣形成理論に基づく従来の機械的な模倣・反復練習は退屈なものとなりがちである。そこで、言語の音楽的要素に着目し、身体的なリズムの感得と楽しさをもたらした革新的な教授法として考案されたのが、Graham（1978）の Jazz Chants である。

　この教授法では、ジャズにおいてテンポとビートの組み合わせが多様な感情を表現することと、話し言葉において、リズム、アクセント、イントネーションのパタンが、話し手の意図や感情を表現するための重要な要素であることから、両者の共通点を見出している。そこで、アメリカ英語の日常的な表現をジャズのテンポとビートに乗せることで、「聞くこと」と「話すこと」の技能習得と、特定の場面や状況で用いられる文構造の運用の強化を目指す。Jazz Chants において、歌詞はある文脈における具体的な対話であり、旋律は実際の発話のイントネーションに基づく。手拍子をしたり、体を揺らしたり、パーカッションを鳴らしたりすることで刻まれたビートに歌詞を合わせる際、ビートと歌詞の文アクセントの位置が一致する。これにより、英語の強弱リズムを体感することができるのである。また、強弱リズムを整えるに当たって起こる連結、同化、脱落、弱化などの音声変化も訓練するこ

とができる。

　教授の形式としては Audiolingual Method を踏襲しながら、実際の言語使用場面を取り入れること、場面の説明は学習者の母語を用いること、音楽を取り入れることで学習者の不安や抵抗を下げ、楽しい雰囲気を醸成することなどにより、Jazz Chants は従来の音声教授に対する批判やその後に提唱された種々の教授法のよさを柔軟に取り入れた教授法であると評価できる。しかしながら、すべての言語項目を扱うことができないこと、一単位時間内の活動時間を指導過程上に明確に位置付けることが留意として挙げられている（瀬川, 2004）。

4.2.3 「歌とチャンツ」を用いる教育的意義

　歌やチャンツを用いることについて文部科学省（2008）は、心理的な抵抗を下げ、学習への興味・関心をもたせることにつながること、外国語独特のリズムやイントネーションを繰り返し練習する機会を確保できること、表現に慣れるためのドリル活動として利用できること、記憶や集中力を助けること、文化的な資料となること、を利点としてあげている。また Laskowski（1995）は、言語教授において歌を使用することの教育的価値として、前述のほかに、歌詞の普遍性により学習者が自身の背景を歌詞に投影にできることや、語彙だけでなくメタファー知識を伸長させる効果を指摘している。これらに加えて Brewster & Ellis（2002 佐藤他訳, 2005）は、面白く想像力に富んだ文脈の中で表現が提示されること、集団で歌うことによる一体感があり、一人で英語を話さなければならないというプレッシャーから解放されること、友達や家族に自慢したり教えたりできるという気持ちや活動で得られる成就感が自信につながること、文化的な内容について母語との比較を促すこと、教師にとって自在に活用できるリソースとなることなどを列記している。これらを裏付ける理論的背景として、外国語の音声習得を目的として歌を活用する意義付けと教育方法についての研究を、以下に 3 つ取り上げる。

Murphey（1992:6-8）は、言語学習における音楽や歌の重要性について、以下の 10 項目をあげ、英語を第二言語として教える際にポピュラー音楽を取り入れることとともに、学習者の言語習得レベル、所要時間、使用目的、使用材料などに応じた詳細な活動内容や、歌の主題や学習対象となる文法項目に応じて分類した歌の具体例を提示している。

---

1. 学習者にとって歌うことは話すことよりも容易である
2. 歌が子供の母語獲得に寄与する
3. 歌は 'adolescent motherese' として思春期以降の学習者の心にも寄り添う
4. 日常のありとあらゆる場面には音楽が溢れていて、人はそれから逃れられない
5. 歌は記憶に留まりやすい（'stuck in my head phenomenon'）
6. 歌を歌うことは Chomsky の「言語獲得装置」を活性化することにつながっている
7. 多くの場合歌の歌詞は繰り返しに富むシンプルで口語的な表現で構成されており、他のテキストに比べて学習者の興味を惹きやすい
8. 多くの歌は場所や時間の制約を受けることなく、意識下もしくは潜在意識下で学習者自身の人生との関連が見出されたときに思い起こされるものである
9. 非常に大切なこととして、歌は安らぎ、多様性、楽しさ、自分自身やグループの調和の促進などをもたらすほか、文化、信仰、愛国心、革命などを維持するツールにもなる
10. 教師にとって歌は、短く、それだけでテキストが完結していて、録音されていて、映像もあるため、授業の中で扱いやすい教材である

[引用者訳]

これらのうち、ここでは 5 および 6 に注目する。Murphey（1990）は、歌うという行為はピアジェの「自己中心的発話」やヴィゴツキーの「内言」の

ように、特定の意味や宛先をもたず、ただ言葉を発すること自体を楽しんだり考えていることを声に出したりすることであるとする。そのうえで、歌を聴いて、反射的にその歌を口ずさんだり、実際に声を出したり調音器官を動かしたりせずとも心の中で歌を歌うことは不随意的なリハーサルとなり、'stuck in my head phenomenon'、つまり音声言語にまつわるあらゆる要素を頭に留める働きをもつという仮説を打ち立てている。すなわち、あらゆる言語行為が言語体験として蓄積されながら体系化され、言語出力に結びつくという Chomsky の生成文法理論を前提とすれば、歌を歌うという非コミュニケーション的言語行為もまた言語体験の1つであり、言語体系の習得を促すといえるということである。

　また Medina（2002）は、歌の活用が第二言語習得を促進する理由として、Krashen（1982）のインプット仮説や情意フィルター仮説、Gardner（1983）の多重知能理論などから立証を試みつつ、音楽の従属要素であるリズムが言語の機械的記憶に正の効果を及ぼすことや音楽によって語彙の習得が促進されることなどをあげ、歌の使用に際して導入前、導入中、導入後の3場面における活動のあり方を提示している。インプット仮説と情意フィルター仮説は、Krashen が提唱した教授法である The Natural Approach の中核を成す5つの仮説のうちの2つである。インプット仮説は、学習者の現段階の能力を少しだけ超えたレベルの学習課題（i+1）を設定すると言語習得が促されるとし、情意フィルター仮説は言語の習得を阻む心理的な障壁を高くする学習者の言語学習におけるさまざまな不安を取り除くことで言語習得の成功が導かれるとする。他方、これまで言語と論理的思考の育成ばかりが重視されていた学校教育に対して、知能を多面的に捉え総合的に涵養する必要性を説く多重知性理論を用いることで、Medina は歌活動の教育的意義を強化するとともに、音楽的知能に長けている学習者にとって言語習得の成功に結びつきやすいという利点をあげている。

　これらの学理的な裏付けをさらに充実させた最新の論説には、Engh（2013）があげられる。Engh（2013）は、歌を外国語教育に使うことの理論的

背景や有効性を支持する根拠として、Murphey（1992）の 'stuck in my head phenomenon' や Medina（2002）で指摘された Krashen の 2 つの仮説とガードナーの多重知能理論を支持するとともに、神経言語学分野や文化人類学分野の知見をあげている。加えて Engh（2013）は、人と言葉と音楽との相互関係に着目し、社会学、神経科学、母語獲得、第二言語習得、教育実践の 5 領域における実証研究や言説を提要し、言語学習において音楽を用いることの有意性を明示している。とくに Sposet でも触れられていた社会学および神経科学の研究については、Sposet の主張と相対する研究や言説を含めたり下位カテゴリーに分類してそれぞれの研究を集積したりすることで、より発展的な根拠付けを行っている。

4.3「歌とチャンツ」で慣れ親しむことができる英語音声の特徴

4.3.1 音素

音素とは、意味を弁別する機能をもつ音の最小単位である。たとえば、right と light は、/r/ と /l/ という音素の異なりによって意味が区別される。また、「英語の /r/ や /l/ の発音は日本語のラ行の発音とは違う」という場合の「発音」も、音素のことを指す。一方、歌唱において「言葉」は言語的意味の伝達と音楽的鑑賞の対象という 2 つの役割を担っており、話し言葉のような純粋な言語活動に後者は存在しないに等しい。この点から、音素の発音に関する歌と話し言葉の違いは、今仲（2008, 2009, 2010）を参照すると、以下のように整理される。

まず、歌詞の明瞭性があげられる。日常の話し言葉では聞き取れなかったりわからなかったりする発音があっても聞き返すことができるが、歌唱は聞き手に対して一方通行の発信であるため、歌詞のもつ感情や表情の細部までを表現しつつ、聴衆にとってはできるだけ自然に聞こえるような発音が必要となる。一方で、声楽上および美学上の要因にかかわって、歌詞の意味内容を伝達することはもちろん重要だが、声自体の美しさや通りのよさも保つ必要があるという点がある。たとえば、音響的に鋭く聞こえる /s/

や /ʃ/ などの摩擦音は、強く発音しすぎると音楽的には耳障りになる。歌唱時の発音では、音楽的に美しいとされる共鳴音、すなわち母音部分を損なわないように子音を発音することが重要であり、歌全体において、各発音の自然さやバランス、声や音自体の美しさ、音楽性などの各要素の兼ね合いが大切であるとされている。

　実際に歌唱するに当たっては、長い音符には、主としてその音符に対応する音節中の、音楽的要素の強い母音が引き伸ばされた形で当てはまり、また、旋律に乗せてレガートに言葉をつなげるために話し言葉とは異なる形で発音をつなぐ必要があり、音節主音的な母音が音符の核として歌われることになる。このとき、母音に気息音 [h] を入れて強調し、音節間に声の切れ目を作らずレガートにつなぐことが音声の連結を起こす（Roma, 1956 鈴木訳, 1966）。一方子音は、音素としての正しさに加えて、音楽的に聞こえるように発音することが求められるとともに、母音的性質から遠くなり聞こえ度が低くなるほど音楽的感性への訴求力が弱くなることから、意味伝達に貢献する度合いが強くなる性質をもつ。このため、子音に重きを置いた歌唱では、言葉への傾斜が強くなり母音を重視すると音楽的比重が大きくなるが、静謐な歌詞は子音発音を極力抑え、強い感情を押し出すためには子音を強調するなど、楽曲や歌手の個性による相違がある。したがって歌唱発音全体としては、歌唱では母音を音符に合わせて引き延ばして歌い、子音は楽曲のリズムに合わせて音符の切れ目ごとに挿入されていく。このとき、音量的なバランスが意図的に調節されなければ、聴衆の耳には極端に母音の音量が大きく子音が弱い偏りのある発音に聞こえてしまうため、極力自然な発音に聞こえるようにするための修正が必要になる。ポピュラー音楽の場合は、音響機器を多分に使用できるため、それほど話し言葉と大きく異なる発音を必要とはしないが、ポピュラー音楽の歌唱法はクラシックの歌唱法に助けられて存在している（三橋, 2010）。そのため、ジャンルを問わず、歌唱時の発音に関しては上述のようなさまざまな配慮が必要とされているといえる。一方、チャンツに関しては、音楽的な美しさや響

124

きの良さを考慮する必要がないことから、話し言葉と同様の発音が適用されると考えられる。

4.3.2 音節

　音節とは、母音を中心とする音のまとまりであるとされる。日本語の場合は、ラテン語に由来する音節の長さを示す単位であるモーラが用いられる。平仮名1文字、つまり母音のみ、もしくは子音と母音の一組が1モーラに対応するため、撥音や促音は1モーラ、長音や二重母音は2つに分割されて2モーラ、拗音は直前の仮名と併せて1モーラと換算される。一方英語の場合は、ある母音に対して前には最大3個、後ろには最大4個の子音を付帯することで音節を成立させる。

　このような言語間の違いが、歌に明確に表れている。窪薗(2007)に倣い、英語の「Twinkle, Twinkle, Little Star」と日本語の「きらきらぼし」を比較すると、前者では、1つの音符には1つの音節が当てはまり、2小節ごとに表れる2分音符には長母音もしくは二重母音が対応するのに対し、後者では、4分音符1個には平仮名1文字が、2分音符に対しては語尾が長音化されることがわかる。チャンツについては、音節自体よりも、後述する音節によってもたらされるアクセントとリズムが全面に表れている。

4.3.3 アクセントとリズム

　音節やモーラは強さ、長さ、高さなどを与えられることで、他の音節から卓立して知覚される。これがいわゆるアクセントである。鈴木(1992)は、高さ、長さ、強さの要素について日本語母語話者のものと英語母語話者のものを入れ替え、どの要素が英語の聞き取りにおいて重要かをアメリカ人のイギリス人に判定させた結果、総じては高さと長さが強さより影響力が強いこと、アメリカ英語では「高さ＞時間＞強さ」、イギリス英語では「高さ≒時間＞強さ」、2つの要素を組み合わせる場合には「高さ＋長さ＞高さ＋強さ＞長さ＋強さ」の順で重視されることを明らかにした。つまり英語では、

アクセントをもつ音節はより高く長く明瞭に発音されるのに対し、そうではない他の音節は低く弱く短く、そして曖昧に発音される。一方、日本語のアクセントは、モーラの高低差で表現される。また音の高低の変動がモーラの切れ目で生じ、どの母音も弱く曖昧になることはない。

　そして音節やモーラ、アクセントの仕組みが、言語のリズムにつながる。人は単調な音刺激を聞くと規則的な音のまとまりとしてグループ化し、グループごとの最初の音を強く大きな音と認識することが Allen（1975）によって実証されている。このような周期的に生起される音のグループが、リズムとして知覚される。この音のまとまりについて、言語の場合には等時性という概念が適用される。英語における等時性とは、1つの強音節と後続する不定数の弱音節がひとまとまりのフットとなり、各フットの時間的な長さがおおよそ等間隔になることを指す（Abercrombie, 1967）。英語における等時性について神谷（2012）は、厳密な物理現象というよりも強勢間の距離が一定に保たれて繰り返されることを望ましいとする傾向であると説明している。そのため、実際に強音節間の時間もしくは強音節に挟まれた弱音節の数が均等になるというわけではない。しかし、より自然な英語への希求により、強弱の繰り返しが起こることはもちろん、句や文を形成する隣接する語同士の第一強勢が近づきすぎることを回避して、語アクセントの位置が移動したり、成句や修飾の語順に好ましさが生まれたり、言い間違いが起こったりする。また、等時性を保つために、強音節間に介在する弱音節が単純化を強いられる結果、音が聞こえないほど短くあいまいに発音される弱化、語と語の間の子音がつながることで別の音になる同化、語末の子音と直後の母音がつながる連結、調音が同じか似ている音を連続して発音する際に起こる脱落、連続する単語の短縮など、さまざまな音声変化が起こる。

　以上のようなアクセントやリズムの特徴も、歌やチャンツと顕著に結びついている。音楽においては、等間隔に再起される音の1個分の時間単位を拍とし、強拍と後続する不定数の弱拍が周期的に繰り返されることで拍子

が生まれ、強拍から次の強拍の直前までが楽譜上の小節となる。たとえば
4拍子の音楽は、「強、弱、弱（もしくは中強）、弱」という拍が1つのま
とまりとして拍子を形成する。歌やチャンツでは、拍子を形成する各拍の
位置にアクセントをもつ音節が対応する。とくに、小節の1拍目に当たる最
初の強拍には、アクセントをもつ音節のみしか生起することが許されない
ため、歌詞がアクセントをもたない語から始まる場合、最初の小節の直前
に不完全小節を置く。これがいわゆる弱起（アウフタクト）である。歌詞と
旋律の結びつきがどのように規定されるかについては、声楽曲の作曲原理
からも示唆を得られる。Schoenberg（1967 山縣・鴫原訳, 2008）は、不適
切な旋律として、フレージング、すなわち意味のまとまりとリズムが調和し
ないものをあげている。また Kirnberger（1968 東川訳, 2007）も、休符や
小節の終了が話し言葉における句読点の役割をはたし、歌詞の意味が旋
律の進行を規定すること、旋律における拍には強弱があり、内容語が強拍
に置かれなければきわめて不恰好で不自然になることなどに言及している。
しかし、モーラの高低差でアクセントを生成する日本語の場合は、このよう
な厳密な制限を受けることはない。つまり、歌やチャンツにおける弱起は、
日本語の場合は音楽的な表現の1つとして用いられるが、英語の場合には
「起こらざるをえない」ものとして表れるのである。

4.3.4. イントネーション

　イントネーションとは、言語的な意味と語用論的意味を伝えるために音
声言語で起こる音高の変化を指す。すなわち、イントネーションは言語の
旋律である。イントネーションは、文の中でアクセントを受ける語とそうで
ない語があることで起こるが、態度や感情、文法的な区切り、知覚・記
憶しやすい単位のまとまり、話を継続するか終了して話者を交代するのか、
個人的もしくは社会的アイデンティティなども表している（Wells, 2006 長瀬
訳, 2009）。
　チャンツにおいては、旋律に音楽的な役割はなく、音の流れは話し言葉

のイントネーションに準じる。しかし、歌の場合は必ずしもそうはならない。安倍（1988）によると、英語歌詞の韻律的な特徴について、事象描写的なものは現実の発話におおよそ忠実であるが、感情表出的なものに関しては異なっており、たとえば、楽曲が話し言葉に比べて平坦な旋律の進行は、楽曲の速さや歌詞の内容と融合することで、話し言葉において平坦な連続調子によって表出される特定の感情を想起させるための音楽的技巧として現れ、大きな音高の変化は歌詞の内容に見合った動作を反映している場合があるという。このほかにも、童謡の「Baa, Baa, Black Sheep」のように、現実のイントネーションとは程遠いイントネーションが旋律に表れている歌があり、英語の歌を外国語学習の初期レベルで使用する際には、このような客観的な韻律特徴について芸術的、教育的な意味を研究する必要があると結んでいる。

4.4「歌」と「チャンツ」の活用
4.4.1「歌」と「チャンツ」の比較
　ここまでは音韻論に基づいて歌とチャンツの特徴をみてきたが、以降は、歌とチャンツの違いを焦点化しながら議論を深めたい。すなわち、旋律が第二言語の文記憶を促進させるのか干渉となるのかということである。
　Wallace（1994）は、英語母語話者を対象に、3番まである歌の歌詞を聴いて逐語再生する実験を行った。この実験では、下記の4点が明らかにされた。

・ただ朗読されただけの歌詞や、一定のビートに乗ってリズミカルに朗読
　された歌詞よりも、歌われた歌詞を聴く方が、逐語再生量が有意に多
　かった
・旋律があることで、学習後一定の時間が経っても、歌詞の記憶が促進
　された
・1番のみの歌詞を用いた場合には、歌詞の記憶促進が不十分であった

・1番から3番までの歌詞が同じ旋律で歌われたものを聴く場合のほうが、朗読のみやそれぞれの歌詞が同じリズムの異なる旋律に合わせて歌われたものを聴く場合よりも、逐語再生量が多かった

これらの結果から、母語を記憶するに当たり、旋律の呈示が歌詞の再生を促進するという結論が導かれた。

　一方、松見・鈴木 (2006) は、これをもとに、第二言語の文記憶において旋律の有無が影響を与えるかということについて実験を行った。しかし、彼らの検証では、有意な差がみられなかったことが報告されている。ただし、逐語的な意味理解が可能な大学生を対象に行った実験であるため、文の記憶にあたって音声自体の情報と意味内容の処理がそれぞれどのように結果に影響を及ぼしているかということを考えなければならない。この検証においては多くの参加者にとって未知の旋律が使われていたことにより、歌詞の記憶以外に認知的な負荷がかかっていた可能性が指摘されている。

　つまり、これらの研究からは、旋律が言語記憶の干渉となるわけではないとの見通しはもてるものの、歌とチャンツのどちらがより言語音声習得に有効であるかは明言できない。中森 (2016) も、音楽と言語の処理のメカニズムや、リズムや旋律と韻律との関係などについて、共通点と相違がそれぞれ指摘されており、今後のさらなる実験研究の蓄積により詳細が解明されていくものであると述べている。そのため現状では、第4章4.4.2に述べるような各々のよさと留意点に鑑みて、実際の活動に有意義なものを取り入れることが推奨される。

4.4.2 歌に関する留意

　前節を踏まえると、歌をとおして体感できる英語音声の特徴は、英語の音節構造とアクセントによって生成されるリズムに焦点化される。すなわち、歌詞と旋律の調和は、アクセントのある語や音節が、周囲に比べてより長い、

あるいはより高い音を与えられる傾向によってもたらされている。換言すれば、規則的に刻まれる拍子のほかに、音価と音高という2つの要素があることで、歌は心理的な志向として存在する英語の等時性を柔軟に実現することができる。とくに、アウフタクトやシンコペーションなどの音楽的な表現は、「より卓立して聞かれる音」に対比させられる「より弱い音」を生成するため、たとえイントネーションと旋律に不一致がみられたとしても、言語のリズムを保持することが可能となる。

　ただし、歌はチャンツに比べて扱われる語彙や表現が多様であり、そこで表現される内容も文脈に富んでいる。それゆえ、児童にとっては、歌詞の意味がわからないまま歌ってしまうということが考えられる。これに関連し、児童の第二言語発達段階と、日常生活経験に依拠する興味関心の両方に合わせた歌をみつけることの難しさが、歌を用いる際の課題としてあげられる。これらは、実際の歌の選択と歌をとおした発音の指導がどうあるべきかという問題を導き出す。

　まず、どのような歌を選べばよいかについてであるが、可能であれば、旋律を覚えることへの負担をなくすためには、児童が旋律を耳にしたことがあるものが優先的にあげられる。ただ、歌を用いる第一義的な目的を、音声への慣れ親しみとするならば、基本的には、主活動で用いる語彙や表現の定着につながる歌、歌詞の世界をとおして言語文化に触れることができる歌、児童が歌いたがっている歌などの中から選定すればよい。重要なのは、まず聞く時間を十分に取った上で、単語の発音や旋律を伴わない歌詞のリズム読みなどを適宜組み入れながら、なめらかに歌うために重要な、音素の発音やリズム、各種の音声変化に触れていくことである。ただし、これらの要素すべてを歌活動の中だけで指導すると、活動が冗長になってしまう。そこで、それぞれの歌の中では、とくに注意が必要な音素を取り上げることとし、歌活動とともに、英語の音素全般に慣れ親しむ活動を継続的に取り入れることが望ましい。このことで、まとまりのある、英語らしい音の流れを体感できる活動を保証するのである。なお、歌詞の

逐語訳は必要ないが、情景を映像や絵で示したり、歌詞の日本語訳を提示したり、身近な語彙や表現を手掛かりに歌詞の大まかな内容をつかんだりしながら、各々の児童が歌詞を媒介として自分の内面に触れられる機会を設定することが求められる。

このほか、音楽に対する苦手意識が歌活動への意欲低下をもたらす可能性もある。また、歌が苦手というだけでなく、とくに高学年にかけては、変声期への配慮が求められる。そのため、児童に対して、歌活動の目的は、大きくて美しい声や、正確な旋律で歌うことではなく、歌をとおして英語の音の流れを体感することであり、そのためには実際に声を出してみることが不可欠であるということを、明確に言及する必要があると考えられる。

4.4.3 チャンツに関する留意

チャンツは、音楽的な表現を意図するための旋律を有さず、伴奏を必要としないため、各授業で用いる表現をそのまま取り入れられるという点で、歌に比べて活用しやすい。換言すれば、手拍子や打楽器でビートを刻みながら使用表現をそれらに合わせるだけでも、容易にチャンツを取り入れることができるのである。また、単一の旋律に縛られないという点をいかし、既知の歌の伴奏やコード進行に使用表現を組み合わせることで、発展的な活動としてチャンツづくりを行うこともできる。一方で、気をつけなければならない点として、弱音節の長さの問題、弱起の問題、等時性の問題、拍子の問題をあげる。

弱音節の長さに関する問題は、*Hi, friends!* の音声教材の中にしばしばみられるため、とくに注意を要すると考えられる。*Hi, friends!* の音声教材においては、児童の言いやすさに配慮するためか、音声変化が抑えられている。また、冠詞、接続詞、前置詞、代名詞、助動詞、be 動詞など、意図的に強調する場合を除いて基本的には弱く発音されるべき機能語にも、内容語と同様に一定の長さが与えられているものがある。それゆえ、実際の発話練習や自己表現、コミュニケーションなどの活動においても、単語同

第4章　小学校段階における英語音声指導　　131

士がとぎれとぎれのまま、音節の長短の区別なしに発音されることになる。文字が導入され、単語を読む活動が行われるようになればなおさら、そのような傾向が強まることが予想される。チャンツに加え、実際に話されている英語を聞き、弱く、すなわちより短く発音される語に注意を向けながら、英語音声の特徴と日本語との違いへの気づきを促すことが求められる。

　つぎに、弱起について述べる。歌と同様チャンツでも、アクセントをもたない単語は、1拍目に当てはまることはできない。そのため、機能語が文頭にくる場合は、裏拍のリズム、つまり楽譜上のアウフタクトとなっている。他方、日本の学校の日常的な授業において一斉に何らかの行為を促す場合、「（いち、に、）さん、はい」という掛け声がよく用いられる。これは次の1拍目に全員揃って発話や行為を開始させるために発せられる。ところが、日本語的な「さん、はい」のリズムのままチャンツを行おうとすると、アクセントを有しない文頭の単語にビートや手拍子を合わせてしまうことになるので、チャンツが成り立たなくなるのである。そのため、ビートのない部分で声を合わせることに対する工夫が必要となる。

　また等時性も、チャンツのもつ重要な課題である。等時性は先述のとおり、物理的な均一さではなくあくまで英語のリズムとして望ましい状態でしかない。それにもかかわらず、チャンツでは拍とテンポを一定にして機械的に強弱音節を当てはめることになる。そのため、拍と拍の間に含まれる弱音節が著しく多い場合や、その数に差がある場合には、歌いづらくなってしまう。リズムとテンポ、発話のリズムのすべてを自然な状態に保ったままで歌うことが可能か、という確認が必須である。

　これらに比べると、拍子の問題はさほど重要ではない。ただ、対話文をチャンツにする際、質問は4拍子、返答は3拍子ということになると混乱が生じてしまうので、一応の注意が求められる。

4.5 活動に当たって

4.5.1「声を出さない」児童

　音声中心の活動を行う以上、声を出すことはどの児童にも求められている。しかしさまざまな理由から、「声を出さない」もしくは「声を出しづらい」児童もいる。これらの児童に「声を出すこと」をみだりに強要することは、心理的な不安や圧を高め、意欲を損なうことにつながる。また、けっして「声を出さない」児童が学習に参加していないわけではない。ここでは、「声を出す」という行為には至らない児童の参加の様相と、その意味について考察したい。

　歌やチャンツを行うとき、声は出さないが学習には参加している児童の表れとして、音声に合わせて口を動かしたり、歌詞を目で追ったり、体でリズムをとったりすることがあげられる。このような行為は、一種の「黙読的な参加」と捉えることができる。Baddeley（1986）によれば、ワーキングメモリーの1つである音韻ループは、音韻貯蔵庫と構音リハーサルで成り立っており、声刺激として呈示された言語は、構音リハーサルという心的な反復練習をとおして、音韻貯蔵庫に蓄積されることで記憶され、発話の際に再生されるという構造にある。すなわち、たとえ結果として声を出して歌うという行為がなされていなくても、児童が心の内で歌やチャンツの音声を辿ることを繰り返すことは、構音リハーサルとして位置付けることができる。そして、それらは英語の記憶と再生に結びついていくといえる。

　これは、Murpheyの指摘する、ピアジェの自己内対話がチョムスキーの「言語習得装置」を活性化させるという見識にもつながっている。つまり、歌を聴いた際に起こる不随意的リハーサルとして、内的に歌やチャンツが再生されることにより、言語音声の情報として記憶されるという仮説に結びつく。すなわち、「黙読的な参加」は、実際に声に出し歌をとおして英語の音韻的特徴を体感することを目指す上で、意義があるといえる。

　声を出さない児童も、学習を放棄していない限り、歌やチャンツに関して、「リスニング」の活動として参加している。そして、音声の特徴を捉えよう

しながら内的に歌やチャンツを歌う音声を聞くことで、その情報は蓄積されていく。それが繰り返され、リズムをとったりリズムに合わせて口を動かしたりしていく中で、徐々に音声を伴って歌うことができるようになるという、スモールステップに位置付けられるのである。

4.5.2「うまくできない」「わからない」というつぶやき

　歌やチャンツに際して困難さを覚えた際の反応として、「声を出さない」というもののほかに、その困難さを、「できない」、「わからない」、「難しい」などと表出する場合が考えられる。しかし、これらのつぶやきは、音声への気づきにつながる重要な契機となることを、見逃してはならない。

　そもそも、これらのつぶやきをとおして表象される、「歌えない」、もしくは「歌いづらい」という感覚は、どのような要因によってもたらされるのであろうか。その1つとして、言語とは切り離された旋律そのものにおけるリズム構造やテンポが、要因として考えられる。しかし水戸・岩口・内山 (2006) が、幼児であっても、シンコペーションやタイなどが多用される複雑なリズム構成の歌を、早く正確に歌うことができることを明らかにし、さらに、現代では、教室内外で日常的に触れられているリズム構造の複雑化したアニメソング、ゲーム音楽、ポピュラー音楽により、リズム認知はかなり早い段階から発達していると示唆している。そのため、児童一般が有するリズム再生能力は、およそどのようなリズム構造の歌にも対応できると考えられる。すなわち、リズム構造それ自体ではなく、音素や子音連結、音声変化などの発音と、これらによって生じる言語リズムと歌の速さとの結びつきなど、言語にまつわる要素が、児童にとっての困難を誘引するといえる。

　生理的な要因（たとえばもともとの滑舌）を除くと、この「歌えない」、「歌いづらい」という感覚の背景には、聞こえる音に対応する調音（発音の仕方、口の開き方や下の動かし方）がわからないことと、母語の負の転用が考えられる。このうち、前者については、通常の単語や文章の聞き取りと発音に加え、音素ならびに音声変化のある語句の聞き取りと発音を取り扱

うことが推奨される。一方後者については、歌詞の子音に不要な母音を挿入して歌おうとしていることが当てはまる。不要な母音が子音に付帯すると、同一音節内の各子音がモーラ化することになる。すると、各モーラに一定の音価が付与される。このことから、調音が速さに追いつくことができないために歌えなくなる。つまり、後者の「歌いづらさ」を紐解くと、歌詞が長い、速い、多い、などの感覚にたどり着くことができる。

　児童の言葉は多義的であったり曖昧であったりすることが多く、自分自身でも具体的に何がつまずきの原因になっているのか把握できていない場合もある。もし児童がつまずきをつぶやきとして表出したならば、英語の音声習得に直結する気づきを全体で共有する重要な機会となる。そのため、「できない」、「わからない」、「難しい」というつぶやきに対しては、個人だけでなく、児童全体に対して「何が難しいのか」を問いかけながら、児童の気づきを促すよう心がけたい。

4.6 結語

　かつて Rivers（1968 天満訳, 1972:20）は Direct Method への批判として、「生徒を、あまりにも早くから、それほど整ってもいない状況下で、外国語を用いて自分の考えを発表するように追いやったことである。その結果、生徒は口達者ではあるが、不正確な流暢さを発展させる傾向になり、文の構造は母国語式で、その用語だけが外国語を使っているといったふうであった」という弱点を指摘した。これと同様のことが、現在のコミュニケーション主流の教授と学習にも起こってはいないだろうか。

　自分自身を語ること、表現すること、伝えることは、他者とのかかわりにおいて必要不可欠であり、その媒介として、言語は大きな役割を果たす。正確さを重視するあまり、話すことに躊躇を覚えてしまっては、コミュニケーションを遂行することは不可能である。ただし、翻って文字について考えると、児童に対して、「読めれば乱暴でも汚くてもいい」という指導はけっして行わない。結果としてお手本のようなきれいな字が書けなかったと

しても、読んでもらう相手が少しでも読みやすいように、丁寧に書くように指導するのではないか。音声の指導も同様である。日本語のモーラリズムの影響を受けた発音は、英語母語話者だけでなく非英語母語話者にとっても理解しづらいことが明らかになっている（Broersma, Aoyagi & Weber, 2010）。このことから、母語話者のような発音で話す必要はないにせよ、聞き手に対する話し手の配慮として、少しでも英語らしい発音、つまり理解されやすい発音を心がけることは必要である。

　歌やチャンツは、音楽がもたらす楽しい雰囲気のもと、言語習得に必須の反復的な訓練や、全員に対して英語音声を聞いたり口にしたりする機会を保証し、日本語母語話者の英語を通じづらくするモーラリズムに気づき、英語本来の音節構造や強弱リズムとの違いを体得することができる教材であり、活動である。歌やチャンツを取り入れることが必ずしも英語音声の習得のすべてに直結するわけではないが、これらをとおした学びの経験が積み重ねられることで、帰納的に学ばれ蓄積された英語音声に関する知識や技能が、中学校以降のより明示的で体系的な指導によって自身に顕在化され、さらなる学びへとつながっていくことが期待される。そのためにも、歌とチャンツのそれぞれに反映されている英語音韻の特徴をいかした活用が望まれる。

（和田 あずさ）

付記：本章は、2013 年度東京大学大学院教育学研究科修士学位論文の一部に加筆・修正を加え、再構成したものである。

参考文献

安倍勇（1988）「SPEECH と SONG の韻律論－英語を中心として－」『亜細亜大学教養部紀要』37, 184-169.

今仲昌宏（2008）「声楽のための英語発音法に関する分析（1）」『東京成徳大学人文学部研究紀要』15, 29-37.

今仲昌宏（2009）「声楽のための英語発音法に関する分析（2）」『東京成徳大学研究紀要－人文学部・応用心理学部－』16, 23-34.

今仲昌宏（2010）「声楽のための英語発音法に関する研究（3）」『東京成徳大学研究紀要－人文学部・応用心理学部－』17, 1-15.

神谷厚徳（2012）「リズム」西原哲雄・三浦弘・都築正善（編）『現代音声学・音韻論の視点』50-60, 金星堂.

窪薗晴夫（2007）『音声学・音韻論（西光義弘（編）日英語対象による英語学演習シリーズ1）』くろしお出版.

鈴木博（1992）「言語技術としてのプロソディー」『言語』21(9), 38-45.

瀬川俊一（2004）「Jazz Chants」田崎清忠編『現代英語教授法総覧』215-220, 大修館書店.

田崎清忠編（1995）『現代英語教授法総覧』大修館書店.

田中伸一（2005）『アクセントとリズム（原口庄輔他（編）英語学モノグラフシリーズ15）』研究社.

中森誉之（2016）『外国語音声の認知メカニズム－聴覚・視覚・触覚からの信号』7-26, 開拓社.

ベネッセ教育研究開発センター（2008）「第1回中学校英語に関する基本調査報告書【教員調査・生徒調査】」2016/9/28 閲覧.
<http://berd.benesse.jp/berd/center/open/report/chu_eigo/hon/pdf/data_15.pdf>

ベネッセ教育研究開発センター（2010）「第2回小学校英語に関する基本調査（教員調査）」2016/9/28 閲覧.
<http://berd.benesse.jp/berd/center/open/report/syo_eigo/2010/pdf/data_05.pdf>

松見法男・鈴木五月（2006）「第二言語の文記憶におけるメロディー呈示の効果」『広島大学大学院教育学研究科紀要第二部文化教育開発関連領域』55, 225-231.

水戸博通・岩口摂子・内山恵子（2006）「幼児の歌の記憶」『宮城教育大学紀要』41, 65-71.

三橋りえ（2010）「クラシックとジャズ・ポピュラーの歌唱法－点と線－」『研究紀要（昭和音楽大学）』29, 80-92.

文部科学省（2008）『小学校外国語活動研修ガイドブック』旺文社.

文部科学省（2008）『小学校学習指導要領解説外国語活動編』東洋館出版社.

Abercrombie, David（1967）*Elements of General Phonetics*. Edinburgh: Edinburgh University Press.

Allen, George（1975）Speech rhythm: its relation to performance universals and auditory timing. *Journal of Phonetics* 3, 75-86.

Baddeley, Allan（1986）*Working Memory*. New York: Oxford University Press.

Brewster, Jean and Ellis Gail（2002）*Primary English Teacher's Guide*. London: Penguin Books. (J・ブルースター & G・エリス（2005）『「小学校英語」指導法ハンドブック』佐藤久美子編訳，大久保洋子・杉浦正好・八田玄二訳，玉川大学出版部)

Broersma, Mirjam, Aoyagi, Makiko and Weber, Andrea（2010）Cross-linguistic production and perception of Japanese- and Dutch-accented English.『音声研究』14(1), 60-75.

Chomsky, Noam（1965）*Aspect of the Theory of Syntax*. Cambridge: The MIT Press.

Engh, Dwayne（2013）Why use music in English language learning? A survey of the literature. *English Language Teaching* 6(2), 113-127.

Fries, Charles (1945) *Teaching and Learning English as A Foreign Language*. Ann Arbor: University of Michigan Press.

Gardner, Howard (1983) *Frames of Mind: A Theory of Multiple Intelligences*. New York: Basic Books.

Graham, Carolyn (1978) *Jazz Chants*. New York: Oxford University Press.

Hymes, Dell (1972) On communicative competence. In John Pride & Janet Holmes (eds.) *Sociolinguisitcs: Selected Readings,* 269-293. Harmondsworth: Penguin Books.

Jespersen, Otto (1904) *How to Teach a Foreign Language*. London: George Allen & Unwin.

Kirnberger, Johann [1776-1779] (1988) *Die Kunst des reinen Satzes in der Musik.* Reprint of the Berlin and Königsberg ed. of 1776-1779, Hildesheim: Georg Olms Verlag. (J・キルンベルガー (2007)『純正作曲の技法』東川清一訳, 106-118, 381-391, 春秋社.)

Krashen, Stephen (1982) *Principles and Practice in Second Language Acquisition*. Oxford: Pergamon Press.

Laskowski, Terry (1995) Using songs in the classroom: enhancing their Educational value. ARELE: *Annual Review of English Language Education in Japan* 6, 53-62.

Medina, Suzanne (2002) Using music to enhance second language acquisition: From theory to practice. In Steven Lee & Jose Lalas (eds.) *Language, Literacy, and Academic Development for English Language Learners*. New York: Pearson Educational Publishing.

Murphey, Tim (1990) The song stuck in my head phenomenon. *System* 18 (1), 53-64.

Murphey, Tim (1992) *Music & Song*. New York: Oxford University Press.

Palmer, Harold (1921a) *The Oral Method of Teaching Languages*. Cambridge: W. Heffer & Sons.

Palmer, Harold (1921b) *The Principles of Language Study*. London: George G. Harrap.

Palmer, Harold (1934) Ten axioms. IRET. The Bulletin, 101. 語学教育研究所編 (1962)『英語教授法事典』242-245, 開拓社.

Rivers, Wilga (1968) Teaching Foreign-Language Skills. Chicago: The University of Chicago Press. (W・リヴァース (1972)『外国語習得のスキル－その教え方』天満美智子訳, 研究社.)

Roma, Lisa (1956) *The Science and Art of Singing*. New York: G. Schirmer. (L・ローマ (1966)『発声の科学と技法』鈴木佐太郎訳, 40-64, 音楽之友社.)

Schoenberg, Arnold (1967) *Fundamentals of Musical Composition*. London: Farber and Farber. (A・シェーンベルク (2008)『作曲の基礎技法』山縣茂太郎・鴫原真一訳, 109-113, 音楽之友社.)

Sposet, Barbara (2008) *The Role of Music in Second Language Aquisition: A Bibliographical Review of Seventy Years of Research, 1937-2007*. New York: The Edwin Mellen Press.

Sweet, Henry. (1899) *The Practical Study of Languages: A Guide for Teachers and Learners*. London: J.M. Dent.

Wallace, Wanda (1994) Memory for music: Effect of melody on recall of text. *Journal of Experimental Psychology* 20, 1471-1485.

Wells, John (2006) *English Intonation: An Introduction*. Cambridge: Cambridge University Press. (J・ウェルズ (2009)『英語のイントネーション』長瀬慶來監訳, 研究社.)

第Ⅱ部

実践編

ICTツールを活用した
小学校での音声指導

第5章

－音声分析ソフト Praat を活用して－

5.1 実践の背景

　平成 32 年度から始まる新学習指導要領の告示を控え、小学校外国語活動は大きな転換期を迎えようとしている。現在、外国語活動は教科ではなく領域であり、道徳や総合的な学習と同じ扱いである。評価は記述式であり、教科書はなく、教材として *Hi, friends!* が用意されている。また、「コミュニケーション能力の素地」を培うことを目標としており、「興味・関心をもつこと」に主眼が置かれている。

　しかし、新学習指導要領では、5、6 年生は新教科「外国語科」として扱われることになる。「興味・関心」の意欲面のみならず、「できるようになる」ことが求められるようになる。これは、新学習指導要領において「何を学ぶか」が検討される中、「新しい時代に必要となる資質・能力を踏まえた教科・科目等の新設や目標・内容の見直し」の一環として、「小学校の外国語活動」が教科化されるからである（文部科学省, 2016a）。

　また、「今後の英語教育の改善・充実方策について：報告」（文部科学省, 2014）では、中学年（小学校 3、4 年生）の目標を「外国語の音声等に慣れ親しませながら、コミュニケーション能力の素地を養う」、高学年（小学校 5、6 年生）の目標を「聞くことや話すことなどのコミュニケーション能力の基礎を養う」とし、現在高学年で目標とされている「素地」を中学年に、中学校の目標である「コミュニケーション能力の基礎」を 5、6 年生に下ろしている。そして、5、6 年生では聞くこと、話すことは「できるようにする」、読むこと、書くことは「興味を育てる」としており、聞く、話す技能の定着を目標としている。これまで「コミュニケーション能力の素地」を培うため、

「興味をもつ」ことを目標としていたが、「聞くこと」「話すこと」に関しては「できること」に目標が高められた。つまり、これまで今後は音声教育の一層の充実が求められることになる。*Hi, friends!* で扱われている内容（一人称、二人称、現在時制のみ）について定着させることを目指すことになり、オーラルコミュニケーションの授業研究が一層求められている。

　英語音声教育実践に関する研究会で小学校、中学校、高等学校の教員と意見交換をすると、音声教育の必要性を全員が実感しているものの、中学校、高等学校では指導内容が多いため、音声指導の指導時間が取りにくいという意見を耳にすることが多い。また、中学生、高校になると思春期を迎え、生徒に声を出すことに対してのためらい、恥ずかしさも出てくるという。そこで、時間に余裕があり、声を出すことにためらいの少ない小学生の段階で音声教育に取り組むことには大きな意義がある。

　内閣総理大臣の諮問機関である教育再生実行会議の第三次提言（教育再生実行会議, 2013）においては、小学校 3 年生からのグローバル化に対応した外国語活動の教科化が提言され、第八次提言（教育再生実行会議, 2015）においては、デジタル教材の積極的な活用が求められている。平成 28 年 3 月 1 日現在の電子黒板の整備状況は、総台数で 102,156 台であり、前年度と比較して 11,653 台増加している。また、タブレット型コンピュータ台数は 253,755 台であり、2 年でおよそ 3.5 倍に増加している（文部科学省, 2016b）。学校における ICT を活用するための環境は急激に整いつつあり、*Hi, friends!* にはパソコンで活用するためのデジタルコンテンツが用意されているなど、外国語活動において ICT 機器を活用することが一層求められている。

　そこで、小学校 5 年生において、児童がどのように英語での表現を習得するか、また、ICT 機器の活用の在り方について研究を行った。具体的には、電子黒板（IWB）を用いて授業を展開したり、音響分析ソフトの Praat を活用し、ピッチ曲線を意識させたり、Praat の Vowel エディタ機能を活用して母音の発音を意識させたりした。

小学校における外国語活動は、5、6年生で実施されているが、文部科学省から外国語活動教材として *Hi, friends!* が配布されており、文法上の特徴として、以下の2点があげられる。

・一人称と二人称を扱い、三人称は扱わない
・時制は現在形のみ扱う

児童の生活に身近な内容を取り上げることから、「今」「私とあなた」の対話が扱われている。なお、*Hi, friends!* は副読本の扱いとなるため、学校に教材があるときなどは使わなくてもよいことになっている。

　姫路市では、授業でICT機器を活用する環境が整えられており、筆者が授業実践を行った教室では、50インチプラズマディスプレイに加えて、77インチスマートボード、短焦点型プロジェクターが設置されている。これらの機器は電子白板（Interactive White Board: 以下IWB）とよばれ、パソコンの画面を児童に即時に提示することができるとともに、ペン型のデバイスを用いて黒板のように書き込んだりすることができる。また、タブレット型パソコン（22台）、遠隔授業システムもあり、ICTを活用した授業を展開できる環境が整えられている。

　筆者の場合は主に自作教材で授業を行っているが、その際、英文を日本語に訳さず、パワーポイントのイラストやパペット、ALTとのやりとり等を見せることで意味を理解させている。また、文字を使って英文を提示することはしていない。児童は、3年生の時点でローマ字の学習をしているが、これは国語のわずか1単元の授業であり、しかもヘボン式ではなく訓令式のローマ字である。つまり、児童は英語の読み書きを習っていない状態にある。まだ教えていない英語の文字を使った指導は不可能であるので、文字を使わなくても会話の流れがわかるように工夫している。

　この指導法は、教師による教育団体TOSS（向山, 2003）が開発したものである。日本語に訳したり、文字を使ったりしなくても、IWBに写真や

イラスト、吹き出しを用いたイラスト等を表示し、視覚情報を多く取り入れることにより、対話文の意味や用いている状況を理解させることができる。訳や文字に頼らなくても対話文の意味を理解させられるということは、児童の負担を減らすことを意味し、特別支援の必要な児童にとっても授業に参加しやすくなる利点がある。

　授業の指導法は TOSS 型指導法を活用し、また IWB、遠隔授業システム、タブレット型パソコン等を活用して音声指導の授業を行った。

5.2 英語の音声指導の基本

5.2.1 英語の発音への抵抗を減らす工夫

　高学年になると、「英語らしい音」を出すことに抵抗のある児童がいる。「聞こえたとおり」に声を出していた児童もいるが、あえてカタカナのように発声する児童もいる。これは日本語の音から抜け切れていないため、或いは聞こえたとおり声を出すことができるが、自信がないためあえて日本語のように声を出している、などの理由が考えられる。そこで、英語と日本との音の違いを理解させることを目的とした教材を作成し、授業実践を行うことにした。

5.2.2 母音指導

　音には母音と子音があり、日本語と英語は異なることを理解させる授業を行った。まずは 50 音図を提示した。「あ、い、う、え、お」の母音が5つあること(図 5-1)、頭子音が {'K', 'S', 'T', 'N', 'H', 'M', 'Y', 'R (L)', 'W'}の 9 つあることを確認した (図 5-2)。

わ	ら	や	ま	は	な	た	さ	か	あ
	り		み	ひ	に	ち	し	き	い
を	る	ゆ	む	ふ	ぬ	つ	す	く	う
	れ		め	へ	ね	て	せ	け	え
ん	ろ	よ	も	ほ	の	と	そ	こ	お

母音「あ」「い」「う」「え」「お」の5つ

図 5-1　母音

W　R(L)　Y　M　H　N　T　S　K　← 子音

わ	ら	や	ま	は	な	た	さ	か	あ
	り		み	ひ	に	ち	し	き	い
を	る	ゆ	む	ふ	ぬ	つ	す	く	う
	れ		め	へ	ね	て	せ	け	え
ん	ろ	よ	も	ほ	の	と	そ	こ	お

図 5-2　子音

わ	ら	や	ま	は	な	た	さ	か	あ
	り		み	ひ	に	ち	し	き	い
を	る	ゆ	む	ふ	ぬ	つ	す	く	う
	れ		め	へ	ね	て	せ	け	え
ん	ろ	よ	も	ほ	の	と	そ	こ	お

・母音　「あ」「い」「う」「え」「お」→5つ
・子音　「か」行、「さ」行、「た」行　→9つ
・「ん」、「゛」濁音、「゜」半濁音、「っ」など
・全部で112の音

図 5-3　音の数

図 5-4　'Banana'

　児童はパソコンに親しんでおり、キーボード入力の例を示すことで子音の概念を理解することができた。たとえば「か」をパソコンに入力する際は子音 'K' の後、母音 'A' を入力する。また、日本語は音の数が 112 あることを紹介した（図 5-3）（窪薗, 1998）。

　日本語の母音は 5 つであるが、英語にはもっとたくさんの母音があることを紹介し、/æ/（Apple）、/ʌ/（Bus）、/ɪ/（Sit）、/ɑ/（dog）等を反復練習させた。弱母音（schwa）の /ə/ は、'banana' の最初と最後の 'a' を例として提示した（図 5-4）。

　続いて、母音を発声するときには、舌のどこが最も高い位置にあるかによって音が決まることを説明した（図 5-5）。

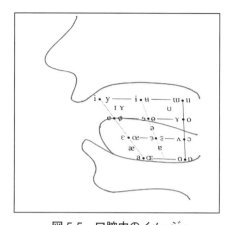

図 5-5　口腔内のイメージ:
International Phonetic Association（2015）に加筆

　口腔内の舌の前後の位置関係は、前舌、中舌、後舌に分かれる（川越, 2007）。/i/ は前舌、/u/ は後舌になる。上下関係では、高母音、中母音、低母音に分かれ、日本語の母音では / あ / は低母音、/ え / と / お / は中母音、/ い / と / う / は高母音になる。実際に「あ」を発声させると、口が開き、舌が低い位置に移動していることを実感させることができる。「い」「う」は口が閉じられている状態に近く、それぞれ舌が前後に移動していることを実感させられる。また、「お」は唇の形が丸くなる（円唇）。「え」は「あ」と「い」の中間あたりに、「お」は「あ」と「う」の中間辺りに舌の最も高いところが位置しており、児童に発声しながら練習をさせた。日頃何気なく発声している音のメカニズムを学ぶのは、楽しい活動である。

　続いて、Praat の Vowel エディタ機能を使い、母音発声の合成音を提示した。Praat を用いることで音声を詳細に分析することができる。音の強弱である音声波形（Wave form）、音の高低であるピッチ（Pitch）、音の強弱であるインテンシティ（Intensity）、声帯振動を示すパルス（Pulses）、共鳴音の倍音を示すフォルマント（Formant）、時間とエネルギー、周波数を一度に示すスペクトログラム（Spectrogram）等である。また、Praat Script と

よばれる形式のスクリプトを記述することで、作業を自動化させることができる[1]。Praat は無料でダウンロードすることができる（URL は http://www.fon.hum.uva.nl/praat/）。

Vowel エディタ機能を使うには、'Praat objects' から 'New'→ 'Sound'→ 'Create Sound from Vowel Editor' を選択する(図 5-6)。すると、Vowel エディタ機能が起動される（図 5-7）。

図 5-6　Vowel エディタ機能を起動する　　　　図 5-7　Vowel エディタ機能

Vowel エディタ機能には、母音の音を合成する機能がある。口腔内の図にマウスで線を引くと、その位置の音を出すことができる（図 5-8）。児童に図を提示し、出力された音を聞かせ、舌の位置を意識させながら同じ音を発声する練習に取り組んだ。典型的な日本語の「あ」「い」「う」「え」「お」を発声させた後、[æ], [e], [ɪ] 等、日本語と音が異なる母音を発声させた。同じ母音でも、日本語と英語では音が異なること、それは舌の最も高い位置が異なることを児童に説明した。Vowel エディタ機能では実際に調音点の音が聞こえるので、児童は音をまねることで、自分たちの調音点を意識できたようだった。

---

[1] スペースではなくキャピタルレターを多用するスクリプトで、「ラクダ文」とよばれる独自の形式である。Action Script や Java Script に近い感覚でプログラムを組むことができる。

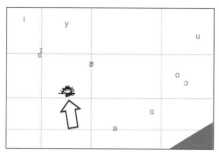

図 5-8　ドラッグした調音位置の音を聞かせることができる

　たとえば、[i]→[e]→[a]→[o]→[u]→[i] といったように、口腔内をぐるっと一周回るようにドラッグすると、日本語の 5 つの母音がなだらかに変化するような音が出力される。この音がおもしろいようで、児童は楽しみながら同じような音を発声することに挑戦できた。[a] から [e] をドラッグすると、[a] と [e] のスペクトル音が出力され、中間の音がわかりやすくなる。[æ] の音は [a] と [e] の間にあることを伝え、連続した変化の途中の音を意識させ、そのまま [apple] 等と単語練習をさせると、[æ] の音が発声しやすいようだった。普段の生活では「あ」「い」「う」「え」「お」以外の母音を発声する機会がないが、Vowel エディタ機能を活用することで、さまざまな母音が存在することに気づかせ、その上で発声練習に取り組ませることができた。

　この授業の後、児童は英語を聞こえたとおりに発声しようとし、日本語の「あいうえお」以外の母音に挑戦しようとする意欲を高めることができた。簡単にではあるが、母音発声の仕組みを理解し、Vowel エディタ機能によりさまざまな母音があることを理解したからこそ、英語と日本語の音の違いを納得したようだ。高学年では児童に「音の違い」を納得させる授業が必要だと改めて実感した。

　なお、Praat を学校で活用するもう 1 つの利点として、実行ファイルのみで動作するので、インストールの必要がない点が挙げられる。そのため、ソフトウェアの新規インストールが難しい公立学校でも利用しやすいといえる。なお、この研究に際して勤務校での Praat の利用に関しては市教育委

員会に確認し、学校長の許可の下で利用した。

5.2.3 子音指導

英語の語頭 /t/ 音は、日本語のカタカナ発音から児童に馴染みのあるものが多い。たとえば、'table' と「テーブル」、'tennis' と「テニス」、'time' と「タイム」等である。また、'ten' は数字なので、「ワン、ツー、・・・、テン」と馴染みが深い。/t/ は無声の歯茎閉鎖音であり、日本語の子音と音が似ているが、川越 (2007) によると、英語の方がしっかりと閉じてから強く息が吐き出されている。川越は、口の前にティッシュをかざして発音する練習方法を紹介している。そこで、'table' 'tennis' 'time' 'ten' の単語を反復練習させた後、ティッシュペーパーを一箱用意し、口の前にかざして練習をさせた。息の強さが視覚的にわかるので、楽しく取り組むことができた。

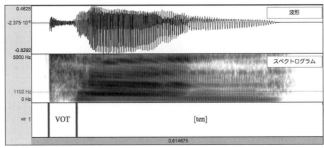

図 5-9　*Hi, friends!* デジタル教材の 'ten'

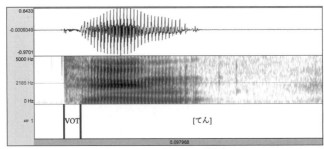

図 5-10　日本語の「点」

その後、Praat で *Hi, friends!* デジタル教材に収録されている 'ten'（図 5-9）と、日本語の「点」（図 5-10）の音を分析し、比較した教材を提示した。これは Praat の「サウンドエディター」という画面で、音のさまざまな性質を調べることができる。画面上部には波形が表示され、下部にはスペクトログラムが表示されている。スペクトログラムは、横軸に時間、縦軸に周波数をとっており、音の強弱を色の濃淡で表している。

無声の閉鎖音は、唇が開いて息が出た後、声帯振動が始まる。この閉鎖の開放から声帯振動開始の間の時間を VOT（Voice Onset Time）という（服部, 2012）。VOT の時間を比較すると、英語（図 5-11）は約 0.06 秒、日本語は約 0.04 秒であり、英語の方が約 1.44 倍長い。

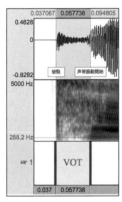
図 5-11 英語の [t] の VOT

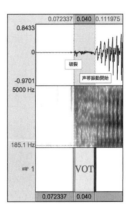
図 5-12 日本語の [t] の VOT

英語の方がしっかりと口を閉じているので、その分 VOT が長いことが読み取れる。Praat を使うと、指定した範囲の音だけを聞くことができる。非常に短い時間であるが、実際に聞きながら比較すると、その違いが理解できる。ティッシュを使って息の強さを実感させる発音練習とともに、Praat を用いたことにより、微細な時間の差を理解させることができた。

5.3 プロソディ：リズムとイントネーション

5.3.1 'How are you?' のピッチ指導

'How are you?' は挨拶の表現であり、5 年生教材 *Hi, friends! 1* の Lesson 2 に登場する表現である。通常、最もピッチ（声の高さ）が高くなるのは内容語だが、'How are you?' は機能語のみで構成されている。ウェルズ (2009) によると、wh 語を含む「wh 語 +be 動詞 + 代名詞」という型であれば、核は be 動詞に置かれるので、'are' のピッチが最も高くなる。このことは、いかなる種類の狭い焦点も対比的焦点もかかわる必要がない。一方、'How are you?' と相手に聞き返す場合、'you' に対比的焦点が当てられるので、'you' のピッチが高くなる。このやりとりを授業で取り上げた。

最初に、次のようなやりとりを ALT と何度か対話して、児童にモデルを示した。

> JTE: 'How are you?'
> ALT: 'I'm fine. How are you?'
> JTE: 'I'm fine.'

文にすると、2 人は同じことを互いに尋ねているが、2 人の 'How are you?' の音声表現の違いについて、児童に考えさせた。'How are you?' のピッチが、JTE と ALT では異なることに気づかせた後、Praat で ALT の声を録音し、ピッチ曲線を見せた（図 5-13）。ピッチ曲線は、横軸が時間、縦軸が声の高さであるので、ピッチの違いを視覚的に理解させることができる。最初に尋ねるとき 'are' のピッチが高くなっているが、尋ね返す際は 'you' のピッチが高くなっている。ピッチ曲線を見せながら、何度か音を再生することでピッチの違いを理解させた。

つぎに、'How are you?' のピッチを練習させるための教材を提示した（図 5-14）。以前は図 5-15 の教材を使っていたが、吹き出しの絵を図 5-14 のようにピッチ曲線に変更し、ピッチの違いを視覚化した。この教材は帯学習

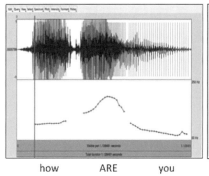 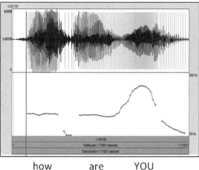

図 5-13　ピッチの違い

図 5-14　'How are you?' ピッチ教材　　図 5-15　'How are you?' 教材

の一環として、授業の初めには毎回活用している。

　さらに、児童に 2 通りの 'How are you?' を発声させ、録音し、Praat でピッチ曲線を表示した。ピッチの違いを視覚で確認させることができた。

　ピッチの変化による応酬パタンは、他の表現においても応用が効く。たとえば、'Thank you.' とお礼を言われ、「いえ、こちらこそ」という意味で返答をするなら、'Thank you.' の 'you' のピッチが置かれる。*Hi, friends!* の Lesson 5 には、'What do you like?' の表現が扱われる。通常 'like' のピッチが高くなるが、自分が答えた後 'What do you like?' と聞き返すなら 'you' のピッチが高くなる。これは、'you' に対比的焦点が当てられるためである。*Hi, friends!* には一人称と二人称しか扱われていないため、2 人での会話で

ピッチ変化を意識させられる場面が多く登場する。さまざまな授業に発展させられる内容である。

5.3.2 'What's this?' と 'What is it?'

　外国語活動5年生教材 *Hi, friends! 1* の Lesson 7 では、'What's this?' が重要表現として取り上げられている。しかし、'What's this?' には 'What's' の語尾に子音結合 (consonant cluster) [ts] がある上、'this' の語頭に有声歯摩擦音 [ð] があり、発音の難しい文である。児童は聞こえたとおり、素直に音を再現しようとするが、[ts] と [ð] を正しく、しかも連続して発声させるのは簡単ではない。

　また、'What's this?' は、お母さんが赤ちゃんに話しかける言葉 (motherese) のようであり、通常の会話で使うのは不自然である。大学で英語を教えているアメリカ人母語話者の一人からは、'What's this?' は、たとえば散らかっている部屋を見て、子供を叱るときに「これは何？」と怒りを表明する等、特別な状況でしか用いられない表現だとの指摘を受けた。また、言語教育が専門の別のイギリス人母語話者からは、「'What's this?' の表現を扱うことを検討しているのであれば、それよりもむしろ 'What is it?' の方が自然な文であり、難しい発音も少ないため、発声しやすいのでは」との指摘を受けた。しかも、'What is it?' を習得すれば、'Who is it?' 'Where is it?' 'When is it?' 等、疑問詞を入れ替えるだけでさまざまな表現に発展させられる、と提案を受けた。辻中 (2017) によると、'this' は物理的な距離に依存するが、'it' は距離に依存しないため、応用範囲が広い。そして、小学校外国語活動において 'What is it?' が 'What's this?' より優れている点として、物理的距離に依存しない点、使える状況の多さ、'What'+ 名詞 +'is it?' へ発展させやすい点、そして、音声面からの発話しやすさの4つをあげている。

　そこで、この 'What is it?' の教材を作成し、児童に発話練習をさせることにした。また、児童の発声を録音し、音響分析ソフト Praat を用いて分析し、'What's this?' と 'What is it?' の発話を比較することにした。

'What is it?' は 'How are you?' と同じく、wh 語を含む「wh 語 +be 動詞 + 代名詞」という型である。イントネーションの核（第 2 章 2.4.1 を参照のこと）は be 動詞に置かれ、'is' のピッチが最も高くなり、弱強弱のリズムで発声する。図 5-16 は Praat を用いた教材であるが、'What is it?' のピッチ曲線を視認し理解させることを目的とした。音を聞かせながらピッチ曲線を見せることにより、'is' のピッチが高くなり、弱強弱のリズムであることを明示的に理解させられた。

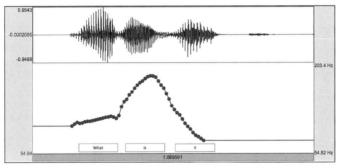

図 5-16　'What is it?' のピッチ曲線

具体的な実践例をいくつかあげる。まず、'What is it?' の表現を定着させるため、「箱の中身は何でしょうゲーム」という活動にも取り組んだ。これは、代表の児童が穴の空いた箱に手を入れ、手触りで何が入っているかを当てるゲームであり、箱の中には 'apple' 'banana' 等の本物の果物が入っている。代表以外の児童全員が 'What is it?' と尋ね、代表の児童が 'It's an apple.' と答える。'What's this?' の表現では、指示詞の語法の制約により、箱に手を入れている本人しかいえず、同じ状況で他の児童に発声させるには 'What's that?' といわせる必要があった。しかし 2 種類の指示詞を導入することにもなり、'What's that?' は 'What's this?' と同様に発音も難しい。一方、'What is it?' なら発声もしやすい上、箱に手を入れている児童に対して、教室のどこに位置している児童が尋ねても違和感がない表現だといえる。

タブレット型パソコンの活用も試みた。3人を1班とし、タブレット型パソコンのカメラ機能を使い、教室の中のいろいろな物を撮影する。その画像の一部をトリミングし、クイズの問題を作成する。何問か作成できた時点で、他の班の児童に 'What is it?' と発話しながら問題を出し合う。画像をスワイプすると、答えの画像や次の問題に簡単に切り替えることができる。'What's this?' では、出題する側しか質問文を発話することができなかったが、'What is it?' なら、出題する側だけでなく、答える側も「これは何ですか？」と尋ねる意味で 'What is it?' と発話することができる（図5-17）。

図5-17　タブレット型パソコンを活用した授業

図5-18　遠隔授業の様子

さらに、遠隔授業も実施した。5クラス中1クラスで遠隔授業（テレビ会議システムを活用した授業）に取り組み、中学校にいるALTと回線をつなぎ、テレビカメラを通じてタブレット型パソコンで作成した問題を児童が 'What is it?' と出題した。遠隔授業においても、ALTの側から 'What is it?' と尋ねるほうが違和感がないため、'What's this?' よりも授業を行いやすかった（図5-18）。

'What is it' は3音節、'What's this?' は2音節であるので、'What is it?' のほうが難しいのではないかと当初心配したが、児童の負担は大きくなく、スムーズに習得できた。

5.3.3 'What is it?' の分析

'What is it?' の授業を行い、児童が 'What is it?' の表現をひと通り習得した後、児童の発話を録音し、Praat で共鳴音(sonorant)の部分におけるフォルマントのF1, F2値を解析、分析した。フォルマントとは、声帯自体の振動数をF0としたとき、声がF0に共鳴して表れる振動数を指す。F1は舌の上下の動きに関係し、数値が上がるほど調音位置は下方向に下がる。F2は舌の前後の動きに関係し、数値が上がるほど調音位置は前方向に移動する。つまり、F1, F2の値を求めることにより、共鳴音における舌の動きがわかり、日本語を母語とする学習者の発音と英語母語話者の発音を比較することができる。

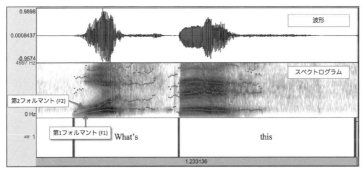

図 5-19 'What's this?' の Sound Editor 画面

図5-19は、イギリス人女性(20歳台)の 'What's this?' の発声を示している。スペクトログラムに濃い色の縦線がみえるのは、声が共鳴していることを示している。フォルマントとは、ある瞬間の音声を分析した際、とくに強く表れている周波数を指す。人間の声は低い周波数から高い周波数まで、さまざまな周波数から構成されており、共鳴音は共鳴性が高いため、フォルマントが現れる。フォルマントは低い順に、第1フォルマント（以下 F1)、第2フォルマント（以下 F2)、第3フォルマントとよばれる。Boersma (2003) によると、通常、成人男性の最大フォルマント値（Maximum formant）は 5000Hz, 成

人女性は 5500Hz である。そこで児童の音声を 5500Hz で分析することにした。

　11 歳の日本人児童 5 名（男児 3 名、女児 2 名）の、'What's this?' の F1, F2（図 5-20）と 'What is it?' の F1, F2（図 5-21）を算出し、母音を比較した。'What is it?' は [ʌ] - [ɪ] - [ɪ] の母音が含まれ、'What's this?' には [ʌ] - [ɪ] の母音が含まれている。2 つの文にはそれぞれ同じ母音が含まれているが、'What is it?' の方が [ɪ] が 1 つ多い。

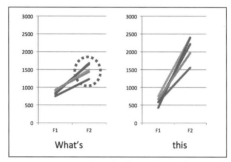

図 5-20　日本人児童の 'What's this?'

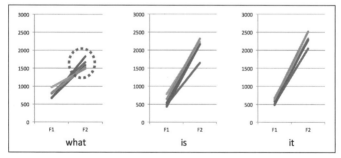

図 5-21　日本人児童の 'What is it?'

　日本人児童による 'What's this?' と 'What is it?' の 'What' の母音を比べると、後者の F2 がより高い。これはリズムからくるのではないかと考えられる。'What's this?' は「強強」、'What is it?' は「弱強弱」なので、'what' 音

節のリズムが強のとき、F2 が高く（口先よりに）なる。しかし、これはまだ推測の域を出ていないことであり、より多くのデータを収集する必要がある。'What's this?' の共鳴音でない部分は、子音結合 [ts] と有声歯摩擦音 [ð] であり、母音、子音を含めた文全体で考えると、やはり 'What is it?' より発音が難しいというべきであろう。

　'What is it?' の方が 'What's this?' より発音しやすい理由として、連結の起こりやすさがあげられる。児童は文字ではなく、音声として耳から 'What is it?' を覚えていく。すると、最初から連結して覚える可能性が高い。[z] および [t] の子音を、語尾（coda）子音としてではなく、語頭（onset）子音として発音した可能性がある。語頭子音の方が語尾子音より発音しやすい。一方、'What's this?' では、[ts] が語尾子音で、次の子音 [ð] とは子音連続になる。語尾子音の難しさに加え、ただでさえ難しい歯音摩擦音の [ð] が連続するとなると、これが 'What's this?' という文を発話するときの発音の困難点である。実際、'What's this?' における有声歯摩擦音 [ð] を Praat で音声を詳細に聞いてみると、日本人児童の 'this' における [ð] は、[d] になっていた。今回の授業実践では舌の使い方等の調音練習はしておらず、児童は JTE, ALT の英語を聞き、その音を自分たちなりに再現しようとして [d] になったと考えられる。'What's this?' の授業を行うのであれば、「英語の音声に慣れ親しむ」ためには、子音結合 [ts]、有声歯摩擦音 [ð] の練習を行う必要性があるということになる。

5.4 まとめ

　母音・子音指導、ピッチ指導、'What's this?' と 'What is it?' の比較等を通して、児童の吸収の速さに驚いた。スポンジが水を吸収するが如く、短時間の指導、練習で発音が変化した。中学校、高校での英語教育を見据えた時、声を出すことへの抵抗が少なく、時間的にも余裕のある小学校で音声指導に取り組むことの重要性を改めて実感した。

　文科省資料（文部科学省, 2016c）によると、学習指導要領に Can

do リストを入れることが検討されており、その中で「話すこと」は発表（Production）とやり取り（Interaction）の2つの領域に分けられている。これは CEFR（ヨーロッパ共通言語参照枠）をベースにしたものである。発表、対話それぞれの目標を明確にしており、音声指導の重要性が更に高まったといえる。

　英語の音声練習を通じて、児童は英語の音声の特徴に気づき、楽しく活動することができた。英語の文には歌のようなリズムがあること、「あいうえお」以外の母音が存在すること、強弱が日本語と異なること等である。また、電子黒板やタブレット型端末、Praat 等の ICT ツールを活用することにより、英語の音を提示したり、分析することで理解を促したりすることができた。

　今後の課題として、「強弱」の「弱」を意識させることがあげられる。児童は強弱リズムの「強」は違和感なく発声できるが、「弱」に難しさを感じるようである。日本語はモーラを単位とした高低アクセント言語で、強勢アクセント言語の英語のように音節の強弱を意識することが少ない。英語の自然なプロソディを身につけさせるためにも、「弱」を意識した指導は今後の大きな課題だと考えられる。なお、今回活用した教材の一部は「たんぼのお家」（http://tanbo.main.jp）にて公開している。

（岡本 真砂夫）

参考文献

ウェルズ，J. C., 長瀬愛・長瀬慶来・谷口雅基・市崎一章・渡辺勉・南條健助・長瀬恵美訳（2009）『英語のイントネーション』研究社.

川越いつえ（2007）『英語の音声を科学する』大修館書店.

窪薗晴夫（1998）『音声学・音韻論』くろしお出版.

辻中直子（2017）「小学校外国語活動における指示詞と代名詞の取り扱いについて－"What's this?" を適切に発話することの難しさ－」兵庫教育大学修士論文.

服部義弘（2012）『音声学』朝倉書店.

向山浩子（2003）『TOSS 型英会話指導の基本』東京教育技術研究所.

文部科学省（2014）「今後の英語教育の改善・充実方策について 報告～グローバル化に対応した英語教育改革の五つの提言～」(http://www.mext.go.jp/component/b_menu/shingi/toushin/_icsFiles/ afieldfile/2014/10/10/1352461_01.pdf よりダウンロード).

文部科学省（2016a）「次期学習指導要領に向けたこれまでの審議のまとめ（素案）」(http://www.mext.go.jp/b_menu/shingi/chukyo/chukyo3/053/siryo/_icsFiles/afieldfile/2016/08/02/1375316_1_1.pdf よりダウンロード).

文部科学省（2016b）「平成 27 年度 学校における教育の情報化の実態等に関する調査結果（概要）」(http://www.mext.go.jp/component/a_menu/education/micro_detail/_icsFiles/afieldfile/2016/10/13/1376818_1.pdf よりダウンロード).

文部科学省（2016c）「次期学習指導要領等に向けたこれまでの審議のまとめについて（報告）」(http://www.mext.go.jp/b_menu/shingi/toushin/_icsFiles/afieldfile/2016/09/09/1377021_1_5.pdf よりダウンロード).

Boersma, Paul（2003）Praat manual. Retrieved from http://www.fon.hum.uva.nl/praat/manual/.

Boersma, Paul & Weenink, David（2017）Praat: doing phonetics by computer [Computer program]. Version 6.0.28, retrieved from http://www.praat.org/.

INTERNATIONAL PHONETIC ALPHABET（2015）IPA Chart. http://www.internationalphoneticassociation.org/content/ipa-chart.

中学生のための
イントネーション指導 第6章

6.1 背景と方法

　近い将来中学校においてもオールインイングリッシュの授業が求められるということから、中学校英語授業の現状をみつめ直す必要がある。コミュニケーション能力の育成において音声指導は最重要視されるべきであるにもかかわらず、授業に取り入れられることは少なく、取り入れられたとしても単語の発音の確認がほとんどであり、発話レベルや状況を踏まえた会話レベルでの指導は、ほとんどなされていない。教室内で聞こえる英語は平板な印象のものがほとんどであり、抑揚のない英語は聞き取りにくく、実際の会話で通じにくいと予測される。話者の「気持ち・意図」がうまく伝わらず、コミュニケーションが成り立たなくなる可能性もある。こういったことから、イントネーション指導の見直しの必要性を痛感し、イントネーションに重点を置いた授業を行い、中学生の反応を分析することで、その重要性を示したいと考えた。

　イントネーションについて生徒に教えるには、言うまでもなく、教師自身が音声学の知識をしっかりと構築しなければならない。イントネーションの規則や影響についての正しい知識をベースに、教科書を主軸に、教える内容を検討するが、どのように教えるかという方法について考えることは、指導力を高め、中学生の英語のクオリティーを高めていくことにつながる。「教師が学ぶことが教育に直結する」ということを伝えるためにも、本実践を実りあるものにしたいと考えた。

　研究の手順としては、以下の手順で行った。

(1)　　a. イントネーションについての音韻論知識構築　cf. Wells（2006）
　　　　b. 教科書および指導書の音声表現の取り扱いについての分析
　　　　c. イントネーションに関心をもてるような授業の考案
　　　　d. 授業実践
　　　　e. 生徒のやりとりについての会話分析
　　　　f. 中学校におけるイントネーション指導についての考察と提案

本章では、上記のうち（1c）〜（1f）について述べていく。

6.2 イントネーションに関心をもたせる授業

　教科書と指導書の分析を押さえつつ、どうすれば生徒に正しく、わかりやすく楽しくイントネーション指導ができるかについて、使用教科書に基づいて考えた。以下にその重点ポイントを述べる。

　授業案は、次の3つの要素をポイントにして作成した。1つ目は「気づき」である。同じセリフでも、場面や状況によってイントネーション型が異なることに気づくと、「英語はどれを聞いても同じだ」という考えが「文脈や話者の気持ちでいろいろ違うんだ」という意識に変わり、注意して英語を聴くようになり、コミュニケーションにおいて大切にされるべき「話者の心情を読む」という態度の育成につながると考えられる。イントネーションにおけるさまざまな現象に「気づくこと」を、最も基本的なこととして、1つ目のポイントとした。

　2つ目は言語学、とくに音声学・音韻論に基づいた学びを組み込むことである。現行の教科書は、イントネーションについての言語学の知識に基づいた表記がなされているとはいえないものである。英文の音の高低を表すピッチ（pitch）や、音調の中で際立つ箇所となる核の配置（tonicity）、音節や語句のピッチの変化を表すトーン（tone）に触れることはなく、文末に‘↗’や‘↘’など矢印が添えられているのみで、文全体のイントネーション曲線がどのようになっているかまではわからず、イントネーションについて

適切に指導しているとはいえない状況である。試行した授業では、教科書の平坦読みを「メロディーをつけて読む」状態に変えていくことを目標にし、イントネーション曲線がわかる表記法を示した。

　3つ目はペア・グループ練習を取り入れることである。ほとんど経験したことのない音声表現に重点を置いた授業において、気持ちを込めた発話を恥ずかしがらずに表出できる中学生はまれだと思われる。その「恥ずかしいなぁ」という気持ちを打破するきっかけとなるのは、「みんなと練習する」状況である。また、コミュニケーションは相手がいてこそ成り立つものである。相手を意識して頑張ることで、互いに影響し合い、音声表現のステップアップが望めると考えた。

　以上の3点を基本方針として、2回分の授業内容を構成した。第1次の内容は核の配置についての理解と練習（核については、第2章2.4.1を参照のこと）、さまざまなトーンパタンへの気づき、およびその理解と練習である。どちらも英語表現のみ丸投げするのではなく、発話の解釈が文脈をもつよう、日本語で状況や話者心理について考え、理解の容易化を図った。第2次の内容は、第1次の学習内容をもとにしたロールプレイである。イントネーション曲線を使用し、ジェスチャーを交えることの大切さにも触れながら、練習時間を多くとった。

　以下の2つの会話は第1次の授業で使用した会話文の例である。会話（2）はイントネーション核配置の理解と練習に使用した。

（2）　　A: Hi, I am Saki.　　　　　┌①ああ、君が早紀なんだね。
　　　　　B: Oh, you are Saki. I'm Tom.　└②えっ、君は早紀なんだね。

（SUNSHINE ENGLISH COURSE 1, 2011:24）

①、②は文脈設定のための注釈である。初対面での会話で B が Oh, **you are Saki.** というのと、Oh, you are **Saki.** というのとでは状況が異なる（太字は強調する部分）。①はかねてから早紀の噂を聞いていた B が発したセリ

フ、②は早紀のことを別の人物と思い込んでいた B が発したセリフである。

　次の会話 (3) は、異なるトーンへの気づきと理解に使用したものである（トーン（音調）については、第 2 章 2.4.1 を参照のこと）。

(3)　　a. ハンス：Are you all right?

　　　　　ア　ナ：No. <u>irritate</u>　「このときのアナの気持ちは?」

　　　　b. ハンス：Did you know?「日本語だったら、どうかな?」

　　　　　ア　ナ：No. <u>honest</u>

(Frozen, 2013)

(3)は映画 <i>Frozen</i> の 1 シーンである。雪や氷に変える魔力をもって生まれてしまった姉エルサを、孤独の苦しみから救うため、妹アナが困難をのりこえ、助けた結果、2 人が姉妹愛を復活させることができたという物語である。アナの発話 "No." のイントネーション型が気持ちによって異なることを学ぶための練習である。「　　」内の日本語発問は、生徒の理解を促すためのものである。姉エルサの変貌に動揺したアナにハンスが "Are you all right?" とたずねたときは "No."、その後の "Did you know?" に対しては "No." である。(3a)にはイライラした気持ち、(3b)には素直さと悲しみが表れている。

　第 2 次のロールプレイで使用したのは、下記 (4) の会話文である。

(4)　　第 2 次ロールプレイ会話文

　　　<i>Mother</i>: Can anyone answer the phone? I can't answer it now.

　　　「だれか〜?お願い〜!」「お母さんは、今無理〜!」という気持ち

　　　<i>Daughter</i>: I'm sorry, I can't. I'm changing my clothes.

　　　「悪いな〜」という気持ち。「できない」ことと、なぜできないかをしっかりと。

Mother: Sam?

「サムは大丈夫だろう」（ちょっとイライラ）

Son: Sorry, mom. I'm drying my hair.

「俺も忙しいし…」という気持ち。何をしているかはっきりと。

Mother: Jim, can you answer the phone?

「ジムは大丈夫のはず。電話とれるよね〜?」（かなりイライラ）

Father: Sorry, I can't, Aiko. I'm brushing my teeth.

（能天気、マイペースに）「歯磨いてるし。」

Mother: Oh, no!

「もう！！！」（怒りマックス）

(SUNSHINE ENGLISH COURSE 1, 2011:93)

ジムさん一家のある日の朝、電話が鳴り、手のふさがっている母親が家族に順に電話に出てくれるよう頼むが、結局誰も出られず、とうとう最後に母親が "Oh, no!" と嘆息するといった場面である。この会話文を選んだのは、日常生活において現実に起こりそうな状況であり、生徒が話者の心情を理解しやすい内容であると考えたからである。場面状況を確認し、登場人物の気持ちを推測した上で考えられるイントネーション曲線（文全体のメロディーやアクセント（核）がわかるもの）の表記を、生徒と一緒につけていった。英文の下のト書きのような日本語文は、生徒への補足説明としてつけ加えたものである。登場人物の気持ちを表すイントネーションパタンの例を示す中で、とくに "Jim, can you answer the phone?" については、母親のイライラした気持ちを踏まえれば、疑問文であっても、下降調のイントネーションになりうることを教えた。一方、一番気持ちを込めやすいと思われる最後のセリフ "Oh, no!" については、生徒たちのオリジナリティーに任せてみることにした。イントネーションは話者によってさまざまなパタンが起こりうることを体感させるのに有効なセリフだと考えたからである。

　全体で読みの練習を行った後、各グループに分かれて、読み合わせ練

習 → 確認係を置いた練習 → 暗記での練習 → ジェスチャーを取り入れた練習の順に、セリフの実演演習をしていった。練習の際に意識させたことは「単語を間違えてもよいから気持ちを意識してセリフをいうこと」である。迷ったときはイントネーション曲線を表記した掲示シートをみるよう指示した。以下(図6-1)にイントネーション曲線をどのように記載したかを提示する。

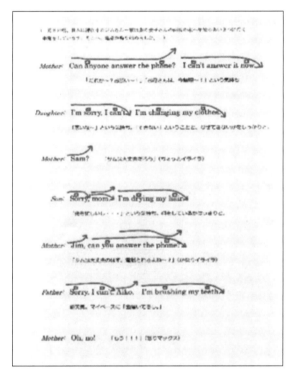

図6-1　イントネーション曲線提示シート

なお、全体での読み練習時に、注意すべき音声表現として、いくつかの英単語の発音やリンキングにも言及し、リピーティングを行った。

6.3 音声練習に取り組む生徒の会話の観察

6.3.1 気後れの克服

　授業実践の際に収集した生徒の音声およびビデオ映像データを、エピソード記述（鯨岡 , 2005、無藤・麻生 , 2008）に基づいて解釈した。なお生徒の会話スクリプトは会話分析（Conversational Analysis: CA）（串田・好井 , 2010、林 , 2008）に基づいて表記した。

　エピソード記述とは、心理学における質的研究アプローチの 1 つで、保育、教育、看護、介護などさまざまな現場で用いられている。研究者自身が現場での活動に関与する中で、強く心を揺さぶられたり深い気づきが得られたりしたエピソードを記述することで、現場の様子が理解されることを願って実践されている方法である。本章で紹介する授業実践においても、実際に授業を行う中で生徒とコミュニケーションをとった教師だからこそとれる視点で、生徒たちのふるまいを分析することが、教室内の様子をつぶさに伝えるのに有益であると考え、この質的研究手法を取り入れることとした。

　「イントネーションに重点を置いた授業を受けた生徒たちの反応」の中でも、英語のスキルとともに生徒の内面の変化が表れている、とくに感銘的なエピソードを 2 つ取り出し、上記の手法で分析・解釈を行った。1 つ目は、さまざまな葛藤や戸惑いを乗り越えて目標のイントネーション表現を体感した生徒（S1）と、ペア活動でその生徒を見事にサポートした相手生徒（S3）のエピソードである（A は授業補助者、S2 は別の生徒）。このエピソードが表れている会話スクリプト（5）と、それについての解釈を述べていく。会話スクリプトの記号解説については、本章末尾に掲載する。各発話には番号をふり、日本語発話は斜体で表記している。

（5）会話分析スクリプト

　01 S1:　Jim? Can you answer the phone?

　02 S2:　Sorry I can't Aiko I'm drying my hair.

03 S1: Oh (h) no (h)

04 A: *Mouchotto sokone irairakan makkusude* (.)
         Oh no. (h)

05 S1: Ha (h) Ha (h)
         (2.0)

06 A: *Saigono hitokotoga sugoku koukatekidakarane*

07 S1: (h) (h) *Mo::↑iya*=

08 S3: = *Itte! Itte!* " *Oh no"itte* =

09 S1: = *Mo::::iya::* =

10 S3: = *Meccha (   ) O: no:↑ittemi:*

11 S1: = *Mo:::↑iya*=

12 S3: = *Ikkaidakede↑e:: //Ikkaidake*

13 S1:   *// Mo: :↑iya::* =

14 S3: =↑*Ikkaida//ke*

15 S1:   *// Mo::↑iya:* =

→16 S3: = *Tanomu. Sonokimochide O: no:↑itte*=

→17 S1: = *Mo::↑iya ↑I:: ya::* (2.0) Oh no:. (1.0) Oh.no:.

→18 S1:   *Akirameta kannjiya Un. Iikanjiya*

クラス全体でイントネーションの確認をした後、生徒たちは各班で読み合わせ練習を行った。生徒たちが比較的スムーズに班での読み練習を行う様子から、前時に出された「配役を決めて練習をしてくるように」との指示に従い、授業前に担当のセリフを練習してきたことがうかがえた。01 での発話時点で「よびかけの上昇調イントネーション」ができていることから、S1 がまずまずの英語力をもつ生徒だとわかる。しかし、感情を込めた音声表現に対する差恥心が、03 のはにかみ笑いしながらの発話に表れている。ここで、助言者 A から的確なアドバイスが入るのであるが (04)、やはり恥ずかしさが勝り、S1 は素直にアドバイスを受け入れられず 05 の笑いや、07,

09, 11, 13, 15, 17 の「もう、嫌！」の繰り返しで、その気持ちを表現している。そんな S1 に対して、S3 が説得を重ね（08, 10, 12, 14, 16）、最後には S1 が自身の気持ちとリンクしたと思われるような感情を込めた音声表現を行い（17）、自己評価まで行っている（18）という場面である。

　音声表現を学ぶ上で大きな課題となるのが、「恥ずかしさの払拭」である。「やってみたいけど、恥ずかしい」という生徒に対して、どのように働きかければ「恥ずかしさの山」を越えさせられるかが大切なポイントであるが、この場面での S3 の発話や態度がそれを明らかにしているといえる。それは 07 〜 16 までの S1 と S3 のやりとりで確認できる。S3 は S1 の性格や英語力をよく知っていると思われるほど、S1 への促し方が実に絶妙である。前時のペア練習では常に S1 が S3 をリードする様子がうかがえたのであるが、ここでは S3 がうまく S1 をリードして最終的には感情を込めた発話をさせるのに成功している。アドバイスを受けた S1 が、恥ずかしさから 07 で「もう、嫌！」と言った直後から、S3 のたたみかけるようなテンポのよい説得が始まるが、その促し方が段階を追って巧妙に変化している点が興味深い。まず 08 では「言って、言って」と柔らかめな促しであったのが、10 では「めっちゃ（〜やから？）言ってみ〜」と理由付きで強めの促しになる。（　　）内の言葉は聞こえないが、直前に「とても」を意味する「めっちゃ」が発せられていることから、「とてもいい感じだから」というような、S1 を前向きにさせる発言が予想される。S3 の発言に重ねて S1 は「もう、嫌！」を連発するのだが、11 での「もう、嫌！」が少し高いピッチでの発話になっていることに（すなわち S1 の微妙な気持ちの変化に）気づいた S3 は、すかさず促し方を変えている。12, 14 の「1 回だけでええ。1 回だけ」という条件付きの依頼パタンである。このパタンを繰り返してもなお観念しない S1 に（15）、S3 は次なるパタンで挑むのである。16 の「頼む」という依頼パタン、そして「その気持ちで言って」という具体的なイメージをもたせるパタンである。

　この「もう、嫌！」という発言を軸に展開する 2 人のやりとりは、わずか

11秒の間に交わされたものである。この短い時間にS1は7回も「もう、嫌！」を繰り返し、S3は上記のとおりさまざまな方法でS1を説得している。この時、S1とS3は机を挟んで向かい合わせになってこのやりとりを展開している。S3はS1の表情を、やや下から覗き込むようにうかがいながら、「1回だけでええ」の発言時には指を立てたジェスチャー付きで（図6-2）、また「その気持ちで言って」の発言時にはS1にポインティングを行い、S1の「もう、嫌！」にすばやく呼応している。体の動きも発言ごとにS1のほうへ身を乗り出し、何とかしてS1に感情を込めた "Oh, no." を発言させたいという気持ちがみて取れる（図6-3）。

図 6-2 *"Ikkaidakede↑ e:: Ikkaidake"* in (12)　　図 6-3 *" Sonokimochide O: no:↑itte"* in (16)

また、S1においては「もう、嫌！」の発言のたびに、体は言葉と裏腹にS3に向かって動いている。「嫌！」と言う際、たいていの人が体をのけぞらせることを考えれば、この矛盾するようなS1の動きは、「本当はアドバイスを受け入れて感情を込めた "Oh, no." を言ってみたい」という気持ちの表れだといえよう。S1のこの様子からも、S3がS1にとってベストな説得方法を瞬時に選択していったことがみて取れる。

　最終的には、16の微妙な立ち位置の変化や具体性が効いたのか、S1が17でようやく "Oh, no." と発話するのであるが、そこではS3の一歩引いた見守り姿勢が大きなポイントになっていると思われる。それは、S1の「もう、

嫌！嫌〜！」という発話の後の2秒間の「間」に表れている。それまでS1の発話の後にすかさず促しの言葉を発していたS3が、ここでは2秒もの沈黙で相手の様子をみているのである。おそらく1対1で会話を続け、S1の様子をつぶさに観察してきたS3は、「もうそろそろS1が自分の説得に応じそうだ」という手ごたえを感じ、あえて黙ってみたのであろう。この時のS3のニコニコとした表情からもそのことが予測できる。この絶妙な2秒間の後、S1は「もう、言うしかない」と観念したように "Oh no." と発している。それだけではなく、17での2回の "Oh no." には微妙な気持ちの変化がみられる。最初の "Oh no." は、執拗なS3の促しにとうとう参って発したものと思われるが、イントネーションはほぼ平坦なままである。しかし、ここでS1は1秒間の間をおいて再び "Oh no." と、今度は下降調のイントネーションをつけて発話している。1秒の間に、「自分の今の心境を表すには最初の発話では不十分だ」と考えたのか、また、先の "Oh, no." に対するS3の嬉しそうな反応をみて「バージョンアップしてみよう」と思ったのか、気持ちを込めて言い直しを行ったのである。しかも、今回はジェスチャー付きでの発話である（図6-4）。それは紛れもなく、自分の思いを伝えたいという気持ちの表れであり、聞き手を意識したふるまいである。

図6-4　"Oh, no." with intonation in (17)

11秒間にS1が7回「もう、嫌！」を繰り返し、S3がその都度いろいろな言葉を重ねて展開された、切れ目のないテンポの速いやりとりからすれば、17

での 2 秒間と 1 秒間は、非常に長い「間」である。上記から予測されることは、この「間」で S1 の気持ちに変化が起こったということである。さらに S1 は、18 にみられるように、自分の発話について「あきらめた感じや。うん、いい感じや」と評価までしている。S3 にうまく促され、恥ずかしさと葛藤しながら、とうとう自身の気持ちに重ねたような音声表現を行った S1 は、ここできっと満足した気分になっていたに違いない。

　中学生が「感情を表すイントネーション」を意識して英語での音声表現を行うのは、簡単にできることではない。「もっと上手に英語を話したい。そのためにイントネーションをつけて発話したい」と感じていても、普段からそのような訓練を行っていないため、どうすれば自分の殻を破れるのかがわからないのである。さらに、感情を込めた発話を「演じる」のは恥ずかしくて勇気がいる。それらの課題を乗り越えるには、何度も練習を重ねることが不可欠である。また、一人ではなく仲間とともに取り組むことで相互作用が働いたり、励まし合ったりしてできるようになることが多い。そうする中で、自分自身の気持ちと結びつけ、実際に使える音声表現を自然に体感することが可能になる。言葉は話者の伝えたい思いや心情に基づいて発せられるものだということを実感できる場面や条件の設定が、生徒の真の学びに結び付くのだということが、本エピソードから理解できる。

6.3.2 英語らしい発音への気づきと憧れ

　2 つ目のエピソードでは、英語の苦手な生徒が、イントネーションに重点を置いた授業の中で、今まで知らなかったリンキングや子音発音についての気づきをきっかけに、アドバイスを素直に受け入れて練習を重ね、自信とやる気に満ち、目標の音声表現を身につけていく様子を観察する。いわば副産物のような現象であるが、音声の学びについての重要な手がかりを示すものと考えられるため、以下に紹介し記述する。

（6）会話分析スクリプト

```
   01 S1:  Can aniwan e? aniwan? aniwan?（(mispronouncing)）
   02 T:   anyone
   03 S1:  Can anyone answer the phone I can't ans ans: t
   04 T:   Answer to it, ri mitaini narunnya answeri (t)
→05 S1:    answeri (t) now answeri (t) now answeri (t) now. ↑Samu:
   06 T:   Souyatte yomunn?
   07 S1:  (1.0) Sa::↑mu::?
   08 T:   Mu:: te // (  )
→09 S1:       //Sa͡::m⌄ Sa:://↓m
   10 T:              //Sousou
   11 S1:  Jim: can you answer the phone
   12 T:   Jim mouchotto chikara irete
   13 S1:  Ji::↑m=
   14 T:   =Oh iine // iine
   15 S1:          // Can you answer the pho::ne.
   16 T:   Honnde saigowa?
   17 S1:  (1.0) Oh no
   18 T:   Sonnnafu: Sonnnamonnnan? Hahawa // (    )
→19 S1:                                //Oh: No::.
   20 T:   Sore! Imano itte Imano itte Mo: ikkai Oboetou?
   21 S1:  Oboeto:
   22 T:   Honma?
→23 S1:  Can, anyone answer the phone. (1.0) I can't ansari (t) (now).
   24 S2:  (  ) I'm changing my clothes.
→25 S1:  (2.0) Sa͡::m
   26 S2:  (2.0) °Sorry// (I'm) °
   27 S1:            //Ji:m can // you
```

第 6 章　中学生のためのイントネーション指導　　**173**

28　T:　　　　　　　　　　　　　　*//Hayai //hayai Okaasan chotto matte*

29　S2:　　　　　　　　　　　//Ha (h) Ha (h) Ha (h)

30　S3:　　　　　　　　　　I'm // (.) drying my hair

31　T:　　　　　　　　　　　//drying　*Sou sou*

32　S1:　Jim, can , Jim, can you answer the pho:ne.

33　S4:　Sorry I can't Aiko <I'm brushing my teeth>

34　T:　(1.0) *Yu:tade*

35　S1:　(2.0) O̶h̶ n̶o̶

36　T:　*Iya iya iya sakkinoyatsu //sakkinoyatsu*

37　S2&S3:　　　　　　　　//*Sakkinoyatsu*↑

38　T:　(1.0) *Mo:chotto antara motto jo:zuni yomerunnyakara*↑

　　　　　　　　　　　　　　　　　yo//mi

39　S1:　　　　　　　　　　　　　　//Oh: ↑N̶O̶::

40　S2:　Ha (h) Ha (h) Ha (h)

→41　S1:　Can anyone <u>answer</u> the↑<u>phone</u>　I can't answeri (t)

　　　　　　　　　　　　　　　　Can anyone answer.

　　　((Teacher is explaining in front of the students))

　　answeri (t) ↑now　((during explanation))

→42　S1:　*Sennse*: ansari? *Sennse*: ansari? *Sennse*:

43　T:　answeri (t)

→44　S1:　answeri (t) answeri (t) now answeri (t) now

　　　　(2.0)

45　S4:　Sorry, mo//:m,

→46　S1:　　　　　　// *Saishokara yattemiyoka?*

47　S4:　°°I'm drying,°°

48　S3:　Ha (h) Ha (h) Ha (h)

→49　S1:　*Ikuzo*　C̲a̲n̲ ̲a̲n̲y̲o̲n̲e̲ ̶a̶n̶s̶w̶e̶r̶ ̶t̶h̶e̶ ̶p̶h̶o̶n̶e̶? I can't e ans ans =

　　　　= answeri (t) now　answeri (t) now

50 S2: I'm sorry I can't I'm changing my clothes

→51 S1: (1.0) ~~Sa::// m?~~

52 S2:   //Ha (h) Ha (h) //Ha (h)

53 S3:   //E:yan e:yan

→54 S4: So:rry mo:m I'm <drying my hair>

55 S1: (1.0) Jim, can, can <u>you</u> answer the phone.

→56 S2: ~~So:rry I can't~~ Aiko? I'm brushing my teeth.

57 S3: (   )shite

58 S1: (1.0) <u>Oh</u>:.↑<u>No</u>:.

59 S3: Ha (h) Ha (h) Ha (h)

→60 S1: (1.0) Naniga okashiinn?

(6)-01 にみられるように、彼は英単語の発音もままならないものの、「うまく読めるようになりたい」という気持ちから、教師に読み方を教えてもらって発音の練習を行う。S1 にとって意外性があり、とても印象的だったのが "answer it" の r-リンキングである。r-リンキングは日本の中学生が普段学んでいるアメリカ英語でははっきりと表れにくく、生徒たちが耳にするのは初めてに等しい現象であったと思われる。S1 はこの現象がいたく気に入り、できるようになったことが嬉しくて繰り返すようになる。この様子が 05, 41, 42, 44 でみられる。05 では 6 秒間に 3 回、42〜44 では 11 秒間に 6 回と、高い頻度で "answerit" を発している。この様子は、普段意識しないことに気づかせることが、生徒の言語の学びにとっていかに大切なことであるかを教えてくれる。

05 〜 10 は、日本語にはない語末の子音発音への気づきがみられる部分である。日本人は子音を発音する際、うしろに母音を挿入する癖があるといわれている。おそらく S1 もこの時点までは "Sam" の m を /mu/ と発音していたのだろう。ここで正しい子音発音の仕方を知った S1 の「教えてもらったことを早くやってみたい。できるようになりたい」という気持ちが、教師

のアドバイスに重ねて発話している様子からうかがえる。また、この1音節語の "Sam." は呼びかけのセリフで発音しやすいこともあり、09, 25, 51でいろいろなバリエーションで発話できている。このいろいろなバリエーションは、授業前半でイントネーション曲線を確認したときに教師が示したモデルが印象に残っていたものと思われる。リンキング、子音発音のどちらも、英語らしい音声表現に欠かせない現象であり、生徒たちにとって「できたら嬉しい」ものである。だからこそS1は小さい子供が言葉を覚える際に見せる「楽しいからついつい口にしてしまう」様子を繰り返し、最終的にはそれらを習得できたといえる（49, 51）。もちろん、ここに至るには教師からの適切なアドバイスやほめ言葉（04, 06, 08, 12, 14, 18, 20）、彼自身の素直な姿勢と練習があったからこそだが、そのもとになった「気づき」の重要性は軽視できない。

　できるようになったことへの嬉しさや自信が生徒の学びにもたらす効果は非常に大きい。13での発話をほめられた（14）ことにより、S1はますます調子よくその後のセリフを続けている。17でいったんトーンダウンしているが、これは「ここの部分が一番気持ちを込められる部分である」とわかった上で、故意に行ったものと思われる。19で再び発話したときは、話者の気持ちを意識して行い、教師からのほめ言葉を期待しているようである。実際、20でしっかりとほめられ、S1はさらに自信をつけたと思われる。23, 25で、最初に発音できなかった語を正しく読めたり、呼びかけのイントネーションが自然にできたりしているのは、それまでの練習効果プラスやる気と自信が引き出した結果であろう。

　発音の上達で得た自信は、さらに、自分だけでなく周りにも良い影響を与えることになり、それが後半部分に表れている。S1は、発音できるようになった英語表現を教師の説明中もしっかりと練習し、不安な箇所を再度確認した後で（42〜44）、グループをリードして練習を自主的に開始している（46）。しかも、それまで手助けしてくれていた教師がいないにもかかわらずである。38の教師の発言から、このグループ内ではS2, S3の英語力

がS1を上回っていることがわかるが、その状況でS1が練習のイニシアチブを取れるのは、「自分にもできる」という自信の表れに違いない。とにかく早く練習を開始したいS1は、いつまでも笑いでごまかして役になりきれないS2, S3を気にせず、「いくぞ。」と自分のペースでスタートする(49)。そして、ここでは周りからの援助なしに、自然なイントネーションをつけて発話できている。その現象は51でもみられ、この時の発話では体もイントネーション曲線がついたような動きをしている。これはまさにS1が目標の音声表現を体感し習得した瞬間であろう(図6-5)。

図6-5 "Sa::m?" in (51)

図6-6 "I'm drying my hair." in (54)

そして、さらに興味深いのは、S1にリードされたS4やS2の様子である。26では聞き取りにくいような小さな声で、また30, 31では教師に援助されながら発話していたS4が、45, 47でつぶやき練習を行い、54では自分でしっかりとジェスチャーまでつけて役を演じている(図6-6)。

また、あれほど役になりきれなかったS2が極めて自然にイントネーションをつけたセリフ回しを行っているのである(56)。このことから、個人の上達が周囲に与える好影響と、相互効果をもたらすグループ活動の重要性が理解できる。このあと、S1は自分の満足感をよそに、いつまでも笑っているS3に少しイライラしたふうに「何がおかしいん?」と発するが(60)、この時点でS1は、恥ずかしがらずにアドバイスに素直に従って練習した結果、今までできなかった音声表現ができるようになった自分を誇らしく感じ

ていたであろう。また、そんな彼の様子から他の班員が学んだことも大きく、班練習をもっと続ければ更なる上達が期待できるであろう。

本エピソードのような生徒の自発的な学びの過程は、授業のまとめとしての発表でみられるとは限らないものである。いざ発表となると緊張や恥ずかしさのあまり怖気づいてしまい、練習した役を演じないこともある。いかにして自発的な「真の学び」を体験させるか、そしてその瞬間を把握した教師が生徒の気づきをどのように支援し発展させていくか、そういったことが大変重要なことだと理解できるであろう。

6.4 中学校におけるイントネーション指導についての考察と提案

前述の実践を通して、中学校でのイントネーション指導について提案すべきことをまとめたい。まず、生徒の実践的な英語コミュニケーション能力を育てる1つの手立てとして、会話でのコミュニケーションにおけるイントネーションの重要性を認識して教えることである。今まで意識していなかったイントネーションの重要性やおもしろさに気づかせることで、生徒たちは教科書の内容に対しても、彼らが親しんでいる映画に対しても、状況に沿った発話者の気持ちや意図を考えて取り組むようになる。これは英語をコミュニケーションのためのものではなく、学校で習う教科としてのみ捉えがちな中学生にとっては、教えられなければできないことであろう。そのことは、授業後のアンケートでの「英語はどれを聞いても同じだと思っていた。意識して聞くと、いろいろ違うんだな」という生徒の記述からもうかがえる。しかし、いったん知識として得られると、意識して英語を聴いたり耳についた音声を繰り返し発話したりする動機が生じ、言語習得につながっていくのだということが、生徒たちの姿から理解できる。

英語と母語である日本語の音声現象の共通点や相違点を意識することで、聞き取れる英語の音声表現が増え、英語らしい発話練習（リズムやイントネーションを含む）につながることは、実践的なコミュニケーション能力育成への大きな一歩である。その一歩を「習得」につなげるのに必要

な「自信とやる気」をどうやって引き出すか、授業者の手腕にかかっている。とくに、イントネーションに関する知識の中でも‘tonicity’や‘tone’といった概念は、中学生でも理解しやすいものであり、それに関係するイントネーション型は、文脈や話者の気持ちで変わるため、イントネーション曲線を表記することで、話者の意図や気持ちを込めた音読がしやすくなった。たった2回の授業でも実践の成果は予想以上に多く、英語による対話能力の向上につながると期待できる。

　このような言語学的な視点は非常に重要であり、6.3.1 で取り上げたエピソードで観察した生徒の気づきと学びからも、英語プロソディーの大切な要素の1つであるイントネーションを取り上げたことがきっかけとなり、リンキングや子音発音といった音声現象を習得した生徒の姿から、音声表現の学びの連鎖がうかがえる。音声への関心は、まさに学習姿勢も変化させたといえる。

　教室においては、ペアやグループ活動における生徒同士の影響を促せる会話練習が可能であり、それは、英語学習のみならず、他の教育活動にも良い効果を及ぼし得るのではないかと考えられる。音声表現をとおした、いわゆるアクティブラーニングといった学びが可能ではないかと考えられるが、この点については今後の取り組みの中でじっくりと観察・検証していく価値があると思われる。授業後の生徒アンケートからも「感情を込めると伝わるんだ」「間違えると誤解を与えるかも…」「これからもイントネーションの学習をしたい」など、イントネーション指導の有用性を期待させるような声が聞こえてくる。継続的・計画的な指導のためには、教師自身が英語音韻論・音声学について知識やスキルを得ることが肝要であり、中学校英語授業でのイントネーション指導の重要性と合わせて、まとめの提起としたい。

第 6 章　中学生のためのイントネーション指導　　179

Appendix: Transcription Marks for Conversation Analysis

A: word//word	The double slashes aligned across adjacent lines
B:　　//word	show the start of overlapping talk.
A: word=	The equals sign shows that there is no break
B: =word	between two speakers' turns, or if put between two words
	within a single speaker's turn, shows that they run together
(1.0) , (.6)	Examples of timed pauses
(.)	Just noticeable pause (around 0.1 seconds)
word::	Colons show that the speaker has stretched the preceding sound
	Numbers of colons express the length of the sound
word-	A dash shows that the utterance is cut off
word.	A period shows the falling tone in the last of words
word,	A comma shows the continuing-like tone in the last of words
word?	A question mark shows the rising tone in the last of words
↑word	An up arrow shows onset of noticeable pitch rise
↓word	A down arrow shows onset of noticeable pitch fall
word, word	Underlined sounds are louder, double underlined louder still
° word°	Words between ° ° is quiet
	Double using of the marks means much quieter
hh	in-breath and out-breath respectively
word (h) word (h)	Words with in and out-breath of laughing
<word word>	Outwards arrows show slower speech
(words)	Words in parentheses show a guess at what might have been said when unclear
(　　)	Unclear saying
	The space of the parenthesis shows the length of the unclearparts

((words))	Transcriber's various kinds of explanatory notes or explanations
→ utterance No.	A right arrow shows analyst's signal of a significant line

（圓井　裕子）

付記：本章は、2014 年度兵庫教育大学大学院学校教育研究科修士論文の一部に加筆・修正を加え、再構成したものである。

参考文献

麻生武・無藤隆（編）（2008）『育ちと学びの生成』東京大学出版会 .

串田秀也・好井裕明（2010）『エスノメソドロジーを学ぶ人のために』世界 .

鯨岡峻（2005）『エピソード記述入門　実践と質的研究のために』東京大学出版会 .

竹林滋・清水あつ子・斎藤弘子（2013）『初級英語音声学』大修館書店 .

林宅男（2008）『談話分析のアプローチ　理論と実践』研究社 .

深澤俊昭（2015）『英語の発音パーフェクト学習辞典（第 2 版）』アルク .

Bolinger, D.（1986）*Intonation and its Parts: Melody in Spoken English.* Stanford: Stanford University Press.

MEXT（2011）*Sunshine English Course 1.* Kairyudo.

MEXT（2012）*Sunshine English Course 1*: Teacher's Manual. Kairyudo.

Wells, J.C.（2006）*English Intonation: An Introduction.* Cambridge: Cambridge University Press.

Vecho, P.D.（Producer）& Buck, C. & Lee, J.（Directors）（2013）*Frozen.* Walt Disney Pictures & Walt Disney American Studios.

音声現象の記号化と 高校における 英語発音指導

第 **7** 章

7.1 目的と背景

　英語を正しく聞き取り、英語らしく発話するためには、まず英語の音声を構成する基本的な音韻体系や規則、および発話時にみられる音声的特徴を理解する必要があるが、日本の英語教育の歴史においては文字を通じてのインプットが中心で、英語の音声指導はほとんど行われてこなかったといっても過言ではない。高校の英語教育においても、文法指導に重きが置かれ、音声指導は軽視される傾向があり、あまり取り入れられてこなかった。個々の単語の発音については、発音記号を用いて指導されており、既習単語については聞き取ることが可能であるが、文章内における連続音中の音声変化についてはほとんど指導法が確立されておらず、リスニング指導、あるいは音読発話指導において、生徒が音声変化に関する知識や情報を十分に習得しているとは言い難い。これらが英語を正しく聞き取れない、あるいは英語らしく発音できない主要な原因の1つとなっている。音がつながるとか、消えるといった現象は、その音声ごとに授業で触れられることはあるが、文法事項のように総合的な体系として定着させるまでには至っていない。「音声をただ聞いているうちに突然英語が口をついて出てくる」あるいは、「英語を一日中聞いていれば、そのうち聞き取れるようになる」といった風潮があるが、実情はそう甘くはない。英語とはことばの仕組みのかなり異なる日本語という、潜在的に存在する母語の干渉により、英語の音声現象を知識なしで認識するのは簡単ではないのである。個々の母音や子音の識別、リズム、イントネーションと意味の関係性、語と語の連続における音声変化など、習得の難しい現象が数多くある。それらを克服す

るためには、高校の英語学習においても、音声学・音韻論に基づいた体系的な指導や学習が必要である。

　上記で述べたような体系的な指導の実施に向けて、方法も確立していない現時点で道のりはまだ遠く、実践をとおして適切な方法を模索していくしかない。そこで、高校音声指導実践を試みるにあたり、数多くある音声現象の中でも日本人学習者が習得しにくく、しかも頻度が高い基本的な「連結」「弱形」「脱落」「強勢」「情報の焦点語のイントネーション」を取り上げることにした（第2章2.2 ～ 2.4を参照のこと）。それぞれを表す記号を工夫して用いることを試み、現象に注意を向けさせることをまず目的とした。個々の単語の発音と違って、これらの現象は普遍性および汎用性があり、知識習得と練習により、リスニング力向上と発話における英語らしさの向上に即効的な効果があると思われるからである。英文にこれらの音声現象を記号として付加することにより、英文を聞き取ると同時に視覚的、客観的にそれらを音声現象として認識することができる。これにより、これまで認識されなかった英語独特の音声現象が意識され、リスニング力の向上に効果があると考えられる。それらを意識しながら継続的に経験を積むことで記号を付加しなくても音声現象を体得することができる。さらに、記号化した音声変化を認識しながら音読練習することで、発話においても音声変化を客観的に意識し、使用することができるようになると考えた。本章で紹介する授業実践においては、高等学校の検定教科書を使用し、本文に音声現象を表す記号を書き入れ、リスニングおよび音読練習を導入し効果を検証した。この実践をとおして音声現象の記号化の効果について考察したい。

7.2 実践のアウトライン

7.2.1 指導手順と考察

　使用教材は、*PRO-VISION English Communication Ⅱ*（桐原書店）のLesson 8: Finding the Real Santa Claus からPart3を取り上げた。授業対象

者は、兵庫県立津名高等学校普通科総合科学コース 2 年生の 40 人（男子 23 名、女子 17 名）のクラスであり、英語能力としては英検 3 級～ 2 級程度の生徒が混在しているレベルである。実践した授業の目標としては、次のような目標を指導案に掲げた。便宜上箇条書きで (1a) ～ (1e) に記す。

(1) a. 英語のリスニング、音読、発話等において基本的に知っておくべき音声現象「連結」「弱形」「脱落」「強勢」「情報の焦点語のイントネーション」について知る。

b. 「連結」「弱形」「脱落」「強勢」「情報の焦点語のイントネーション」などの音声現象を表す記号を認識する。

c. 英文を聞き、音声現象を認識しながら本文に記号を入れることができるようになる。

d. 記号を意識しながらリスニングをすることにより、音声現象を確実に認識することができる。

e. 記号を意識しながらリピーティング、シャドーイング等をすることにより、英語らしく本文を読めるようになる。

生徒が使用する記号としては、単純化した次のようなものを用いた。

(2) 使用した記号

　　　連　結：　　　　音がつながっている箇所

　　　弱　形：　　　　弱形の発音になっている箇所

　　　脱　落：（　　）音が脱落している箇所

　　　語強勢：　／　　単語内の強く発音する箇所

　　　焦点語：　　　　ゆっくりはっきり発音され、ピッチの上昇

　　　　　　　　　　　下降のある箇所

記号なしよりも記号があるほうが、各現象を常に意識して個人で繰り返し練習できるというのが、視覚化の趣旨である。リズムやイントネーションが

教師の口頭のみの説明よりも良くなるのではないか、慣れれば、自分で記号をつけることができ、自主的な練習ができるのではないかと考えた。自信をもって読めることを目指した。なお、音声指導に取り組むまでに、すでに語彙の意味、本文の内容把握等は終えており、リスニング、音読練習を主として授業を実施している。指導手順としては、以下の (3-1) 〜 (3-10) の流れで進めた。

(3) 1. 各音声現象について簡単な例をあげ説明する。
   2. CD を聞きながら、生徒は各自で英文中の音声現象を一つ一つ確認し記号をつける。
   3. CD を聞きながら、文ごとに教師が英文中の記号を提示し、生徒は各自で訂正する。
   4. CD を聞きながら、センテンス中のとくに注意すべき単語やフレーズについていた解説し、単語ごと、フレーズごとに練習する。
   5. センテンスごとに CD をリピートする。
   6. 全文を通してシャドーイングをする。
   7. ペアで一人ずつ本文を音読する。
   8. 各自で本文の音読練習をする。
   9. 数人の生徒に代表で音読をさせる。
   10. 単語やフレーズの練習、発表時をビデオに撮影する。

練習に取り上げた単語、語句としては、'religious' (/r/ と /l/ の区別)、'vividly' (/v/ の脱落)、'real life' (/l/ の脱落)、また、単語間のリンキングとして、'as an elf'、'appeared in an advertisement' などをとくに取り上げた。

　問題点としては、教材の練習でその箇所はいえても、実際の会話等では生かされていないかもしれないこと、記号を付する際に、付与操作が指導者に依存せざるをえないため、記号付与の妥当性が不確かであること、そして、音声現象の指導において、記号を使用することが有効であるかどう

かの検証方法が定かでないといった課題が予測できたが、それも含めて、生徒の反応を観察することに意義があると考えた。事後指導としては、音声現象認識を伴うディクテーションなどの訓練、スピーチや英会話、プレゼンテーションなど、実践の継続を目指すことにした。

7.2.2 教科書本文への音声記号付与

7.2.1 (2) で示した記号に基づいて、教科書の該当箇所に発音・聞き取り課題としての記号を付与すると、次のようになる（便宜上リンキング箇所は網掛けで示してある）。見た目にやや煩雑であるが、見落としのないようにするためには、慣れるまで便利であろうと考えた。

(4)　① This póem does nót portray the relígious Sáint Nícholas of hístory. ② Instéad, it portráys a jólly, fát little óld mán ríding on a sléigh dráwn by réindeer. ③ Móore descríbes him vívidly as if (h)e had áctually mét (h)im in réa(l) lífe.　④ *A Visit from Sáint Nícholas* was públished in a pícture bóok and wídely réad in América a(t) the tíme　⑤ Móore's Sáint Nícholas was shówn as an élf in this stórybook, but in the 1930s the ímage of Sánta Cláus chánged agáin when (h)e appéared in an advertísement for a sóft drínk as a grandfátherly cháracter with a jólly smíle. ⑥ And só Sánta Cláus becáme the fígure we knów todáy.

上記 (4) に至る前に、まず英語の音声現象全般と音声練習に取り組む際の留意事項について、次の (i) 〜 (vi) の説明を生徒に行った。(i) 英語が聞き取れなかったり、英語らしく発音できなかったりする理由の1つは、英語特有の発音ルールがあるにもかかわらず、それを知識としてもっていないからであるということ、(ii) そのルールは数多くあり、通常の発話で常に表れること、(iii) 日本人は、英語を聞き取ったり、発音したりする際に、母語である日本語のリズムや発音が干渉しており、知識なしでは英語

の音声現象を取り入れにくいことなどに注意を向けさせた。しかし、(iv)音声現象について学び、それらを客観的に認識しながらリスニングやスピーキングを練習することにより、リスニング力向上、および音読や発話における英語らしさの向上に効果があることを伝え、生徒の動機付けになるよう配慮した。さらに、具体的には、(v)音声現象の中でも知っておくべき項目として、音声変化と強勢、焦点語の発音について学ぶが、とくに音声変化は連結、弱形、脱落を取り上げることを伝えた。連濁、弱形、脱落、焦点語の各々については、教科書本文の事例を使って説明した。そのうえで、(vi)音声現象を客観的に認識するために、各音声現象を記号化し、教科書本文に記号を書き入れさせ、リスニングや音読の際にその記号に基づいて練習する機会を与えた（なお、各音韻現象の詳細については第2章を参照していただきたい）。

7.3 指導内容と考察

7.3.1 連結

　連結が起こる箇所を CD で確認し、3 回発音練習を行ったが、その際、賛否両論があると思われるが、次の (5) のように、あえてカタカナ表記を添えてつながりを認識しやすくしたものもある。

(5) 　2 行目　Nicholas_of history. [níkələsəv]「ニコラ<u>ソヴ</u>」

　　 2 行目　it portrays_a jolly [pɔːrtréizə]「ポートゥレイ<u>ザ</u>」

　　 3 行目　old man riding_on_a sleigh [ráidiŋənə]「ライディ<u>ンノナ</u>」

　　 4 行目　as_if_(h)e had_actually [əzifihədǽktʃuli]
　　　　　　「ア<u>ズィフィ</u>　ハ<u>ダ</u>クチュアリ」

　　 5 行目　published_in_a [pʌbliʃtinə]「パブリッシュ<u>ティナ</u>」

　　 8 行目　shown_as_an_elf　[ʃóunəzənélf]「ショウ<u>ナザ</u>ネルフ」

　　 9 行目　image_of　[ímidʒəv]「イミ<u>ジョヴ</u>」

　　 10 行目　changed_again [tʃéindʒdəgéin]「チェインジ<u>ダ</u>ゲイン」

10 行目　appeared_in_an_advertisement [əpíərdinənædvərtáizmənt]
「アピア<u>ディナナドゥヴァタイズメントゥ</u>」

11 行目　drink_as_a [dríŋkəzə]「ドゥリンク<u>カザ</u>」

11 行目　with_a [wiðə]「ウィ<u>ザ</u>」

連結に関しては、'Nicholas of history'、'portrays a jolly'、'riding on a sleigh'、'published in a'、'image of'、'changed again' などは容易に発音ができていたが、'as if he had actually'、'shown as an elf'、'appeared in an advertisement' のように、うまく発音できないので何度も繰り返し練習することでできるようになったものもあった。言うまでもなく、前者は連結が 1 つないしは 2 つなので発音しやすい。

　それに反して、'as if he had actually' は、'as if he had' が弱形の連続で、'if he' の /h/ が脱落を起こしているにもかかわらず、生徒は [if hi:]「イフヒー」というように、'he' を強形で発音してしまっていることが、発音をしにくくしている原因であると考えられる。本来 'if he' は、'he' が弱形で脱落して [ifi]「イフィ」となるのが普通である。'had actually' においても同様に、[hədæktʃuəli]「ハダクチュアリ」のように、連結が起こり、それら全体は結果的に [əzifi hædækʃuli]「アズィフィ　ハダクチュアリ」というように音声変化が連続して表れるのであるが、そういった複数の連結が連続するところに、聞き取りにおいても発音においても難しさがあるようである。'shown as an elf' も同様に連結が 3 つ続いており、スムーズに発音するためには数回の練習を必要とした。'appeared in an advertisement' については、連結は 3 つの連続であるが、'advertisement' が 4 音節と長く、単独でも発音が難しいのに、連結によって [əpíərdinənædvəráizmənt] となり、まるで 1 つの単語に音節が 8 つもあるようになってしまっており、発音を困難にしている。この箇所は相当回数練習してもなかなか発音できない生徒がいた。しかし、記号が付してあることで、視覚的にはっきりと音声現象を認識しながら各自で練習できるので、習熟は容易ではなかったものの、効果的に練習し、

習得できたようである。もし、記号が付されていなければ、生徒たちは、おそらく [əpíərd in ən ædvərtáizmənt]「アピアドゥ　イン　アン　アドヴァタイズメントゥ」といったようにバラバラに発音し、英語らしい発音から程遠いものになるところであろう。

　生徒は英語を読んだり話したりする際に、語と語をつながずに分離させて発音する傾向が強く、音が途切れてしまいリズムが悪くなってしまう。英語話者の流暢な英語では複数の語を1つの語のようにいうので、連結を高頻度で使用している。したがって、連結をしっかりと練習することは英語のリスニングとスピーキングに非常に有効であるといえる。

　留意点としては、連結は無限に存在するといっても過言ではないので、英文に出会うたびに連結を意識し、発音練習させなければならない。また、文法のようにいくつかのパタンを覚えて応用するというよりも、知識があれば初見の文であっても連結ができるという認識をもたせる必要がある。

7.3.2 弱形

　次の (6) において下線が施してある語が弱形で発音される。連結が起こる箇所を CD で確認し、3回発音練習を行った。数箇所で弱形の発音と同時に連結や脱落が起こっている部分があるが、便宜上、弱形に焦点を当てて確認をした。

(6)　　第 1 文　This poem <u>does</u> not portray <u>the</u> religious Saint Nicholas <u>of</u> history.

　　　　第 2 文　Instead, it portrays <u>a</u> jolly, fat little old man riding <u>on a</u> sleigh drawn by reindeer.

　　　　第 3 文　Moore describes <u>him</u> vividly <u>as</u> <u>if</u> <u>he</u> <u>had</u> actually met <u>him in</u> real life.

第 4 文　_A Visit from Saint Nicholas_ was published in a picture book and widely read in America at the time.

第 5 文　Moore's Saint Nicholas was shown as an elf in this storybook, but in the 1930s the image of Santa Claus changed again when he appeared in an advertisement for a soft drink as a grandfatherly character with a jolly smile.

第 6 文　And so Santa Claus became the figure we know today.

弱形の指導効果と留意点について考えてみたい。一般的に、日本語母語話者が英語を聞き取ったり発話したりする際には、日本語の影響を大きく受けることは周知の事実である。その中でも、日本人の癖として顕著なのは、一つ一つの英単語を、日本語のリズムやイントネーションを用いて処理しようとすることである。その結果、発話においては不自然な英語になってしまい、聞き取りにおいては日本語のリズムが邪魔をして英語が聞き取れないという現象が起きてしまっている。これはもちろん母語の干渉もあるが、さまざまな英語の音声現象を客観的に知識としてもっていないことも大きな原因である。本時の実践においては、英語の音声の処理の仕方がわかっていれば、意識的な練習を繰り返すことで克服が可能であることがはっきりとわかった。

　弱形についていえば、常に頻繁に起こっているにもかかわらず、残念ながら、日本の英語教育ではあまり重要視されているとはいえない状況である。弱形が苦手であることについては、日本人英語として仕方ない側面として安易に看過されているかもしれない。逆にいえばそこをしっかりと押さえることで、飛躍的に発話や聞き取りが上達することが期待される。

　生徒の英語の発音に関しての特徴は、'a' や 'the'、'to' などをはっきりと「ア」、「ザ」、「トゥー」と発音し、さらにそれらの後にポーズまで置くことが多い。たとえば、本文 2 行目の 'it portrays a joy' では、「イット　ポート

第7章　音声現象の記号化と高校における英語発音指導　　191

レイズ　ア　ジョィ」と発音し、しかも 'a' に強勢をつけてしまう傾向がある。生徒たちに弱形や連結、脱落などの音声現象を取り入れて発音させると「イッポートゥレザジョィ」というような英語らしい滑らかな発音が簡単に発音できた。また、個々の生徒に発音させる際に一回一回教師側が発音して見せなくとも、記号を見ながら自分で発声することができた。したがって、この記号を付すことで学習者自らが弱形を意識付けすることができ、強勢と合わせて、日本語話者特有の日本語リズムの英語を改善するための手段として有効であるといえる。

　留意点としては、上記にあげたような弱形をもつ語をできるだけ習得してしまうことが近道であるので、文法的な側面と合わせて学習させることが重要であると考える。

7.3.3 脱落

　連結が起こる箇所を CD を聞いて確認し、3 回発音練習を行った。また、カタカナ表記を用いてつながりを認識しやすくした。

(7)　4 行目　as if (h) e　　　　　[əzifi]「アズィフィ」[h] の脱落
　　　4 行目　met (h) im　　　　[métim]「メッティム」[h] の脱落
　　　5 行目　rea (l) life　　　　[rí:ə (l) láif]「リアライフ」[l] の脱落
　　　6 行目　a (t) the time　　　[ə (t) ðə táim]「アッザ　タイム」[t] の脱落
　　　10 行目　when (h) e　　　　[weni]「ウェニ」[h] の脱落

(7) の例に基づいて脱落の指導効果と留意点について考察する。日本人学習者は母語の影響により英語の語を 1 つずつはっきりと日本語のリズムで処理するために、音がつながったり消えたりするとたちまち認識できなくなる。脱落はその最たるものであり、あるはずの音が無くなるという現象であるため、前もって発生することを知っておかなければ処理できるはずがないのである。とくに発話や音読においてその現象が顕著であることは、

容易に想像できるので、配慮が必要である。

　本時に使用した英文において、5 行目 'real life' は、'real' の 'l' が消え、「リアライフ」と聞こえる。または、「リアライ」というように最後の f の音も聞こえないといってもよい。生徒に質問してみると 'real life' であるとは把握していなかった。また、発音に際しても「リアル　ライフ」と切り離して発音していた。6 行目 'at the time' と 10 行目 'when he' に関しては、'at' と 'he' が対象であるが、機能語であり、'at the' と 'when he' は 'real life' と違って出現する確率は当然のことながら高いので、必ずマスターしておかなければならない事例である。発音そのものは簡単であるのですぐにできるようになるが、今後無意識的に処理できるようになるためには、出現するたびにチェックし、文字があるのであれば記号を付して発音練習することでより効果的に習得できるであろう。

　留意点としては、できるだけ個々の生徒の発音をチェックすることが肝要である。CD や教師のモデルをしっかりと練習し、確実に発音できるようにしておくべきである。ペアでチェックさせたり、列ごとに発音させたりするとよい。また、記号を付していない英文に生徒が自分で記号を付す練習をするなどして、積極的に音声現象を把握させることも、知識を定着させることにつながるであろう。

7.3.4 焦点語

　教科書の本文のイントネーションを分析させるために、まず生徒に焦点語と区切りの説明をした。概略すると、区切りとは意味のかたまりで、それが音の一区切りになること、一区切りの中で内容語（名詞、動詞形容詞、副詞など）の語強勢音節が通常焦点語となること（広い焦点の場合）。また、その焦点語は意味によって左に移動する場合があることも押さえておく。すなわち、区切りの最後でなくとも最も重要な語が焦点語になる（狭い焦点の場合）ということである（広い焦点、狭い焦点については第 2 章 2.4.2 を確認されたい）。

第 7 章　音声現象の記号化と高校における英語発音指導　　193

　この説明の後、教科書に記号を書き入れる作業に進んだ。まず CD を聞きながら、文法的なかたまり、あるいは意味のかたまりの中で、最も強勢を受け、はっきり比較的長く発音された語に記号を書き加える。続けて、文法的なかたまり、あるいは意味のかたまりの境界に | を、文末は ‖ で区切った。音読指導の際に慣習化されている方法であるが、細切れになりすぎないように配慮が必要であろう。結果は下記 (8) に示すとおりである。

(8)　① This poem does |not| portray | the religious Saint Nicholas of |history|‖ ② |Instead| | it portrays a jolly, fat little old |man| | riding on a |sleigh| | drawn by |reindeer|‖ ③ Moore describes him |vividly| | as if he had actually |met| him | in real |life|‖ ④ *A Visit from Saint Nicholas* | was published in a |picture| book | and widely |read| in |America| | at the |time|‖ ⑤ |Moore's| Saint Nicholas | was shown as an |elf| | in this |storybook| | but in the |1930s| | the |image| of Santa Claus | changed |again| | when he appeared | in an |advertisement| for a soft drink | as a |grandfatherly| character | with a jolly |smile|‖ ⑥ And |so| | Santa Claus became the figure we |know| today.‖

(8) の教科書本文の内容は、サンタクロースの起源と歴史についてのものである。学習した箇所は、今現在我々が親しんでいるサンタクロースがどのようにして広まったかについての説明文であり、ムーアという人物の描いたサンタクロースが起源であるという内容である。

　① の文は述語動詞と目的語の間で区切られている。前半は ‘not’ が焦点語、後半は ‘history’ が焦点語である。前半の ’not’ は狭い焦点で、この ‘not’ が極めて大事な情報であることを示している。もともとは宗教色の強かった、サンタクロースの起源である 1700 年も前の Saint Nicolas とはまったく違った、20 世紀初頭のサンタクロースの登場を強調するためである。後半は区切りの最後の内容語である ‘history’ が焦点語であり、これは広い焦点で

ある。

②の文では、文頭の 'instead' は単独の副詞（文修飾副詞）で、一区切りとなっている。それ以降は3分割されている。各区切りの最後の内容語が焦点語となっているが、これは広い焦点で、各区切りの情報（文意）が大事な情報として読者に示されている。「小太りの陽気なおじさん」「そりに乗っていて」「トナカイが引いている」という3つのことが近現代のサンタクロースのキーワードとして外すことのできない情報であることを示している。

③の文は、3つに区切られている。第1は主節と 'as if' で始まる従属節の間、第2は 'in real life' という前置詞句の前である。どの区切りでも区切りの最後の内容語（'vividly', 'met', 'real life'）を焦点語としており、広い焦点になっている。各区切り内の情報、すなわち、「ムーアという人物がサンタクロースを生き生きと描いていること」「まるで本当に出会ったかのようだということ」「それも現実の人生で」の各箇所が、それぞれ1つの意味のまとまりとして大事であることが伝達されている。なお、第2区切りの最後の単語は 'him' であるが、人称代名詞は内容語でなく機能語であり、通常焦点語にならない。

④の文は、4つに区切られている。まず主語と述語の境界に区切りがある。つぎに最初の短文の終わりで区切られる。'And' で始まる後半の文は 'at the time' という前置詞句が独立した区切りとなっている。第1区切りは絵本の名前 *A Visit from Saint Nicholas* であり、通常であれば最後の内容語の 'Nicholas' が焦点語になるはずである。しかしここでは、'visit' が焦点語になっている。これは狭い焦点で、「ある家庭にサンタクロースが煙突から忍び込んでプレゼントを置いていく」という絵本の内容を反映して 'visit' を強調したものと考えられる。次の区切りは 'picture book' という最後の内容語が焦点である。これは広い焦点で「絵本で出版された」という内容全体を大事な情報として示している。なお、'picture book' は複合語であり、語強勢は複合語全体で1つであり 'picture' の方にある。'And' 以降の文は

２つに区切られ「アメリカで広く読まれた」ということと「その当時」という
２つの情報のかたまりとして提示されている。

　第２段落においては、まず⑤の文は８つに区切られている。'but' まで
の第１文が主語部分と前置詞句部分で、各々一区切りとなる。'but' 以降の
第２文も、前置詞句、主語名詞句、'when' で始まる副詞節、さらに２つの
前置詞句で区切られる。第１区切りの主語句 'Moore's Saint Nicolas' につ
いては、これまでの 1700 年間にさまざまな描かれ方をしてきたものとは違
う「ムーアが描いた」Saint Nicolas を強調するために、焦点が 'Moore's' に
置かれている。つぎに、「この絵本では」および「Saint Nicolas は妖精とし
て描かれている」という２つの情報を、各々１つの意味のかたまりとして
提示している。それぞれ区切りの最後の内容語 'elf' と 'story book' が焦点
語であり、区切り内の情報全体がそれぞれ大事な情報であることが示され
ている。接続詞 'but' のあと、'the image of Santa Claus' という主語句をみ
ると、最後の内容語ではなく、'image' が焦点語となっている。'Santa Claus'
という最後の内容語は本文の流れの中では何度も出ている単語であり、繰
り返しなるために脱焦点化している。'image' に焦点語が移動することで話
のポイントがイメージであることが示される。これまでサンタクロースは異
なった時代に異なったイメージで描かれてきており、「1930 年代に」「再び
変わってしまった」と述べている。そしてその新しいイメージとは「陽気に
微笑む」「おじいさんのような容姿で」「ジュースの広告に出た」ことである
と述べている。各区切りの焦点語は 'smile', 'grandfatherly', 'advertisement'
である。'smile' は区切りの最後の内容語であるが、ほかの２つは最後の内
容語ではない。'as a grandfatherly character' が一区切りであり区切り最後の
内容語は 'character' である。意味内容の薄い 'character' という語ではなく
'grandfatherly' を強調していると考えられる。'advertisement for a soft drink'
でも最後の内容語 'soft drink' を焦点語にせず、'advertisement' を焦点語に
することでこの語を意味上強調している。

　⑥の文では、内容語（so と know）が焦点語であり、広い焦点となって

いる。最後の内容語は副詞 'today' であるが、実はこの単語は通例区切り
の最後にあっても焦点語にならない。そこでその左の内容語である 'know'
が焦点語となっている。日本語母語話者の感覚では 'today' に焦点がきそ
うに思うが、そうはならない。「今日私たちが知っているサンタクロースになっ
た」という結びの文全体が広い焦点であり、大事な情報である。

　以上が本文の分析であるが、非常に簡易な分析であって、とくに専門的
な知識に基づいたものではない。音読をさせるからには、リズムとイントネー
ションについて、もっとしっかりとした理論的な裏付けをもった指導が必要
である。正確な英文内容理解と表現力向上のためには、学術的な基盤を
もった支援・指導がどうしても必要であり、音声に関する専門的な知識を
教師が積極的に取り入れなければならないと実感させられる。強勢やイン
トネーションは、そう簡単にはマスターできるものではないので、最初から
諦めずに、完璧ではなくとも、生徒とともに試行錯誤しながらコツコツと学
び続けることが重要であろう。

7.4 考察とまとめ

7.4.1 強勢と焦点語の指導効果と留意点

　文のイントネーションには強勢と焦点語が不可欠であり、この 2 つについ
ての指導効果と留意点についてとくに重点を置いて述べる。焦点語は各区
切りに 1 つあり、はっきりゆっくり発音する。しかしそれは、焦点語全体がはっ
きりゆっくり発音されるということではない。焦点語の語強勢をもつ音節
がはっきりゆっくり発音されるということなのである。そこで、高校生には
何よりもまず、語強勢をしっかりと習得させなければならないということに
なる。単語レベルにおいては、どうしても、日本語の影響で発音が平坦で
いわゆるカタカナ英語的な発音になってしまいがちである。2 行目 'history'
を「ヒ・ス・ト・リ・ー」、3 行目 'reindeer' を「レ・イ・ン・ディ・ア」といっ
た具合である。'history' は日本語リズムでは 4 拍または 5 拍、'reindeer' も 5
拍である。これに対し、英語は 1 語につき強勢が 1 つ、または音節数に

応じて 2 つであることを理解させ、個々の単語に記号を付し、その部分に強勢をつけて発音させなければならない。

　本時では、各語の強勢が置かれる箇所に記号を付し、それをみながらリスニングあるいは音読を試みた。記号を意識しながら CD を聞いたあと、音声無しで記号を頼りに強勢をつけながら音読をさせてみたところ、平坦な、いわゆる棒読みはかなり改善されていた。シャドーイングでは音を即模倣して重ねていくので、強勢を多少意識しながら音読できるが、それ以外の音読練習では、音が耳に残っているか、あるいは各語の強勢を知識として知らない限り、正しく発音することはできない。記号を用いれば、授業で数回 CD や教師のモデルリーディングを真似て練習しておけば、自習時や音声のない環境においても、各自で音声を復元して音読練習ができるのである。

　強勢をおさえた上で、つぎに、高校ではまだ馴染みの少ない焦点語という捉え方について、考察と検討が必要である。語の強勢は各語固定の固有のもので意味の違いにはあまり関与しないが、焦点語はコミュニケーションという点において、文中でどの語に強勢があるかで意味に違いが出てくる。したがって、話者の意図によって強勢に変動が表れることを生徒に理解させることが重要である。焦点語の基本として、最後の内容語が最も強勢を受け、声が上がり下がりする。簡単にいえばゆっくりはっきりと発音され、声の上下がある。しかし、音声学・音韻論の素養がある教師は別として、この最も基本的な知識と発音のスキルが、学校英語の音声教育ではきちんと取り上げられたことがほとんどない。教師はもちろん、生徒も、焦点語についての知識が不足しており、逆説的ではあるが、新たな発見として意識しやすいといった側面もある。また、文章のニュアンスも焦点語の移動により変わってくることを知れば、焦点語がコミュニケーションにとって非常に重要な情報を含んでいることが理解できる。さらに、焦点語は 1 文に 1 つとは限らず、意味のかたまりにおいて起こることも付け加えておかなければならない。

本時ではとくに焦点語については、ややおおげさに発音練習させることで意識付けを強調した。焦点語は各文に必ず存在するので、リスニング、音読それぞれにおいて焦点語の箇所を、話者の意図を十分に意識しながら練習するよう促した。留意点としては、教師側が十分な知識を準備し、臨機応変に適切に判断することである。音韻知識の応用についての十分な実践研究や検証に裏付けられた教授法も確立しておらず、普段の授業でもあまり触れていないので、あやふやな自己流の知識や判断で記号を付すことを避けられない。音声現象や音声変化は、実際の発話において複合的に表れることもあり、項目を独立して習得するよりは多岐にわたる音声現象をできるだけ認識するように努力するしかない状況である。高校に有用な音韻指導の方法確率が待たれると実感する。

　記号を用いた効果は、強調したいことの1つである。本実践における最大の効果は、英語の発音やイントネーションが飛躍的に向上したのは言うまでもなく、生徒たちが自信をもって英文を読めたということである。これまでは、CDや教師のモデルリーディングを、まるでオウム返しのように何の根拠もなく真似をして読んでいただけである。そして、さまざまな音声現象や焦点語に関しても何の意識もなくただ真似をしていただけである。しかし、本授業では、個々の音声現象についての知識を理解した上で、しかも記号によって自分の目で確認しながらリスニングや音読練習をしたので、自らの意識付けによって納得しながら練習ができていた。これは、単なる真似ではなく、アクティブで自発的な活動であるといえる。これまでは、リスニングにおいて、音声変化によって聞いたこともないような単語に聞こえたり、ものすごく速く聞こえたりして、理解や認知に至らずにいた未解決のものが、意味をもって理解し、捉えられるようになった。また、音読においては1度聞いただけで脳裏から消えてしまった音声情報でも、記号を根拠に復元され英語を正しく読むことができた。これらがどうやら生徒たちの自信につながったようである。

　もう1つの効果・利点としては、自主的に音声を客観的に把握し、練習

第7章 音声現象の記号化と高校における英語発音指導　199

効果を上げることができるということである。学校の授業では、CDなどの音声機器を使用して練習ができるが、家庭ではそういう環境下ではない場合がほとんどである。個人のCDを購入する生徒はほとんどおらず、ダウンロードできる場合もあるが、利用者は少ない。自習時の教材・環境整備は、手間を避けることにより疎かになりやすいという実態があるかもしれないが、記号を付した英文であれば、より手軽に練習することができるのである。とくに威力を発揮するのは、授業中のペアワークであり、お互いに記号に基づいて練習できるので、音声で確認しなくとも、ある程度記号を頼りに正しいかどうかの判断が可能である。

　本実践のように個々の音声現象について一度でも詳細に説明と練習をしておけば、それ以降の授業における音声指導に非常に役に立つ。連結や脱落等によって発音が難しくなっている箇所を重点的に取り上げ、記号を付して確認したり、記号に基づいて音読練習を行ったりすることができる。また、文章の意味について考察する際には、焦点語を確認することにより適切な英文解釈が可能になる。教師と生徒が音声現象について共通理解をもって授業に臨むことで、より効果的な音声指導が力を発揮し、生徒の英語力も向上するであろう。

7.4.2 事後指導と課題

　実践した授業の後、学んだことを定着させるため、普段の教科書本文のリスニングや音読活動に導入するだけでなく、ディクテーション活動、英語のスピーチ、英語によるプレゼンテーション等への活用を心がけた。

　ディクテーション活動においては、正解を確認する際に音声現象の記号を記入させるようにした。記号を書き入れることで、できなかった箇所でどのような音声現象が起こっていたのかを確実に確認することができるようになった。そのうえで記号を記入したスクリプトを見ながらCDにあわせて音読練習をした。生徒のほとんどが、聞き取れなかった音声現象を意識しながら確実に聞き取れ、音読できるようになっていた。

英語のスピーチ指導では、スピーチコンテストに出場する生徒の練習に取り入れた。ALT に音読してもらった音声を聞きながら、スクリプトに音声現象の記号を入れ、その後その情報に基づいてスピーチ練習をした。プレゼンテーションの練習も同様に行った。その結果、すべての生徒において、よくみられる棒読み的なものや、日本語のリズムでの発話などはみられなくなり、かなり英語らしい発話ができていた。驚くべき進歩である。

　このように、音声練習に記号を取り入れることにより、確実に英語の発音やイントネーションがこれまでより画期的に向上した。音声指導を受けて成功体験をもつまでは、英語の発音の良し悪しは、個人の能力やセンスのいい人だけが、なんとなく上手にしゃべることができるといったような漠然とした認識があったが、本章で紹介した指導方法により、確実に全員が英語の聞き取り・発音・発話の能力が上達した。この指導は手探りの中で実践され、体系的に確立されたものではないが、それでも、生徒たちがみせてくれた改善の足跡は、今後さらなる知識と実践の必要性を我々教師に知らしめるに十分である。

　問題点や課題についても考えておきたい。音声現象を学習させること自体には問題点などあるはずもなく、むしろこれまでの英語教育の反省からもっと英語学習の早期から音声現象について学び慣れ親しんでおくことが必要であることは、校種に限らずどの教師ももつ思いであろう。ただ、これが可能になるような状況が整っているかどうかが問題である。少なくとも指導する教師の知識と教科書等各種教材が提供する情報が十分であるとは思えない。英語教師は、それぞれ異なった方法で英語を学び、英語教育上の得意分野もさまざまである。英語の音声現象を前にして、すべての現象を理解して指導することができる教師が果たしてどれだけ存在するかを考えると、はなはだ心許ない。語彙、文法、解釈については、ほぼ 100% 近くを説明することができるかもしれないが、音声現象について適切にわかりやすく説明し、発音の見本をみせることが困難でない教師は存外少ないのではないか。どうしても CD のネイティブの発音を聞かせて音読やシャ

ドーイングをするだけで終わっているのではないだろうか。音読やシャドーイング活動そのものは非常に有効であることがわかっているが、その前段階として音声現象を理解した上で活動するほうが、はるかに効果が高いであろうことは、前節で述べたことからも明白である。音読やシャドーイングのような手法については幅広く知られており、導入している教員も少なくないと思われるが、音声学・音韻論に基づいた音声指導実践方法については、高等学校の授業に直結するようなものは、今のところほとんど見当たらないのが現状である。一方、音声学や音韻論等の学術書は数多く出版されているが、高校の現場で即、活用するには専門的すぎて、授業で活用するにはかなりの時間と工夫が必要である。検定教科書に目を向けてみても、体系的に音声現象を取り扱っているものはない。副教材のリスニング教材の中には、子音や母音などについて詳しく載せているものは多いが、音韻現象や焦点語といったようなことについてわかりやすく解説しているものはほとんどなかった。多少の解説があったとしても、単純化されすぎていて理解しにくく、実践向きとはいえなかった。したがって、今後検討しなければならないことは、教師がどのようにしてどの程度まで音声についての知識を習得するかということと、得た知識を現場でどのように高校生向けにアレンジするかということである。学校で使える教材と指導法を開発することが急務であろう。文部科学省は英語の4技能を育成することを学校教育に求めてきたが、聞く、話すという分野においては読み書きに比べてかなり立ち遅れているということは、英語教師であれば誰もが思っていることである。発音が下手でも通じればよいという考え方もあるが、リスニングにおいてはそうはいかないので、やはり音声重視の指導が必要である。また、英語が聞き取れれば話すこともできるので、両方において能力向上を目指した音声指導方法を開発することが求められる。

　教える側の態勢以外にもう1つの問題点としては、授業で練習した音声について、実際に英語を使う場面で活かされるかどうかという、言語生活上の現実を考える必要があるであろう。記号を用いると確かに音声現象を

はっきりと認識し、練習の際にも役に立つことは何度も述べたが、実際のネイティブの英語を聞いたときや会話をしたときに、学習体験が効を奏するかどうかということである。文字情報もなければ記号もない状態で、はたして教室で行ったような実践ができるかどうかである。今回の授業を受けた生徒の中には、英語のスピーチコンテストに出場したり、英語のプレゼンテーション発表を行ったりした生徒が 10 人弱いた。その生徒たちは何度も発話練習をしており、それなりに高いレベルで英語らしく発音できていた。しかし、それがこの授業で音声指導を受けたことによる効果なのか、本人たちによる努力やもともともっている能力なのかは定かではない。今後、指導を受ける前と後、受けた生徒と受けなかった生徒で、その後の能力の向上を何らかの形で測定し比較できるような教育効果の検証なども必要であろうと考えられる。

（朝田 正樹）

参考文献

川越いつえ（2007）『英語の音声を科学する』大修館書店 .

窪薗晴夫・溝越彰（1991）『英語の発音と英詩の韻律』英潮社 .

深澤俊昭（2000）『英語の発音パーフェクト学習事典』アルク .

渡辺和幸（1994）『英語のリズム・イントネーションの指導』大修館書店 .

PRO-VISION English Communication II. 桐原書店 .

多様な進路に応じた
英語音声指導
第8章
－センター試験受験者と非受験者それぞれの場合－

8.1 目的と背景

　一口に高校の英語の授業における音声指導といっても、大学に進学を希望する生徒が多く在籍する高校と、卒業後は就職を希望する生徒が在籍する職業高校では、生徒の英語学習に対する意欲や興味・関心が異なるのは当然である。したがって、それぞれの学校で生徒の実態に応じた指導法が求められる。本章においては、進学を希望する生徒に対する具体的な提案としては、大学進学希望者の半数が受験するセンター試験における発音問題の誤答分析を行うことで、高校生が間違いやすい発音問題の傾向を明らかにするとともに、手軽に利用できる放送語学番組にみられる指導法を授業に応用する方法について紹介する。また、授業のまとめとして教科書本文を生徒に音読させる際、生徒の学力に応じたフレーズリーディングの方法についても提案する。高等教育への進学やキャリア形成に役立つ高度の実践的英語力は、多くの人が望むものである。

　一方、高校卒業後は就職を希望する生徒に対する配慮も重要であり、グローバル化の波が押し寄せる日本でよき社会人として生活していくために、必要最低限の英語コミュニケーション力を身につけることができるような支援が必要である。社会生活に役立つ英語教育を志向し、授業におけるカタカナ英語の効率的な援用について提案する。これは、英語を原語とする借用語であるカタカナ英語を利用し、カタカナ発音と英語の発音の違いを生徒に意識させることで、英語らしい発音ができるようになることを目指す方法である。生徒にとって日常的に馴染みのあるカタカナ英語を、否定的に扱うのではなく授業に積極的に活用することが、生徒の英語学習に対す

る動機付けの向上につながると考える[1]。

本章の副題である「センター試験受験者と非受験者それぞれの場合」は、多様な進路希望をもった生徒に英語学習に興味・関心をもたせつつ、英語発音を重視した、通じる英語を平易なかたちで指導したいという思いを込めてつけたものである。また、必履修科目である「コミュニケーション英語I」の教科書において、新出単語の発音がどのように記述されているか、状況を把握するために、数冊の教科書を比較検討する。それぞれの教科書における単語の発音の記述方法の違いを考察することで、音声指導の問題点を指導者が再認識できる機会になればと思う。

8.2 センター試験の発音問題と誤答分析

センター試験において文強勢の問題は2009年を最後になくなり、2010年以降は母音と子音の発音、および語アクセント問題のみとなっている。発音問題の形式は毎年ほぼ同じで、(1)に示したような問題Aと問題Bの2種類である。問題Aは単語中の母音および子音の発音問題であり、問題Bは語アクセント問題である。いずれも4つの単語の中で他と違うものを選ぶ問題である。問題A、Bそれぞれの指示文は次のとおりである。問題Bでは指示形式に年度により多少の違いがある。

(1) 問題A　次の問いにおいて、下線部の発音がほかの三つと異なるものを、それぞれ下の①~④のうちから一つずつ選べ。
　　問題B　次の問いにおいて、第一アクセント（第一強勢）の位置がほかの三つと異なるものを、それぞれ下の①~④のうちから一つずつ選べ。

本章では、2011年から2015年までの5年間の問題について、正答率が50%を下回る問題を考察する。大学入試センターは小問ごとの正答率を公

---

[1] 竹内 (2010) は、カタカナ英語の指導の重要性を以下のように主張している。
外国語教育に従事するものは、アルファベット英語とカタカナ英語との間にある発音・アクセント・意味のズレを十分認識し、それをきちんと教えなければならない。そうすれば、いずれはそのズレは縮まり、正しい伝達力のあるカタカナ英語が生まれるであろう。

表していないので、以下の正答率は大手通信教育受講者のものを参考にしており、センター試験全受験者の正答率よりも若干高めの傾向があると推察される[2]。問題 A について正答率が 50% 以下となった問題は、(2a)〜(2c)に示した 3 問である。各問題に正答率、識別対象となる単音、出題年度を付記し、正答は網掛けにした。

(2)　　a. 正答率 24.1%　/ou/ と /au/ の識別問題 [2011 年度]
　　　　　① boast　② couch　③ glow　④ toe

　　　　b. 正答率 25.8%　/æ/ と /ə/ の識別問題 [2011 年度]
　　　　　① format　② instance　③ manage　④ passion

　　　　c. 正答率 40.9%　/z/ と /s/ の識別問題 [2014 年度]
　　　　　① ease　② loose　③ pause　④ praise

(2a) では、② couch の下線部を多くの受験者がローマ字読みしてしまい、/ou/ と発音してしまったのであろう。(2b) は、日本人学習者が苦手とする母音音素を聞き分ける問題で、アッシュ (ash) /æ/ とシュワー (schwa) /ə/ が取り上げられている。2 つの母音の音声的特徴の違いは決して小さくなく、問題としての難度は高くないものであるが、正答率が低いことから、受験者がいかに英語の母音音素の違いを聞き分けることに慣れておらず、発音する能力が定着していないかが推察される。(2c) は、外来語として慣習化されている「ルーズ」という読み方の影響により、'loose' の語末子音を有声音 /z/ であると誤認してしまったのであろう。

　問題 B について正答率 50% 以下となった問題は次の 3 問である。

---

[2] 大学入試センター (http://www.dnc.jp) は受験者の教科・科目ごとの平均点しか公表していない。Z 会 (http://www20.atwiki.jp/zwiki/pages/492.html) は受講生の設問別正答率を公表している。

第8章　多様な進路に応じた英語音声指導　　207

(3)　　a. 正答率 35.6%　　第一強勢位置が他と異なる語を選ぶ [2011 年度]

　　　　① ignorant　　② investment　　③ occupy　④ prosperous

　　　b. 正答率 43.5%

　　　　　　　　　見出し語と第一強勢位置が同じ語を選ぶ [2012 年度]
　　　見出し語 modern

　　　　① athlete　　② career　　③ fatigue　　④ sincere

　　　c. 正答率 36.7%　第一強勢位置が他と異なる語を選ぶ [2015 年度]

　　　　① consequence　② discipline　③ residence　④ sufficient

(3a) は比較的平易な問題であるように思われるが、正答率が低い。これは④ prosperous が多くの受験者にとって未知語であったからであろう。(3b)は、[ア][ス][リ][ー][ト]、[キャ][リ][ア]³ という外来語のモーラリズム的発音とともに、英語とは異なる日本語の語アクセント位置に影響を受けたものと考えられる。(3c)は (3a) と同様に、受験者にとって未知語が複数含まれていたことが影響したと考えられる。発音問題といいながら、語彙力を試す問題としての側面も感じられる。

8.3 英語由来外来語（カタカナ英語）

8.3.1 英語音声指導への応用

　2011 年から 2015 年の 5 年間のセンター試験の発音問題において特徴的なことは、外来語としてカタカナ表記で日本語の中に定着している語が多く取り上げられているということである。日本語母語話者が、英語の子音結合の間に母音挿入する現象はよく知られているが、母音挿入の結果音節

---

³ 池田・野中 (2008) は、97 人の大学生にカタカナ英語「キャリア」を原音どおりに発音できるか調査した結果、一人も本来の発音ができなかったとし、誤った発音が定着しているため、比較的新しく借用された語ですらすでに誤った形で定着していると指摘している。

構造が変化し音節数が増えることを矯正しないまま、つまり誤った音節認識のまま語彙学習が定着してしまうことが、強勢についての聞き取りの誤りを引き起こしていると考えられる。カタカナ英語を使うことには一定の意味もあるかもしれないが、英語音声指導を志向する場合には、母音挿入の定着を防ぐなどの対応をしなければ、聴力上大きな問題点となるのは明らかである[4]。

　一方、阿部（1994）や田中（2016）が指摘するように、外来語は、原語の意味が変異して使われる場合もあるが、学習者にとっては日本語として馴染みのある語である。原語の英語の発音と外来語の日本語発音の違いを体系的に指導することによって、学習者が英語の語彙を増やし、英語発音により敏感になるきっかけになるのではないかと考えられる[5]。

　実際、カタカナ英語の発音を、英語母語話者はそもそも英語として認識できるのであろうか。過去5年間のセンター試験に出題された英単語のうち、外来語として日本語の中で定着しているカタカナ英語34語について簡単な理解度テストを行ってみた。すなわち、これらの単語が日本語の影響を受けた音声的特徴をもって発音された場合、対応する英単語を英語母語話者が想起できるかどうかという実験である。公立高校に勤務する2人

---

[4] 安藤（1997）は日本人英語学習者のカタカナ英語発音による弊害を次のように指摘している。「外来語を英語として通用させるためにクリアすべき音韻上の障害は外来語と原語との間にあるアクセントのズレである。外来語の表記に当たって、原語の音韻体系を日本語のそれにはめ込んだのと同じように、外来語を発音する場合のアクセントも原語を無視し、日本式に置き換える傾向が著しい。」
[5] 阿部（1994）は、以下のようにカタカナ英語を肯定的に捉えている。「かつてはカタカナ語など英語の勉強に百害あって一利なしという意見が多かったのが、ここにきて、せっかくこれだけ身の回りにあるカタカナ語を何とか英語学習に生かせないかという動きに変わってきているといえる。もちろん日常生活に深く根ざしたものは、あまりに身近すぎてつい間違いに気づかないことが多いので十分に注意することが大切だろう」（阿部,1994:86-7）。また、田中（2016）も、「英語の単語力を育てる方法として、カタカナ英語を「通じるもの」と「通じないもの」に整理していくといいでしょう。その際に、発音のしかたの違いには、注意が必要です。「キャベツ」と cabbage、「バニラ」と vanilla など、日本語的な発音では通じません。発音に気をつけて、カタカナ英語を英語と日本語の架け橋にしてください」と述べている（田中茂範：読売新聞 2016 年 6 月 19 日曜版記事より）。

のALT（オーストラリア人男性とアメリカ人女性）に判定してもらうことにした。日本語発音でも理解できる場合に2点、理解できない場合を0点、語の意味をなんとか類推することができる場合は1点とカウントして、3段階で評価してもらった。ALTが外来語の意味と違う意味の別の英単語を想起してしまったので判定外としたものが34語中に2語あった[6]が、それ以外は実験は概ね成立した。聞き取りをしたALTは2人だけであり、この判定結果はあくまでも目安でしかないが、大変興味深いものがあった。テスト語32語のうちALTの両名がともに英語の意味を理解できた、または、ほぼ理解できたといえるのは、14語（44%）である。11語（34%）は両名ともに理解できなかった、または、ほぼ理解できなかったものである。残る7語（22%）は、ALTによって判定が分かれた語である。一方のALTが理解できる、他方は理解できないというまったく異なる判定となった。以上をまとめたものが次の表8-1である（テスト語と各語の判定結果は本章末尾に参考資料表8-3として掲げる）。

---

[6] この2語は「キャリア」と「グローブ」である。ALTは2人とも、日本語発音の「キャリア」をcarrierと認識した。山田（2004）が指摘するように、日本語の場合、第一母音にアクセントを置いて発音する場合が多い。「キャリア」（career）においても日本語標準語発音では第一モーラに強勢を置くことによりcarrierの意味であると判定したのであろう。「グローブ」（glove）については2人のALTはglobeと判定した。「グローブ」の発音がglove/glʌv/よりglobe/gloub/に近い音であると認識した結果であると思われる。

表8-1　カタカナ英語の理解度テスト判定結果

判定者(a)	判定者(b)	合計(語数)	テスト語（日本語）
理解 可能	理解 可能	14	カウチ、ジェンダー、ミュージシャン、オペレーター、ハンサム、ミッション、パーセント、ダイナミック、ハンバーガー、フォーマット、クラシック、カテゴリー、サバイバル、メーター
理解 不可	理解 可能	7	マネージ、ミディアム、フック（ホック）、ベーシック、シリアス、シンボル、タイトル
理解 不可	理解 不可	11	フェザー、ラフ、オーブン、ラベル、アスリート、タートル、ルーズ、パレード、ポーズ、ハンドル、カジュアル

　2人のALTがともに理解不可とした語には、「フェザー（feather）」と「タートル（turtle）」がある。内田（2008）は、日本語母語話者が訓練すべき子音として /f/ を取り上げ、対応する日本語の代替音 /h/ では、最小対立を明確に示すことができず、コミュニケーションの障害となる可能性を指摘している。一方、「タートル」(turtle) に関しては、/l/ の音で終わるダークLの発音を日本の中学校・高校では適切に指導する機会がないので、生徒が困難を感じる発音の1つであろう。五輪開催予定を前にして「アスリート（athlete）」が両者共に理解不可とされた点も考えさせられるものであろう。

　今回のテストに協力してくれた2人のALTは、日本人の英語発音にはある程度馴染んでいる。しかも何とか理解しようと最善の努力を尽くしてくれていた。それでも理解できない語がかなりあったということは、決して看過できるものではない。生徒にこういった事実、すなわち、自分たちの発音が母語話者に必ずしも通じるものではないという現実を教えることは、生徒の興味・関心を引くうえで有益であろうし、語レベルの音声指導をする際のヒントになるとも思われる。

8.3.2 英語由来外来語への日本語発音の干渉

英語由来の外来語はカタカナで表記されるが、その表記の仕方は下記(4)のように内閣告示によって示されている。長音に関する部分を引用する[7]。網掛けは筆者による。

(4) 「長音は，原則として長音符号「ー」を用いて書く。
　　　〔例〕エネルギー、オーバーコート、グループ、ゲーム、ショー、
　　　テーブル、パーティー、ウェールズ（地）、ポーランド（地）、
　　　ローマ（地）、ゲーテ（人）、ニュートン（人）」

この表記法に従えば、overcoat, game, show, table, Wales, Poland, Rome は、(4)の網掛け部分のようにすべて長母音発音となり、それに対応する英語の二重母音発音（下線部）と異なる音となる。こういった表記法の制約に加え、生徒は、二重母音を音素として認識しづらい母語音韻知識の干渉もあるため、間違った英語発音が強化されてしまうことになる。また、子音の後に母音を挿入する日本語の音韻構造のため、カタカナ英語発音が生徒の英語発音にも過剰般化される。このことに関して、安藤（1997）は、「外来語が英語学習に及ぼすデメリットについて発音面に限って言えば主としてこの子音を開音節化するカタカナ表記のせいである」と指摘している。カタカナ語発音は、外来語を日本語の音韻体系の中に日本語の語彙として取り込むことに貢献した反面、生徒が英語らしく発音する際の障壁になっているのは皮肉なことである。しかしながら、上記の外来語は日本語の中に広く浸透し、英語本来の意味で使われる場合も多いので、英語の標準的な発音と外来語発音の相違を対比しながら体系的に指導できれば、効果的な発音指導の一助となりうると考えられる。

ここで本章 8.3.1 で紹介した理解度調査の項目の中の「パレード」を検

---

[7] 内閣告示第二号平成三年六月二十八日

討しよう。この語は ALT にとって比較的認識が容易であろうと当初予測した。しかし、「パレード」を [パ][レ][ー][ド] と日本語らしく4拍で発音した場合、ALT は2人とも "parade" であると認識できなかった。日本語と英語を比べると、子音 /r/ の発音の精度、英語の二重母音 /ei/ が長音 [ー] を伴う別の母音となる点、そして英語の語末子音 /d/ が母音挿入により [ド] となるといったような違いが生じる。子音 /r/ の問題はよく指摘されるが、母音 /ei/ の長母音化は軽くみられがちである。また、語末の母音挿入の問題、閉音節の /d/ で終わる英語と、開音節 [ド] で終わるカタカナ英語の違いは、英語母語話者である ALT にとって大きな理解の障害になる。こうしたことから、カタカナ英語の「パレード」と英語の "parade" が結びつかなかったと考えられる。

　この問題を克服するため、具体的には、授業での息抜き (break time) として、生徒に簡単な発音チャレンジをさせてみてはどうであろうか。前述のセンター試験で出題されたカタカナ語になっている英語の中で、2人の ALT がカタカナ語発音では理解できなかった語「フェザー」「ラフ」「オーブン」「ラベル」「アスリート」「タートル」「ルーズ」「パレード」などの語を生徒にできるだけ英語らしく発音させて、ALT が理解できるかどうかをチャレンジさせる。ALT に通じない場合、なぜ通じないのか生徒自身に考えさせるとともに、その後、教師が適宜音韻論的説明をすれば、生徒に日本語と英語の音の違いに対する自発的な気づきを促すことになるであろう。このような学習活動によって、大学進学をとくに目標とせず、限られた英語語彙しか高校卒業までに習得しない生徒にとっても、既知のカタカナ英語をコミュニケーションに役立つ表現語彙 (active vocabulary) として有効活用することが可能になるであろう。教科書のほぼすべてのレッスンには、外来語として定着しているカタカナ英語が取り上げられているので、新出単語の発音指導とともに、これらのカタカナ英語の発音矯正を折に触れて行うことは、効果的な発音指導になると考えられる。

8.4 教科書における新出単語の発音表記

　語彙の発音指導の際、教師は教科書の新出単語を中心に指導する。そこで、教科書の中で新出単語の発音がどのように記述されているかを調査した。調査は、13 冊の「コミュニケーション英語Ⅰ」の教科書を対象として行った。13 冊中 11 冊は IPA のみの発音表記であり、残る 2 冊のうち *ALL ABOARD*（東京書籍）は、IPA 表記の後、カタカナとひらがなを混ぜて表記している。*COMET*（数研出版）は、IPA 表記とカタカナでの発音表記を併用している。結果一覧を次の表 8-2 に示す。

表 8-2　教科書「コミュニケーション英語Ⅰ」の発音表記

IPA 表記のみ	*MY WAY*（三省堂）, *LANDMARK*（啓林館）, *DISCOVERY*（開隆堂）, *NEW STREAM*（増進堂）, *WORLD TREK*（桐原書店）, *GENIUS*（大修館）, *COMPASS*（大修館）, *GROVE*（文英堂）, *VIVID*（第一学習社）, *POWER ON*（東京書籍）, *BIG DIPPER*（数研出版）
IPA とカタカナ表記の併用	*COMET*（数研出版）
IPA とカタカナ・ひらがな表記の併用	*ALL ABOARD*（東京書籍）

COMET（数研出版）では 'slowly' という新出単語に対して [slóʊli スロウリィ] というように、IPA とカタカナ発音表記を併記しており、強勢が置かれる母音は太文字 [ロ] にするなどの工夫をしている。中学初級レベルで英語学習につまずいた生徒にとっては効果的であろう。*ALL ABOARD*（東京書籍）では、いくつかの新出単語に対して、カタカナとひらがなを混ぜた発音表記を試みている[8]。たとえば、'secret' /síːkrət/ は、カタカナ英語では [シー

---

[8] *ALL ABOARD* の巻頭には、以下の説明がある。

　[平仮名の例] あ = [æ]　す = [θ]　ず = [ð]　ふ = [f]　る = [l]

クレット] と表記する。しかし生徒にとって区別しにくい /ʃi/ と /si/ の違い
を本教科書では [シ] と [スィ] と表記して対比させ、[スィークレット] といっ
たカタカナ表記で記されている。ただし、[スィーク] 部分の工夫は確かに
興味深いが、語末の [レット] では促音の [ッ] に発音上の問題が生じる可
能性がある。促音は日本語では 1 モーラとみなされ、[スィークレット] の [レ]
[ッ][ト] が 3 モーラになる。英語では /rət/ は 1 音節であり、音の長さが異なっ
てしまうことが予測される。指導の際、こうした点に注意が必要である。また、
'noodle' という語の発音表記は [ヌードゥる] である。語末のひらがな [る]
は /l/ を示す。一方、R 音はカタカナで [ル] と表記される。日本人学習者
の苦手とする R 音と L 音の区別を、ひらがなとカタカナの使い分けで表記
する工夫であるが、表記の区別に発音スキルも整合的に伴えば有益であろ
う。*ALL ABOARD* におけるひらがな・カタカナ併用の発音表記は、生徒
が困難に感じる音にとくに注意を喚起するための工夫のようである。中学
においては IPA による語彙の発音の仕方はあまり教えない。また高校にお
いても体系的な IPA による発音指導は行われていない。カタカナ・ひらが
な併用の発音表記という苦肉の策をもってしても、英語の音そのものを表
すことはできないため、指導者は英語本来の音や日本語の干渉などに十分
配慮しつつ発音指導をする必要があろう。

8.4.1 語強勢の視覚化

　新出単語の発音指導の際、指導者は教科書準拠の音声 CD や電子辞
書でモデルの発音を聞かせることに終始するだけで、ピッチや第二強勢の
説明をすることはほとんどない。

　アクセントのある音節の発音指導については、南條（2010:17-18）が以下
の（5）のように注意を促している。

（5）教室における発音指導では、英語のアクセントにおけるピッチの変化と
　　音の長さの重要性が十分に認識されているとは言い難い。しばしば「ア

クセントがある音節を強く発音しなさい」という指示がなされるが、実際には、この指示はあまり有効ではない。それどころか、日本人学習者の場合、強く発音するように指示されると、力を込めるあまり、かえって短くなることがある。（中略）われわれは、とくに音節の長さに注意を払い、アクセントがある音節を長く、アクセントがない音節を短く発音するように心掛ける必要がある。

また、第二強勢の指導の重要性については、窪薗 (1998:89) が以下 (6) のようなことを指摘している。

(6) 日本語が第2強勢という特徴をもたないために、日本語話者にとっては第2強勢をうまく発音できるかどうかが英語の上手下手を決める一つの鍵となる。外来語や地名を使って、第2強勢を正しい位置に確実に発音できるように訓練するのも一策であろう。

日本語	英語
インターナ⌐ショナル	IN.ter.NA.tion.al
マサチューセ⌐ッツ	MAS.sa.CHU.setts
テ⌐ネシー	TEN.nes.SEE

窪薗は高さを主体とする日本語の語強勢を「インターナ⌐ショナル」と表記し、第二強勢をもつ英語を「IN.ter.NA.tion.al」のように、第一強勢とともに第二強勢も大文字表記をすることで、視覚的に第二強勢の重要性を学習者に理解させようとしている。

8.4.2 文強勢の視覚化

センター試験においても教科書においても、語彙を対象にした問題や記述はあるが、文強勢やイントネーションには、なぜかほとんど触れられていない。NHK ラジオ英会話 (2015 年 4 月〜 2016 年 3 月)は、毎日異なったダイアログを提示し、その中でとくに重要な1文を取り上げ、発音のみならずリズム、イントネーション、同化、弱化などの詳しい解説をしている。また、そのテキストではキーセンテンスをより流暢に発音できるように、強・中・

弱の強さで発音される単語にそれぞれ ● ● ・ のように、強勢をわかりやすく視覚化して記述している。ダイアログのすべてのセンテンスの発音をメタ言語的に説明するのではなく、レッスンごとにとくに注意が必要な1文のみを、キーセンテンスとして取り上げることにより、学習者により集中させて音声指導をすることが可能になる。「1レッスン1キーセンテンス」のスタイルによって、学習者も英語音声に関して無理なく学習できる。これは、学校の授業においても十分応用できるものである。

　以下 (7) は、一般に強勢が置かれない機能語である代名詞 'I' に強勢が置かれる例である。文脈に依存して強勢が置かれることの説明とともに、キーセンテンスとして取り上げた文を、学習者がゲーム感覚で発音練習できるよう工夫がなされている。

(7) I have a flight to catch at 1:30 that day.
　　● ●　・　●　・　●　・● ●　・ ・

　「内容語の have, flight, catch, 1:30 が情報として重要です。ここでは互いに「私の予定は…」と確認し合うため、I を強める必要があります。that day は既出の情報なのであまり強めず、一息5回に挑戦しましょう[9]。」

　内容語、機能語という概念を高校ではあまり教えることはないが、高校生にとっても比較的理解しやすい概念であり、これらを教えることは、文強勢を指導する際の手助けになるものと考えられる。

8.5 音読指導

8.5.1 音読と発音指導

　今まで、語の発音、語強勢、文強勢について論を進めてきた。実際の授業においては、まとめ (consolidation) として、本文の内容を理解させた上でパラグラフ全文を生徒に音読させることがある。その際、指導書付属

---

[9] NHK『ラジオ英会話』　平成 28 年 1 月号：22

のスラッシュのついたフレーズリーディング用本文を利用することは有効であろうが、記された区切りが必ずしも各学校の生徒のレベルに合っていないということには注意すべきである。より自然な発話のために、どこにポーズを置くか、どの語とどの語がリンキングするかは、指導書で提示されたスラッシュに従うだけでなく、生徒の学力や実態に応じた工夫が必要である。指導書で提示されたモデルとなるフレーズリーディングを目標としつつも、もう少しスラッシュを多く設定することで生徒の発話を助けることになることもある。

　以下 (8) は高校 3 年生で使用された「コミュニケーション英語Ⅲ」の指導書で提示されているフレーズリーディング用本文の事例である。ALT と授業の進め方について打ち合わせをする際、指導書で提示されているスラッシュに従って生徒に音読練習させることができれば理想的かもしれないが、生徒の実態に合っていないということで ALT と意見が一致したため、対応策を検討した。意味のまとまりをより細切れにすることによって、自然な英語の発話の流れを止めることは避けるべきであるが、生徒の能力に応じた適切な配慮も必要であるという考えのもと、以下 (8) のようにスラッシュを付け加えた（網掛け部分 (A)～ (N)が新たに付け加えた部分）。

(8)　　"The Death Merchant Is Dead[10]." // This newspaper headline /(A) reported the death of Alfred Nobel / on April 13, 1888.// Nobel,/(B) the inventor of dynamite, / sadly put down the newspaper. // No,/(C) he was not dead / —his brother Ludwig /(D) had died the day before, /and the French newspaper had made a mistake. //

All the same, /Alfred Nobel was disturbed. // Was this the way / ① the world was going to remember him? // He had invented dynamite /(E) to save lives /—lives that would be lost / in building tunnels /(F) and railroads / with earlier explosives. //

---

[10] Lesson8 Alfred Nobel: A person of Peace（*BIG DIPPER*, 数研出版）

Nobel was very upset about the image / that the world had of him. // Then, / in 1895, / when a Swedish adventurer/(G) announced plans for a North Pole expedition, / Nobel was inspired. // Now he knew / ② what to do/(H) with his wealth. // In his will, / he instructed people / to use his entire fortune / to honor leaders of science, /(I) literature, /(J) and world peace. // Alfred Nobel died in 1896. // People were amazed / when they learned of his plan. //

Even though/(K) the report of his death/(L) had been a mistake, / the decision / ③ he made /(M) because of this error / gave the world the image / ④ he wanted: / Alfred Nobel, /(N) a person of peace. //

ALT によれば、②と（H）、（K）と（L）のそれぞれどちらか1箇所にスラッシュをつけるのは許容されるが、両方の箇所にスラッシュをつけるのは不自然であるということであった。指導書では①、③、④の箇所にスラッシュをつけているが、この箇所は関係詞の省略部分であり、それぞれ先行詞の the way, the decision, the image と後続する修飾語が意味のまとまりをなしているので、ALT はこの箇所のスラッシュに違和感をもった。指導者は与えられた教材が自然な発話に基づいたものかどうかについて、母語話者である ALT ときめ細かな確認作業を行うなどして、常に注意を払う必要があろう。

　生徒に音声指導をする際に、与えられた教材が生徒の学力や実態に沿う適切なものであるかどうか、しっかりと確認しなければならないのは言うまでもない。その際、日本人教師が教材研究のためにインフォーマントとしての ALT をできるだけ多く活用することは大変意義のあることだと思われる。

8.5.2 センター試験非受験者への音声指導

　高等学校学習指導要領解説では、英語編「第3章 英語に関する各科目に共通する内容等」（p54）において具体的な英語の使用場面を例示し、英語のそれぞれの科目と有機的に関連付けて英語を指導するように解説している。生徒の身近な暮らしや社会での暮らしにかかわる場面のうち、中学校では「家庭での生活」、「学校での学習や活動」および「地域の行事」の3点があげられている。社会生活を営む上で、生徒は家庭、学校、地域社会へとその行動範囲を広げながら人とかかわるという観点から設定されたものである。

　高等学校においては、中学校での指導を踏まえ、「地域での活動」および「職場での活動」が新たに加えられている。中学校では「地域の行事」の場面が取り上げられ、日本の伝統文化など地域の行事について説明する活動が扱われているが、高等学校における「地域での活動」の場面では、ボランティア活動等、より広範囲にわたる地域での社会活動の場面を扱う。「職場での活動」とは、国際化が進展する中、英語を使って国内外の職場で働く場面を想定したものである。

　しかしながら、高校卒業後、就職を目標とする生徒にとっては、社会生活を営む上で最低限必要とされる英語の知識として、もう少し基礎・基本を重視した指導がなされてもよいのではないかと思われる。たとえば、新聞を読んで、その中で使われているカタカナ英語の意味とスペリングがわかり、関連・対応する英語の発音ができるようになることを基本として始めてみてもよいであろう。そして、発展・応用レベルとして、英語を使って国内外の職場で働くことができる能力を育成するような目標を設定する方が現実的であり、無理のない指導ができるであろう。

　以下（9）は2016年8月28日付読売新聞朝刊社会面の1ページから、カタカナ英語を抜き出してみたものの一覧である。

(9) [記事]

食品ロス、ビジネスモデル、他府県ナンバー、パンくずをリサイクル、コンビ
ニチェーン、ネット販売、ショベルカー、ブランド豚、メリット、パート従業
員、タクシー、メール、3 分の 1 ルール、メーカー、スーパー、イオンリテール、
マイナスイメージ、サンダル、会員制通販サイト、コストの削減、900 万トン、
400 メートル、防犯カメラ、全地球測位システム（GPS）

[広告]

不動産活用ローン、マイホーム、リバースモーゲージ、パイオニア、サポート
校、エリア、フリースクール、アクセス、フォーラム、ダイヤ、個別相談ブース、
カウンセリングコーナー、図書カード、メディカルオープンセミナー、研究セン
ター、パンフレットコーナー、プレゼント、メールアドレス、フォーラム、ホー
ル、メディカルサロン

(9) をみると、新聞のほんの 1 ページだけでもこれだけ多くのカタカナ英語
が使われている。これはカタカナ英語がいかに日本語の中に受け入れられ
ているかということの証左である。しかし、その中には意味とつづりと発
音に関して、多くの生徒が難しいと感じるものが含まれている。たとえば、
意味とつづりでは、「イオンリテール」の「リテール」（'retail'）、「GPS」、「リバー
スモーゲージ」（'reverse mortgage'）などは高校における必修単語ではな
い。生徒はこれらのカタカナ英語や「GPS」などの頭文字（acronym）の意
味を、自身の不確かな知識をもとに判断することになる。また、発音では「ビ
ジネスモデル」の「モデル」（'model'）は、生徒にとって日本語として馴染
みのある語であるが、[モ][デ][ル] が 3 拍であるのに対して、'mo・del' は
2 音節であり、しかも語尾の /l/ はダーク L の発音である。「ショベルカー」
の 'shovel' /ʃ'ʌv (ə) l/ の /ʃ/、/ʌ/、/v/、およびダーク L はいずれも生徒が苦手
とする発音である。「イオンリテール」の「リテール」（'retail'）、「コンビニ
チェーン」の「チェーン」（'chain'）などは、本章 8.3 で触れたように、英語

の二重母音を長音として発音する日本語発音の干渉により、日本語発音のままでは英語母語話者に通じないカタカナ英語である。日常的に日本語の中に受け入れられている、これらのカタカナ英語に対応する英語を、生徒が正しく理解し、発音ができ、そして使えるように指導することが、センター試験非受験者への音声指導の第一歩であると考えられる。

8.6 まとめ

「多様な進路に応じた英語音声指導」に向けて論を進めてきたが、一概に音声指導といっても、学校の種類、生徒の学習意欲など多様であり、1つの指導法がすべての高校で有効であるなどということはありえない。普遍的な指導法というものはないであろうが、音声指導の核になる基本的知識や指導理念はあるはずである。そのような一縷の願いを込めて次の (i) 〜 (iii) の 3 点を指摘・主張して、本章のまとめとしたい。

まず、(i) 日本語の中に氾濫する英語由来の外来語のカタカナ発音と、本来の英語の発音の違いを授業の都度に指導することは、生徒が英語発音により敏感になるきっかけになりうる。また、(ii) 教科書のキーセンテンスや発音しづらい 1 文を 1 時間の授業で精選して取り上げ、生徒に集中的に練習させることは有効な指導法になりうる。そして (iii) 英語母語話者 (インフォーマント) である ALT と JTE の協同によって、生徒の実態に沿い、かつ、多様な進路選択に応じた教材開発が可能であり、その努力が多様な目的をもった生徒に対するコミニカティブな音声指導を可能にする第一歩となるのである。

参考資料

　次の表は2011年から2015年までに出題されたセンター試験発音問題の語彙と対応する外来語（カタカナ語）を示す。表中の「数字2」はカタカナ語を聞いて対応する英語を想起できた場合、「数字1」はあやふやな場合、「数字0」はまったく想起できなかった場合、「？」は本来の意味と違う意味を想起した語である。

表8-3　カタカナ英語の理解度テスト判定結果

判　　定			カタカナ語	対応語
オーストラリア人 ALT	アメリカ人 ALT	合　計		
2	2	4	カウチ	couch
2	2	4	ジェンダー	gen・der
2	2	4	ミュージシャン	mu・si・cian
2	2	4	オペレーター	op・er・a・tor
2	2	4	ハンサム	hand・some
2	2	4	ミッション	mis・sion
2	2	4	パーセント	per・cent
2	2	4	ダイナミック	dy・nam・ic
2	2	4	ハンバーガー	ham・burg・er
2	2	4	フォーマット	for・mat
1	2	3	クラッシック	clas・sic
1	2	3	カテゴリー	cat・e・go・ry
1	1	2	サバイバル	sur・viv・al
1	1	2	メーター	me・ter
0	2	2	マネージ	man・age
0	2	2	ミディアム	me・di・um
0	2	2	フック（ホック）	hook
0	2	2	ベーシック	ba・sic
0	2	2	シリアス	se・ri・ous
0	2	2	シンボル	sym・bol
0	2	2	タイトル	ti・tle
1	0	1	ポーズ	pause
0	1	1	カジュアル	cas・u・al
0	1	1	ハンドル	han・dle
0	0	0	フェザー	feath・er

0	0	0	ラフ	rough
0	0	0	オーブン	ov・en
0	0	0	ラベル	la・bel
0	0	0	アスリート	ath・lete
0	0	0	タートル	tur・tle
0	0	0	ルーズ	loose
0	0	0	パレード	pa・rade
?	?	?	キャリア	ca・reer
?	?	?	グローブ	glove

（沖守 紀人）

参考文献

阿部一（1994）『カタカナ英語の勘違い』日本経済新聞社.

安藤邦男（1997）「カタカナ英語と英語教育(2)」名古屋経済大学・市邨学園短期大学人文科学論集 61 号, 1-23.

池田祐子・野中昭彦（2008）「メディア英語が言語習得に与える影響」福岡大学人文論叢第 40 巻第 1 号, 39-64.

井本和範・坪田康・河原達也・壇辻正剛（2003）「英語韻律発音学習支援システムのための英語文強勢のモデル化と自動検出」日本音響学会誌 59 巻 4 号, 183-191.

内田浩樹（2008）「日本語母語話者が訓練するべき英語の音素」鳥取環境大学紀要第 6 号, 39-48.

川越いつえ（1999）『英語の音声を科学する』大修館書店.

窪薗晴夫（1998）『音声学・音韻論』くろしお出版.

竹内研四郎（2010）「カタカナ語を利用した英語語彙指導」東京都立産業技術高等専門学校研究紀要 4, 66-71.

田中茂範（2016）読売新聞 2016 年 6 月 19 日（日曜版）.

中條清美・吉森智大・長谷川修治・西垣知佳子・山﨑淳史（2007）「高等学校英語教科書の語彙」日本大学生産工学部研究報告 B（文系）第 40 巻, 70-92.

南條健助（2010）『英語研究と英語教育』大修館書店.

山田隆敏（2004）「外来語としてのカタカナ語と英語教育環境」奈良大学総合研究所所報 13, 15-27.

内閣告示第二号平成三年六月二十八日『外来語の表記』

高等学校学習指導要領解説 英語編『第 3 章英語に関する各科目に共通する内容等』

発音練習における
ALT の役割を再考する | 第 9 章

("**Re-imagining the Role of Assistant Language Teachers in Pronunciation Practice**")

[概要説明]

　文部科学省は、英語教育においてオーラル・コミュニケーション能力の向上を奨励する方向に舵をとり、その方針と連動して母語話者の ALT が教師の補助的役割を担うべく導入された。そのような言語施策と ALT のかかわり方については、コミュニカティブな授業を目指しているはずの教室において、必ずしも理想どおりの実施にはなっていない状況がある。その原因として、英語文化圏の価値観とのギャップを知る筆者としては、伝統的・儒教的な日本の価値観による勉強方法や師弟関係の特性が影響していると考える。グローバル社会が喧伝されていても、海外の教育事情を知る機会がなければ、国の教育のあり様を客観視することは簡単ではない。その点において、この章で母語話者の ALT 経験者自身によって語られる ALT 観は、教育文化的な観点から興味深い観察内容が含まれている。

　本章では、JET プログラムによる ALT 担当経験をふまえ、母語話者英語教師としてのさまざまな経験を内省的実践により振り返りながら、英語教育における ALT の役割について、文科省の基本方針を踏襲しつつも、独自の解釈と提案が展開される。身体性の高い表現活動は ALT の役割が最も輝く可能性のあるもので、そこでこそ、英語教師と ALT が教室で直面する問題を協同で検討し授業案を組み立てることができれば、そして、授業実践においても相互対話的なかかわりをもってティームティーチングを実施することができれば、望ましいと述べる。

　とくに、発音指導において、精度の高い調音だけでなく、文脈や場面に応じたプロソディがどのようなものであるかを教えるため、ALT たちも音声

学・音韻論を含めて文法・語法などを一定水準で学べば、JTE が必要とする情報を適材適所で提供したり、通じる英語発話のリアリティを子供に伝えたりすることができるはずであると主張する。ALT は、単なる CD の音声の代替としてではなく、個別の活動に適した役割を柔軟にはたすべきであると訴える。

9.1 Introduction

To better prepare the young people of Japan to cope with internationalization and globalization, the Ministry of Education transformed English language education in 1989 by introducing the concept of communicative competence, and through the Japan Exchange and Teaching Program（hereafter referred to as JET）, brought hundreds of native English speakers into the Japanese classroom. A variety of reforms and policies continue to be introduced to encourage English oral communication skills and communicative language teaching. Japanese Teachers of English（hereafter referred to as JTE）and Assistant Language Teachers（hereafter referred to as ALT）must find a way to incorporate government reforms that support communication-based methods into a knowledge-based curriculum.

Including non-permanent ALTs in the classroom curriculum can be particularly challenging for a fixed curriculum and as a result, their responsibilities often begin and end with modeling pronunciation. The underlying effects of teacher beliefs can add to the confusion when implementing these opposing pedagogies. If teachers and language assistants are able to explore their difficulties through reflective practice, they can discover the fundamental reasons behind the perceived issues. That is, rather than searching for how to solve a problem, they can explore why there is a problem and thus respond appropriately to their unique situations.

My own experiences as an ALT from 1993 to 1996 have had a strong influence in shaping my views about my role as a language instructor. During the classroom research I conducted for my master's thesis in 2014（Kuroda,

2015) I felt that I was viewed more as an English entertainer than as an educator. I realized my experiences as an ALT had a direct impact on my behavior in the classroom and perception of myself as an educator long after I left the role of assistant. This initial inquiry and sense of discomfort led me to delve further into the perception of the ALT's role in the English language curriculum of the Japanese public school system, specifically in the area of pronunciation.

9.2 Pronunciation and English language education

With the 2020 Tokyo Olympic and Paralympic Games on the horizon, the English proficiency of Japanese people is taking on a new urgency. Under MEXT's 2014 Reform item 5 the enhancement of the education system, the recommendations include: (1) sending ALTs to all elementary schools by 2019, (2) promoting the use of ALTs in junior and senior high schools, (3) enhancing training in phonetics for English education in elementary schools, and for communicative purposes during lessons in junior high and high schools.

Bringing oral communication skills into an environment that values proficiency measured by testing is one of the many challenges English language teachers face when they enter their classrooms. The emphasis on preparing students for paper-based exams coupled with JTEs' lack of confidence in their own English fluency and training may result in less time for practical language skills. Pronunciation is rarely emphasized within the English language syllabus in Japan, often relegated to a few short drills if or when time permits, but intelligible pronunciation, especially prosody (i.e. rhythm and intonation) is important for successful communication in English (Celce-Murcia, Brinton & Goodwin, 2010).

The incorporation of phonetics and pronunciation in English language education can bring awareness to the musicality of the spoken language and with it, authentic communication and improved listening comprehension (MacCarthy, 1976) as Japanese students and teachers learn to identify previously unrecognized speech sounds. This understanding can provide the missing ingredient for the development of English communication skills as activities move away from the mechanical practice of memorized phrases towards meaningful communication by focusing on how the phrase is spoken. Pronunciation can also provide the reasoning to include activities such as singing, storytelling, drama, and improvisation; enjoyable activities that are given short shrift in the classroom based on the mistaken belief that they are purely for fun and not for oral/aural fluency, a major factor in English communication and proficiency. It is in this context where ALTs in team teaching situations can provide valuable insight into their native language and rich sources of information about their culture thus allowing them to have a more active role in the classroom.

9.3 Globalization and English language education in Japan

English language education and its connection to globalization can be traced to the mid-1800s and the Meiji Restoration, when the entire country, directed by the government, began the process of becoming more westernized (Fujimoto-Adamson, 2006) after centuries of self-imposed isolation. It was during the Meiji era (1868 - 1912) that the Ministry of Education was formed and in an effort to catch up with the West, a public education system was established (Dolan & Worden, 1994). In addition, nearly 3,000 Westerners were invited to teach about their areas of expertise (Fujimoto-Adamson, 2006). This enthusiasm with Western educational ideas was short-lived and by the 1890s there was a return to Confucian precepts, many of which can still be seen in Japan's classrooms today.

Confucian precepts were stressed, especially those concerning the hierarchical nature of human relations, service to the new state, the pursuit of learning, and morality. These ideals, embodied in the 1890 Imperial Rescript on Education, along with highly centralized government control over education, largely guided Japanese education until the end of World War II. (Dolan & Worden, 1994:134)

After World War II, there was a return to Western ideas and methods, but they were and continue to be adapted to fit the foundation of the confucian-based Japanese education system (Dolan & Worden, 1994).

9.4 The JET program

MEXT started the JET Program in 1987 to improve foreign language education and develop international exchange by recruiting native English speakers to participate in the program. Now in its 30th year, the program consists of nearly 5,000 participants, mostly ALTs, from 40 countries who are hired to model English pronunciation and provide the opportunities for EFL learners in Japan to participate in oral communication (JET, 2016a). In addition to the JET Program, ALTs can be hired directly by local government agencies, or employed by dispatch or service companies with the number of ALTs working in junior high schools alone totaling 7,890 (MEXT, 2011b).

9.5 ALT roles and responsibilities

Although "the activities and duties of MEXT are all-encompassing within the realm of education" (JET Program, 2016b) there seems to be no concrete job description for ALTs on the JET Program provided by MEXT. Typical duties for the ALT are listed on the JET Program website as "team-teaching, or assisting with classes taught by JTEs/JTLs, assisting in the preparation of teaching materials, participating in extra-curricular activities with students." However, "[a]ll JET participants, regardless of their title, are here for the same reason: to interact with local communities [sic] to promote internationalisation [sic] at the local level." (JET Programme, 2016c). Qualifications for participating on the JET Program as ALTs support this vague notion of promoting internationalization. Candidates must be *authentic* representatives of their home countries and must be nationals, not just permanent residents, of the country where recruitment takes place. In addition, those who have dual nationality with Japan must renounce their Japanese nationality to be considered for a position and candidates who have lived in Japan for six or more years are automatically disqualified. Linguistic knowledge about the native language, e.g. English, is not required. There is, however, a detailed description for language ability, specifically pronunciation skills:

> Be adept in contemporary standard pronunciation, rhythm and intonation in the designated language (e.g. English for those applying from English-speaking countries) and possess excellent language ability that can be applied accurately and appropriately; have ability to compose sentences logically. (JET Program, 2016d)

Teaching qualifications are not required, but can be acceptable in lieu of a Bachelor's degree. The remaining criteria focus on having enthusiasm for living and working in Japan. Without teaching certification and training, it is unlikely that ALTs are in the position to offer pedagogical or curriculum development, and other than being examples of their home countries, there is no indication that these ALTs have the qualifications to "improve foreign language education" [1].

In 2011, the Commission on the Development of Foreign Language Proficiency outlined "five proposals and specific measures for developing proficiency in English for international communication" in a document of the same title (MEXT, 2011a). In it the role of the ALT as "a valuable asset increasing opportunities for students to come across practical English, and to actually use English by themselves, in the course of team-teaching and other activities" (p.7) is clearly defined. ALTs are not employed as language instructors, but as representatives of their native language. Clearly, the responsibilities of English language education, including learning new

---

[1] From JET Programme website "The Programme was started in 1987 with the purpose of increasing mutual understanding between the people of Japan and the people of other nations. It aims to promote internationalization in Japan's local communities by helping to *improve foreign language education and developing international exchange* at the community level. [italics mine]

methods, adapting government reforms and implementing changes in EFL classes lie with the JTEs.

9.6 Authentic vs. genuine

Where ALTs can shine is in communicative activities and in oral skills, specifically prosody. As prosody is how we convey meaning in language, it has a direct impact on communication.

Authenticity is usually centered on 'things' such as reading materials. For example, if reading materials were created with an audience of native speakers in mind, it is considered 'authentic'. These materials are often held in high regard as they represent proficiency in language learning. If one is able to engage with authentic material aimed at native speakers, then one has achieved the highest level of language proficiency. Materials, such as EFL course textbooks that are created to assist learners of the foreign language, are not considered authentic.

Henry Widdowson (1990) makes a distinction between "genuine" and "authentic" that may shed some light on the confusion that surrounds the role of the ALT in the EFL classroom. He defines "genuine" as textual data generated by a native speaker, and "authentic" as the learners' engagement with the language (p.45). MEXT documents clearly point toward ALTs fulfilling the role of "genuine" assets with "asset" defined as "a useful or valuable thing or person" [2]. If ALTs and JTEs are made aware of the difference between the two terms and how the ALT fulfills the role as a genuine asset as determined by MEXT, then teachers and assistants can have a clearer idea about their roles in the EFL classroom. Teachers can move towards providing opportunities for *authentic* interactions with *genuine* materials (e.g. ALTs).

Communicative Language Teaching (hereafter referred to as CLT) with its focus on "real" communication (Richards, 2006) promotes this idea of "authentic" interaction with the language. However, the grammar-translation

---

[2] http://www.oxforddictionaries.com/definition/english/asset

第 9 章　発音練習における ALT の役割　　231

method is still often used in Japanses classrooms to teach EFL. Sakui (2004) notes that the two opposing methodologies, with differing objectives for English language learning, have led to a dichotomous curriculum. It is interesting that in spite of MEXT's efforts to integrate practical English proficiency into the curriculum, rather than support the learners' ability to communicate in English, it has splintered language learning into "fun" or non-serious language activities with a native speaker, and non-contextual, "serious" study for examinations with the Japanese teacher. This situation can be explained by referring to Western concepts of education and Confucian precepts as Butler (2011: 40) does when she describes Confucian ideals that

> conceptualize learning as the acquisition of knowledge residing mainly in books. (e.g., Cortazzi & Jin, 1996, Hu, 2001a, 2002b, T. Miller, 1995, Rao, 1996) Traditionally, a literary education was considered important, and little value was placed on the acquisition of knowledge for practical purposes. The teacher was seen as the possessor and messenger of profound knowledge, and the student as the recipient of that authoritative knowledge. Under such a view, literacy-focused and teacher-centered teaching was a natural consequence. According to these authors, such a mismatch in cultural values regarding teaching and learning makes it difficult for teachers in Asia to implement CLT in their classrooms.

9.7 Weak and strong forms of CLT

MEXT policies regarding the ALT's role in the classroom describe using the weak form of CLT which is defined as stressing "the importance of providing learners with opportunities to use their English for communicative purposes and, characteristically, attempts to integrate such activities into a wider program of language teaching." (Howatt, 1984 in Richards & Rodgers, 2001). The strong version proposes that language acquisition is made by actually using the language for communicative purposes or, in other words, using the language to learn the language. In addition, Littlewood (1981) divides CLT practice into pre-communicative activities that include structural activities and quasi-communicative activities, and communicative activities which are functional communication activities and social interaction activities. The differences between the two categories are the different focuses or purposes of the activities. Richards (2006) similarly categorizes the activities into mechanical, meaningful, and communicative. *Mechanical practice* refers to activities that are controlled and do not necessarily require the students to understand the language they are using. Language is still controlled in *meaningful practice*, but students are now required to make meaningful choices such as choosing the appropriate preposition to complete the activity successfully. *Communicative practice* refers to activities where the language used is not necessarily predictable since real information is being exchanged.

9.8 Difficulties with implementing CLT in Japan

There is an abundance of literature detailing the difficulties JTEs have with implementing CLT into their classrooms (Butler, 2011; Cook, 2010; Nishino & Watanabe, 2008; Sakui, 2004) . Butler (2011) conceptualizes the constraints to implementing CLT into three categories, first at the classroom level, next at the societal-institutional level and finally at the conceptual level. *Classroom-level constraints* [3] include large class sizes, class management, strict adherence to syllabus schedule, time for CLT preparation, confusion about implementing CLT, hierarchy among teachers, lack of confidence in their English proficiency, lack of training in Second Language Acquisition and CLT, limited instructional hours, not enough ALTs and few opportunities to use English outside the classroom. *Societal-Institutional-level constraints* involve curricula and examination systems such as the powerful knowledge-based high school and college exams. *Conceptual constraints* include conflicts with local values and misconceptions regarding CLT such as, student attitudes of CLT being less important, students' and teachers' perception of

---

[3] The constraints from the various articles have been organized into Butler's classroom-level, societal- institutional, and contextual constraints for clarity and organization.

CLT being "for fun", colleagues' expectations of what should be taught and learned, and the conflict between Confucian concepts of learning from books and the more experiential-based learning from CLT.

9.9 'Policy' vs. 'reality' in classroom: conceptual constraints

There are many issues surrounding this complicated dynamic, too many to be included here, but consideration should be made regarding the role of the native speaker in the English language classroom in Japan. These ALTs bring more than their language into the classroom: they bring their Western ideologies of democracy and collaboration in education with them. As such it is likely when an ALT hears the term "team teach" there is the expectation of collaboration with the JTE and confusion results when they are placed in the all-too-familiar role of human tape recorder, or at the other end of the spectrum, asked to prepare and teach a class on their own. This is a difficult situation for all parties, but especially to untrained ALTs lacking in Japanese language ability, who comprise the majority of the participants on the JET Program.

The idea of bringing ALTs into the Japanese classroom is to provide Japanese students with opportunities to communicate in English. Designing, planning, and implementing these situations suggests a collaborative effort with communication between the ALT and JTE to be successful in the classroom. However, like the bifurcated curriculum, the roles of the ALT and JTE have been segregated into communication and interaction for the ALT and explanation of the language by the JTE (Wada, 1994 in Tajino & Tajino, 2000). It would follow that ALTs may feel more comfortable teaching communication skills as many haven't studied the grammar and linguistics of their own language and JTEs prefer to teach the more familiar grammar concepts they have studied since their own secondary school years. The problem remains, however, that there is a lack of collaboration when implementing CLT through team teaching.

This lack of understanding among ALTs and JTEs in implementing CLT through team teaching may stem from educational ideologies. "Culture provides tools, habits, and assumptions that pervasively influence human thought and behavior, and the task of learning does not escape this influence" (Tweed & Lehman, 2002:89). In the effort to advance communication skills, MEXT imported Western beliefs about learning that follow educational philosophers such as John Dewey and his experiential learning as students "try out their English in a communicative situation and develop the strategies needed to interact and learn from a native speaker" (Savignon, 1983:220 in Wada, 2002). However, this philosophy of learning was brought into Japanese classrooms that value Confucian beliefs such as avoiding error, practice and single-minded effort, observing and learning from people who provide models of virtue. In short, beliefs which value innovation were brought into classrooms that value imitation.

9.10 Pronunciation and communication

If ALTs are brought into the Japanese classroom as representatives of genuine language, then it follows, as Confucian-based education suggests, that they are looked upon as experts of English and models to be imitated, Although there is a considerable amount of literature regarding CLT, the role of ALTs, and team-teaching in implementing this methodology, a search for information regarding teaching pronunciation in a Japanese EFL classroom results in few articles, most of which concentrate on teaching segmentals or articulation, particularly the difficulties in pronouncing /r/ and /l/.

ALTs are marginalized in their roles as "human tape recorders", but by enhancing their intuitive knowledge about their native language through some basic linguistic education in phonetics and pronunciation, ALTs can provide rich and authentic knowledge about their language that can move them out of their one-dimensional audio-replacement role and bring them into the classroom community through truly authentic communication activities that can include practicing prosody. Basic training in phonetics and pronunciation for JTEs can provide the foundation for collaborating with

ALTs, a focus for innovative pronunciation practice, and prompt JTEs to ask questions about English that draw on the intuitive understanding of the native language of the ALTs. Training for ALTs should focus on simple awareness of the differences between their language and Japanese. This can provide them with the information necessary to support the JTEs in the classroom as they collaborate on communication activities that are not the standard repeat-after-the-ALT drills.

Moveover, pronunciation plays an important role in facilitating authentic English communication. Celce-Murcia et al. (2010:8) explains that "...there is a threshold level of pronunciation for nonnative speakers of English; if they fall below this threshold level, they will have oral communication problems no matter how excellent and extensive their control of English grammar and vocabulary might be". Practicing intelligible pronunciation in suprasegmental features such as rhythm, stress, and intonation can teach students how to convey the intended meaning of the speech act to avoid embarrassing miscommunication. This is where ALTs can teach valuable information about their language and culture, not only by leading traditional drill practice, but by communicating through their reactions towards the speech act and the reason for the reactions such as when faced with a flat, monotonal "I feel great," the ALT can explain that the message conveyed can be interpreted as sarcastic.

There are many activities ALTs are currently participating in to help students develop oral communication such as speech contests and English conversation, but if their intuitive knowledge is expanded, they can have the confidence to introduce new activities with specific phonetic purpose such as singing for suprasegmental features, storytelling for thought groups, and a number of enjoyable and effective oral practice activities that can be collaborated with the JTE if they share this knowledge about the importance of pronunciation in communication. Levis and Grant (2003:19) sum up the importance of integrating pronunciation into EFL classrooms nicely when they conclude, "Such instruction [pronunciation] is more likely to be productive when students can see how pronunciation improvement helps them communicate in English more effectively". Mere imitation is not enough to prepare these learners for a globalized society that communicates in English and ALTs can contribute greatly in this area if given the chance.

The introduction of phonetics and pronunciation by MEXT provides an exciting opportunity for ALTs to become more than genuine artifacts of the target language; it is their chance to make active contributions to English language learning in Japan. However, it is not a given. As with all new knowledge and information, it has to be put into action through the curriculum.

9.11 Teacher development and teacher beliefs

MEXT has recognized the importance of on-going teacher trainings and has included such a provision in their 2011 reforms. These teacher trainings for leaders in the field of English education, and for the 10-year license renewal focus on knowledge about teaching skills and likely entail attending lectures by experts. However, teachers are unlikely to make changes at the classroom level for a variety of reasons, a powerful one being their teaching beliefs.

Richards (1998) makes the distinction between two types of knowledge that influence teaching. One is knowledge about subject matter and curricular issues. These explicit theories include curricular goals, lesson plans, instructional activities, materials, tasks and teaching theories. The teacher trainings included in the MEXT reforms (MEXT, 2014) focus on this kind of knowledge. The other kind of knowledge, the underlying philosophies that make up their understanding of good teaching are described by Richards (1998:3) as "creating an approach that draws on their experience and understanding as well as their personal principles and beliefs about good teaching." The latter type of knowledge known as teachers "implicit theories of teaching" is not as well known or as popular in the field of academic research. However, the investigation of teaching beliefs has often been identified as being an important area for teacher development and implementing theory into practice (Dewey, 1910; Pajares, 1992; Richards, 1998; Brown & Rodgers, 2002; Rodgers, 2002). The significance of teacher beliefs about classroom practices is not surprising. As Richards (1998:3) explains, "[r]eflective approaches to teacher development start from the assumption that teachers, rather than methods, make a difference...". However, Pajares (1992:321) notes, "[b]eliefs are unlikely to be replaced unless they prove unsatisfactory, and they are unlikely to prove unsatisfactory unless they are challenged and one is unable to assimilate them into existing conceptions".

9.12 Reflective practice as professional development in English teaching

With the increased emphasis on professional development for JTEs, teachers and their students have the opportunity to "develop proficiency in English for international communication" (MEXT, 2011a), but it will take more than reforms and trainings in English education at the government level. Teachers themselves must find a way to incorporate these reforms into their classrooms, and reflective practice can be the catalyst that changes theory into practice by challenging previously held teaching beliefs and ideologies about English language teaching that may have interfered with implementing new ideas in the past.

There are many models of the reflective cycle, but they all begin with experience and focus on a deeper understanding of the experience [4]. It is important for the teacher to go through the process and make discoveries while exploring their teaching beliefs and practices. Using previous literature to enhance understanding in the process can change or confirm their teacher beliefs. The distinction between using the literature to understand currently held beliefs and changing one's beliefs to adhere to the literature is a great

---

[4] See Tamai (2016), Watanabe (2016) for reference.

one. The latter doesn't take into account the teachers' autonomy, recognizing them as being capable human beings, an essential element of a humanizing experience that should be recognized in educational research (Kuroda, 2016).

Investigating teachers' beliefs about teaching can offer new insight into the problem of the dichotomous curriculum. By allowing and supporting teachers to examine their teaching situations, the teachers themselves can gain a greater understanding of their underlying teaching beliefs and the inner workings of their classrooms. They can then make informed decisions while they find their own best methods to reconcile The Course of Study and its focus on English communication with the grammar-focused textbooks and the test-taking culture. This exploration can also help to clarify the roles and expectations of the JTEs and ALTs which in turn should open up communication and more collaboration in the English language classroom.

9.13 Conclusion

Due to limitations of space, the very important issue of MEXT-issued textbooks [5] that are heavily grammar focused was not addressed in detail. The tendency to value learning from books in the Confucian value-based society and culture of Japan, and the heavy reliance on textbooks in the classroom cannot be ignored. This is an issue that deserves exploration by teachers and researchers in the framework of reflective practice.

Teacher-centered lessons and the didactic approach to teaching are not exclusive to Asia, as democratic teaching styles and learner-centeredness are not exclusive to the West. However the underlying effect of culture and ideology in education cannot be ignored. Teaching beliefs often stem from previous experiences, teachers teach the way they were taught and they rarely

---

[5] Brown and Wada (1998) in Wada 2002 note that 100 percent of high school teachers who participated in their 1998 survey identify developing learners' communicative ability as the most important classroom goal. Wada (2002) however, admits that the teachers may have answered in this manner as it was perceived to be expected of them. In addition, these same teachers ranked teaching the contents of the textbook as the most influential element affecting their teaching style.

take the time to investigate their own teaching practices. Research in the area of teacher beliefs has not advanced so much since the 1990s (Brown & Rodgers, 2002; Pajares, 1992) as more attention-grabbing investigations on teaching methodologies and theories take center stage. This imbalance has left the teachers caught in the middle between theory and practice without adequate training to navigate all the information thrust upon them by experts. By investigating their own teaching practices and their own classrooms through reflective practice, teachers can gain the skills, experience, and insight they need to make the most appropriate choices for their students. In this way, reflective practice can be the bridge between government policy and classroom practices as teachers gather the courage to try new ideas while they attempt to incorporate MEXT's communication-focused reforms into their grammar-focused classrooms. This includes collaborating with ALTs and discovering new ways of utilizing this important asset.

Since ALTs are often placed in the role of pronunciation models, teaching them about their own language to enhance their intuitive knowledge can allow them to more fully share their culture and language with the students, something audio players cannot do. Including reflective practice as part of the professional development of ALTs can help them to clarify their roles and give them the skills to become better assistants in the classroom.

In my experience as an ALT and a language instructor I've seen and experienced many of the difficulties in finding a balance between communication skills and testing for proficiency in English language education. Having experienced reflective practice, investigated my own teaching practices, and worked with Japanese teachers who have done the same, I can say with confidence that incorporating Western ideologies into a Japanese classroom is possible. However, rather than focusing on finding the perfect solution, I've learned that using information to support my understanding of the English language classroom in Japan has helped me to become more empathetic and sensitive to the needs of the students and teachers I come into contact with. This in turn has allowed me to take action that is appropriate to the situation instead of relying on a predetermined solution.

MEXT, with its desire to provide the young people of Japan with the English language skills necessary to participate in the globalizing world must find a way for its teachers to feel confident as they navigate their way through the ever-changing policies. Reflective practice can be the approach to breaking through the conceptual constraints that have thus far prevented teachers from adopting the policies and methods including CLT that can improve English language education in Japan and to create their own innovations in English language education.

(Joan Kuroda)

References

Brown, J. D., & Rodgers, T. S. (2002) Doing Second Language Research: An Introduction to the Theory and Practice of Second Language Research for Graduate/Master's Students in TESOL and Applied Linguistics, and Others. Oxford: Oxford University Press.

Butler, Y. G. (2011) The implementation of communicative and task-based language teaching in the Asia- Pacific region. *Annual Review of Applied Linguistics*, 31, 36-57. http://doi. org/10.1017/ S0267190511000122

Celce-Murcia, M., Brinton, D. M., & Goodwin, J. M. (2010) *Teaching Pronunciation: A Course Book and Reference Guide.* New York: Cambridge University Press.

Cook, M. (2010) Factors inhibiting and facilitating Japanese teachers of English in adopting communicative language teaching methodologies. *K@Ta*, 11 (2), 99–116. http://doi. org/10.9744/kata.11.2.99-116

Dewey, J. (1910) *How we think.* [Kindle version]. Retrieved from www.amazon.co.jp

Dolan, R.E. and Worden, R.L. (Eds.) (1994) *Library of Congress Country Studies: Japan.* Retrieved from http://lcweb2.loc.gov/frd/cs/jptoc.html

Fujimoto-Adamson, N. (2006) Globalization and history of English education in Japan. *Asian EFL Journal.* 249-258.

JET (2016a) History. Retrieved from http://jetprogramme.org/en/history/

JET (2016b) Organizations. Retrieved from http://jetprogramme.org/en/organisations/

JET (2016c) JET Positions. Retrieved from http://jetprogramme.org/en/positions/

JET (2016d) Eligibility. Retrieved from http://jetprogramme.org/en/eligibility/

Kuroda, J. M. (2015) *Understanding experiences in the classroom: A qualitative qnalysis of teacher and learner reflections in a Japanese university foreign language course* (Unpublished master's thesis). Hyogo University of Teacher Education, Hyogo, Japan.

Kuroda, J.M. (2016) How the intersubjectivity of teacher and learner reflections contributes to transformative learning experiences. *Journal of Research Institute* 53, 159-186.

Levis, J. M., & Grant, L. (2003) Integrating Pronunciation Into ESL/EFL Classrooms. *TESOL Journal*, 12 (2) , 13-19. http://doi.org/10.1002/j.1949-3533.2003.tb00125.x

Littlewood, W. (1981) *Communicative Language Teaching: An Introduction.* New York: Cambridge University Press.

MacCarthy, P. (1976) Auditory and Articulatory Training for the Language Teacher and Learner. *English Language Teaching Journal* 3 (1), 212-219.

MEXT (2011a) Five Proposals and Specific Measures for Developing Proficiency in English for International Communication《Provisional translation》Commission on the Development of Foreign Language Proficiency. Retrieved from http://www.mext.go.jp/component/english/icsFiles/afieldfile/2012/07/09/1319707_1.pdf

MEXT (2011b) Survey results of public junior high schools and combined junior high and high schools. Retrieved from http://www.mext.go.jp/english/elsec/1319702.htm

MEXT (2014) Report on the Future Improvement and Enhancement of English Education (Outline) : Five Recommendations on the English Education Reform Plan Responding to the Rapid Globalization. Recommendations on the English Education Reform Plan Responding to the Rapid Globalization. Retrieved from http://www.mext.go.jp/english/topics/1356541.htm

Nishino, T., & Watanabe, M. (2008) Communication-oriented policies versus classroom realities in Japan. *TESOL Quarterly* 42 (1), 133-138. http://doi.org/10.1002/ j.1545-7249.2008.tb00214. x

Pajares, M. F. (1992) Teachers' Beliefs and Educational Research: Cleaning Up a Messy Construct. *Review of Educational Research*, 62 (3), 307–332. http://doi.org/10.3102/00346543062003307

Richards, J.C. (1998) *Beyond Training: Perspectives on Language Teacher Education.* Cambridge: Cambridge University Press.

Richards, J. C. (2006) *Communicative Language Teaching Today. Language Teaching* (Vol.25). New York: Cambridge University Press.

Richards, J.C. & Rodgers, T.S. (2001) *Approaches and Methods in Language Teaching: A Description and Analysis.* New York: Cambridge University Press.

Rodgers, C. (2002) Voices inside schools. *Harvard Educational Review* 72 (2), 230-254) .

Sakui, K. (2004) Wearing two pairs of shoes: language teaching in Japan. *ELT Journal* 58 (2), 155-163. https://doi.org/10.17763/haer.72.25621743606m15751

Tajino, A., & Tajino, Y. (2000) Native and non-native: what can they offer? Lessons from team-teaching in Japan. *ELT Journal* 54 (1), 3-11. http://doi.org/10.1093/elt/54.1.3

Tamai, Ken (2016) Use of epistemological lenses on the ambiguity of reflective practice: What is it to reflect on experience?, *Kobe City University Research Bulletin* 53, 23-50.

Tweed, R. G., & Lehman, D. R. (2002) Learning considered within a cultural context. Confucian and Socratic approaches. *The American Psychologist* 57 (2), 89-99. http://doi.org/10.1037/0003-066X.57.2.89

Watanabe, Atsuko (2016) *Reflective Practice as Professional Development: Experiences of Teachers of English in Japan.* Bristol Multilingual Matters.

Widdowson, H. (1990) *Aspects of Language Teaching.* Oxford: Oxford University Press.

おわりに

　学校で学ぶ各教科の中で、英語ほど、学力向上の必要が叫ばれて、学ぶ側と教える側の双方が手を替え品を替え努力しているわりには、努力が実り、飛躍的に英語力が伸びたという朗報を聞くことが少ない教科もないのではないか。注ぐ労力と時間、そして経済的負担を考えると、くじけそうになるくらい英語力向上は手強い課題である。しかし、英語がわかるようになった時に広がる世界を想像すると、どうしても諦めきれない、どこかに抗いがたい魅力のある課題でもある。子どもにとっても、大人にとっても、それは、未知の世界を開拓する扉の1つである。英語でコミュニケーションをとり、英語圏をはじめとしてさまざまな文化に触れ、楽しんだり、仕事や勉強で有効活用したりするときに避けて通れないのが、英語の音声表現を聞き取って理解し、表出する力である。発音に対する対応に不足があり、気後れが生じる限り、英語の学びを今ひとつ楽しめないし、下手をすると、学習者としての尊厳にも傷がつきかねない。

　本書は、未来を担う人々にとり、英語の学びが難行苦行になる不幸に陥らずに済み、学ぶ自分への自信を取り戻して、さらには外国語で語り合える喜びを経験できるような英語教育に貢献することを願って企画された。巻頭で記したように、その第一歩は、日本の英語教育において最も後手に遅れてしまっている発音指導の領域に果敢にも挑戦し、音声学・音韻論の素養を培うことで教師の音声面の指導力向上を図り、授業改善の試みに取り組むという、教員・研究者の小さなグループの自助努力から始まった。小中高大すべての校種を含んで、校種の境界を超えたところで、英語学習としての一貫した発音の学びがどのように構築されうるかを、定期的に集まって議論を重ねた結果、必要最小限の知識を明らかにし、発音指導がいかに学習者を動機付け、勇気づけるものであるかを、現役教員の実践を通して証明するしかないということになり、その結果が、本書の基本構成を形作ったわけである。

　本格的な音韻知識をできるだけわかりやすく、英語教師が授業に活用できるように加工することを試みた結果がまず第2章にまとめられた。本書の執筆陣は全員まず第2章に書かれていることばの知識を学び、それを軸として実践につなげていった。本書の支柱は第2章にあり、それ以外の章の実践指導案や実

践教育研究の源となっている。執筆にかかわった教師たち自身がことばの知識を学ぶおもしろさを知り、それを学習者への支援につなげる、つまり、「学ぶ教師」を体現して今日に至る。教員の指導力向上や教員養成のあり方についてさまざまな議論が深化していることは、文科省の中央教育審議会の教員養成部会の議事録などを読むとよくわかるが、私たちの実践研究グループでは、結果的に、発音指導を英語教育に組み込むための教師研修・実践試行とそのふりかえりのサイクルを、定期的・実験的に試行したわけである。自画自賛になってはいけないが、その「努力」は楽しく実り豊かなものであったため、私たちは、このような学ぶ機会が全国の先生たちに保証され、学習者に手を差し伸べたいと思う気持ちが少しでも具体的に報われることを願うようになった。もし本書が指導のための知識だけでなく、教師の研鑽のあり方についての1つのモデルをも示せたならば、幸甚である。

　本書を構成するに当たっては、もう1つ、大変重要な問題意識が全体を貫いている。それは、教育と学問のかかわり方の問題であり、教育内容の質的向上につながる検討課題である。その議論を本格的に行うための環境や態勢は必ずしもまだ整っていないが、教育大学が教職大学院化の途上にある現時点においては特に、議論をするということに大きな意味があると考えている。いわゆる内容論と方法論の二項対立図式は、教員養成系の大学の文化において慣習化されているものであるが、筆者が知る限り、英語教育においてこの両者がうまく融和して教育の発展に寄与しているとは思えない状況がある。そのことは、文部科学省第99回中央教育審議会初等中等教育分科会教員養成部会議事録においても、「教科専門の科目、教科教育の科目の両者、あるいはそれに教職科目も含む三者の担当教員の協働が組織的に行われていないのではないかといった御指摘」の箇所で言及されている。ご批判を覚悟であえて言明するが、少なくとも英語科教育に関わる教育大学関係者の意識や組織体制に関しては上記指摘が当てはまり、改善点を考えなければならないと考えられる。

　平成28年8月に文部科学省教育課程部会によって出された「言語能力の向上に関する特別チームにおける審議の取りまとめ」をみると、国語力を中心として外国語も含めた言語能力育成が、教育においていかに重要な基盤となるものであるかについて記されている。その中では「(2) 言語能力を構成する資質・

能力の三つの柱」が明記されており、それらは、ⅰ）知識・技能、ⅱ）思考力・判断力・表現力等、ⅲ）学びに向かう力・人間性等の三項目である。この３つは、構造的な関係で繋がり、教育が最終的に目指すⅲ）にかかわる能力の肝要に向けて、ⅰ）～ⅲ）を「バランス良く育成することが重要である」とある。本書に関していえば、音韻規則を含む英語のことばの仕組みについての知識は、１つ目の基本項目に含まれるものであり、文法の知識提示こそが、その後つながっていく英語教育的活動の質を出発点で決定づけるという構図であることを忘れてはならないのである。

　英語教育に関する自らの個別的専門領域だけでなく、それ以外の課題へのつながりを学び考えることが、結局は、自分が所属する専門家集団の教育的貢献を、より実りあるものにすることができるのではないかと考えられる。本書においては、そういった意味で、教育における内容論が、将来的に装いも新たに貢献度の高いものとして生まれ変わることを目指し、発音の学びという視点から、英語教育における言語学的知識基盤の重要性を主張したつもりである。「何を教える（価値がある）か」を常に考え、疑問点も解決しながらより良いものにしていくことは、教師である限り忘れてはならない。

　本書をまとめ編集するに当たり、音声学・音韻論の専門家として、執筆者の一人である川越いつえ先生に常に貴重な助言をいただいた。また、谷明信先生にも、編集全般にわたる手厚いご支援をいただいた。お二人に心からの謝意を表したい。巻頭で述べた執筆者および大学出版関係・事務局担当者各位への感謝の気持ちに加えて、原稿が遅れて迷惑をおかけしたにもかかわらず、大変親切に出版・刊行のご支援をいただいたジアース教育新社の加藤勝博社長、市川千秋さんにも深く御礼を申し上げる。

平成 30 年 3 月
音声の学びの奥深さと楽しさを、皆様と共有することを願いつつ

執筆者を代表して

有働 眞理子

索 引

※多くの用語が出てくるが、解説のある部分のページは特に太字にしている。なお、数字の後のnはそのページの注にあることを示す。

用　語	ページ
欧文 ALT（Assistant Language Teacher）（外国語指導助手）	6, 27, 142, 150, 154, 157, 200, 209-10, 212, 217-8, 221-2, 224-40
be 動詞	28-29, 33, 44, 53-55, 73, 130, 150, 153
CA（Conversation Analysis）（会話分析）	会話分析を見よ
Communicative Language Teaching	118, 225, 230
conceptual constraints	232-3, 240
culture（文化）	227, 233, 235, 238-9
ENS（英語母語話者）	52, 60, 82, 90-2
Hi, friends!	55, 82, 130, 140-2, 148-52　教材、教科書も参照
ICT	140-2, 158
ideology (-ies)（イデオロギー）	234, 237-9
intelligible pronunciation（理解可能な発音）	(92), 226, 235
IPA（国際音標文字）	213-4
JNS（日本母語話者）	49-51, 61, 66, 68-9, 75-7, 79, 82, 86, 90-2
JTE（Japanese Teacher of English）（日本人英語教師）	150, 157, 221, 225-6, 228, 230, 232-5, 237-8
policies（政策）	225, 231, 240
Praat（音声分析ソフト）	140-1, 145-7, 149-53, 155, 157-8
professional development	237-9
reflective practice	6, 225, 239-40
teacher beliefs	225, 236-8
there 構文	33-4, 44, 83　構文、文法構造も参照
tone	161, 178　音調も参照
tonicity	161, 178
wh 疑問文（疑問詞疑問文）	38, 75-8　選択疑問文も参照
和文	
あ行 アクセント	27-8, **41**, 62, 99, 107-8, 115, 118, 124-6, 128, 131, 164, 205, 207-9, 214-5
意味	17-9, 23-36, 43, 50, 54n, 64-5, 69-72, 74-5, 79, 83, 85, 88, 117, 121-3, 126, 128, 131-3, 182, 192-5, 197, 199, 205n, 209, 211, 217, 220
意味解釈	24, 32, 69
イントネーション	18n, 21, 26-7, 32, 34, 38-41, **63-4**, 71, 79, 83, 86, 88-90, 115, 118-9, 126-7, 129, 150, 153, 160-78, 182-4, 190, 192, 196, 198, 200, 215
歌	79, 109-10, 114-35　なお第 3 章全体を参照
英詩	96-8, 112
エピソード記述	166
音の消去	60-1
オールインイングリッシュ	160
音韻上の区切れと語彙・文法上の区切れの不一致	101, 106, 109
音響分析	141, 152　なお第 5 章全体を参照
音声変化	118, 125, 129-30, 133, 182-3, 187-8, 198　詳し

	くは強勢移動、口蓋化 , 弱化、脱落、同化、無声化、連結も参照
音節	22-3, 42n, 45-52, 61-4, 79-81, 84, 96-102, 105-8, 110-2, 115, 123-6（特に124）, 128, 130-2, 134-5, 154, 156, 158, 161, 175, 188, 192, 196, 207, 211-2, 214-5, 220
音節構造	128, 135
音節リズム	42
音調（＝トーン）	40, 64, **75-86**, 88　下降調、下降上昇調、高下降調、高上昇調、上昇調、上昇下降調、低下降調、低上昇調も参照

か行

外国語活動	（小学校）外国語活動を見よ
外国語訛り	90-1　JNS、母語の転移も参照
会話スクリプト	166
会話分析（CA = Conversation Analysis）	166
核（＝ピーク）	63, 123, 150, 153, 161-2, 164　ピークも参照
楽譜	106-12, 126, 131
下降調	38, 64, 75-81（特に75-7）, 86, 164, 170　音調も参照
下降上昇調	**80-81**　音調も参照
カタカナ英語	196, 204, 205n, 207-8, 210-3, 219-22
感情	71, 76, 79, 118, 122-3, 126-7, 167-9, 171, 178
完全同化	同化を見よ
完全母音	50　弱母音も参照
聞こえ度	110, 123
機能語	34, **43-4**, 51, 53-6, 71-4, 82-3, 96, 101-2, 130-1, 150, 192, 194, 216　内容語も参照
脚／フット（foot）	**99-101**, 103, 105-6, 109-12
脚韻（rhyme）	97-8, 103, 105-6, 110-2　頭韻も参照
逆行同化	同化を見よ
旧情報	32, 68, 70, 74　新情報も参照
教科書	17, 27-8, 30, 33-4, 38-9, 42, 44, 56, 61, 69-70, 84, 86-8, 102, 140, 160-2, 177, 183, 186-7, 192-3, 199-201, 204-5, 212-5, 221　教科書、*Hi, friends!* も参照
強起	46, 49, 82　弱起も参照
強形	53-4, 56, 104, 188　弱形も参照
教材	4-6, 17, 47, 55, 82, 96-8, 112, 114-6, 118, 120, 130, 135, 140-3, 148-52, 183, 185, 199-201, 218-21　教科書、*Hi, friends!* も参照
強勢	
—— 語強勢	41, 45-6, 51, 60-2, 80, 184, 192, 194, 196, 214-6
—— 主強勢	45-7
—— 文強勢	39, 41, 43-7, 49, 54, 62-6, 71-2, 82-3, 86, 96, 102, 103n, 110, 205, 215-6
—— 副強勢	45-7
強（勢）音節	45-6, 48-9, 61-3, 80, 97-102, 104-8, 111, 125, 192　弱音節も参照
強勢による詩	97-8
強勢リズム	**41-2**, 49-50, 112n　リズム、拍リズムも参照
強勢移動	**46-8**
共鳴音	123, 145, 155-7

	区切り	**18n**, **24-6**, 35, 76, 80, **83-8**, 94, 100-2, 105-6, 109, 126, 192-6, 217
	口蓋化	58-9 (n)　同化も参照
	高下降調	78-9
	高上昇調	79
	構文	21, 26 (n), 28-9, 31, 33-5, 48, 78-9　文法構造、there 構文も参照
	コピュラ文	28-33
	語強勢	強勢を見よ

さ行	子音結合	152, 157, 207
	子音指導	148, 207
	弱音節	45-6, 48-9, 61, 96-102, 104-6, 108, 110-2, 125, 130-1　強（勢）音節も参照
	弱化	45-6, **48-50**, 53-4, 56, 61-3, 71, 92, 118, 125, 215
	弱起	46, 48-9, 62-3, **82-3**, 86, 108, 126, 130-1
	弱形	34, 46, **49**, 53-7, 61, 183, 187-91　強形も参照
	弱母音	50-1, 54, 62, 144　完全母音も参照
	主強勢	強勢を見よ
	（小学校）外国語活動	6, 24, 28, 114, 140-2, 152　なお 4・5 章全体を参照
	上昇調	26, 38, 75-81（特に 75-7）, 85, 167
	上昇下降調	64n
	焦点語	54n, 62, 64-74（特に 65-6）, 76-80, 82-4, 86-9, 183-4, 187, 192-9, 201　狭い焦点、広い焦点、脱焦点化、文強勢も参照
	焦点領域	65-70　狭い焦点、広い焦点、脱焦点化、文強勢も参照
	縮約形	44, **55-7**
	情報構造	23, 25, 27, 31-32
	進行同化	同化を見よ
	新情報	34, 65-70　旧情報も参照
	スピーチレベル	56, 60
	—— 正式	56
	—— 俗	57, 60
	—— 非標準	56-7
	—— 標準	56-7
	—— 略式	55-7
	制限用法の関係詞節	85　非制限用法の関係詞節も参照
	センター試験	19n, 204-8, 212, 215, 219, 221-2
	狭い焦点	66-9, 88, 192-6　広い焦点も参照
	選択疑問文	76-7　wh 疑問文（疑問詞疑問文）も参照
	挿入句	85, 89
	相互同化	同化を見よ
	存在文	there 構文を見よ
	俗	スピーチレベルを見よ

た行	大学入試センター試験	センター試験を見よ
	脱焦点化	**67-8**, 70, 74, 195　焦点語、焦点領域、狭い焦点、広い焦点、脱焦点化、文強勢も参照
	脱落	21, 39, 53-4, 106, 118, 125, 183-5, 187, 191, 199
	談話機能	21, 31, 33-35
	チャンツ	104, 114-35　第4章全体を参照
	低下降調	76, 79
	低上昇調	76, 78-9, 85
	頭韻	97-8, 101, 105-6, 111-2　脚韻も参照
	同化	21, **57-9**, 118, 125, 215
	―― 完全同化	59
	―― 逆行同化	58
	―― 進行同化	58
	―― 相互同化	59
	―― 融合同化 (＝相互同化)	59
な行	内容語	**43**, 45, 51, 54, 56, 65-72, 83, 88, 96, 102-3, 126, 130, 150, 192-7, 216　機能語も参照
は行	拍リズム	41-2, 49-50, 100, 112　リズム、強勢リズムも参照
	発音記号	38, 51, 53, 59n, 182　IPAも参照
	ピーク (＝核)	63-66 (特に63-4) , 71, 76, 79-80, 90　核も参照
	非制限用法の関係詞節	85　制限用法の関係詞節も参照
	ピッチ	45-6, **64**, 78, 80, 82n, 85, 141, 145, 150-3, 157, 161, 168, 184, 214
	非標準	スピーチレベルを見よ
	広い焦点	**66-70**, 88, 192-6　狭い焦点も参照
	フォルマント	**145**, 155
	付加疑問文	38, 76-7
	副強勢	強勢を見よ
	部分否定 (の文)	81
	フレーズリーディング	204, 217
	プロソディ	23-4, 32, 34-5, 150, 158, 178, 224
	標準	スピーチレベルを見よ
	文強勢	強勢を見よ
	文構造	23, 25-6, 118　構文も参照
	文法	4-5, 14-29, 31, 33, 35-36, 43, 86, 94, 100-2, 105-6, 109-10, 112, 118, 121, 126, 142, 182, 189, 191, 193, 195, 200, 225, 245
	文法指導	14, 16, 19, 21, 26, 28-9, 35, 182
	文脈依存 (context-dependent)	216
	母音指導	143-7
	母語の転移	69　JNS、外国語訛りも参照
ま行	マザーグース (ナーサリー・ライム)	94-113, 115　第3章全体を参照
	末尾焦点　(end focus)	65, 68-70
	無声化	57
	モーラ	124-6, 134-5, 158, 207, 209n, 214
や行	融合同化	同化を見よ

ら行	リズム	21, 24, 38-9, 41-50（特に41-6), 54, 63, 71, 90-2, 94, 96-102, 105, 107-8, 110, 112, 114-6, 118-9, 121, 123-6, 128-9, 131-3, 135, 149, 152, 156-8, 177, 182, 184, 186, 189-91, 196, 200, 215　拍リズム、強勢リズムも参照
	略式	スピーチレベルを見よ
	リンキング (= 連結)	39, 94, 165, 171, 174-5, 178, 185-6, 217　連結も参照
	連結 (＝リンキング)	**51-3**, 60, 62-3, 86, 91-2, 94, 100-2, 118, 123, 125, 133, 156, 183-4, 187-9, 191, 199　リンキングも参照

編者紹介

有働 眞理子（うどう まりこ）

　兵庫教育大学大学院学校教育研究科教授。専門は言語学。文法指導、知的障害者の対話促進を研究対象とする。主な著書・論文に「言語学の知見を学校英語教育に活用するということ」（『最新言語理論を英語教育に活用する』開拓社、2012)『新しい小学校英語科教育法』第17章文法の指導（協同出版、2011）など。

谷 明信（たに あきのぶ）

　兵庫教育大学大学院学校教育研究科教授。専門は英語史、とくに1100年から1500年の中英語の語彙と文体を研究対象とする。主な編著に『15世紀の英語』（共編、大阪洋書、2013)、*Studies in Middle and Modern English: Historical Variation*（共編、開拓社、2017）など。

執筆者一覧

編　者

有働眞理子	兵庫教育大学教授	はじめに、第1章、第9章概要説明、おわりに
谷　明信	兵庫教育大学教授	第3章

著　者

川越いつえ	京都産業大学教授	第2章
和田あずさ	兵庫教育大学助教	第4章
岡本真砂夫	姫路市立八幡小学校主幹教諭	第5章
圓井　裕子	たつの市立新宮中学校教諭	第6章
朝田　正樹	兵庫県立洲本実業高校主幹教諭	第7章
沖守　紀人	兵庫県立三田西陵高校教諭	第8章
Joan Kuroda	関西学院大学講師	第9章

国立大学法人兵庫教育大学教育実践学叢書 4

英語音声教育実践と
音声学・音韻論

効果的で豊かな発音の学びを目指して

平成 30 年 3 月 26 日　初版第 1 刷発行

■編　著　　**有働 眞理子・谷 明信**
■発行者　　**加藤 勝博**
■発行所　　**株式会社 ジアース教育新社**

〒 101-0054　東京都千代田区神田錦町 1-23　宗保第 2 ビル
TEL：03-5282-7183　FAX：03-5282-7892
E-mail：info@kyoikushinsha.co.jp
URL：http://www.kyoikushinsha.co.jp/

■DTP・表紙カバーデザイン　土屋図形 株式会社
■印刷・製本　シナノ印刷株式会社
○定価はカバーに表示してあります。
○乱丁・落丁はお取り替えいたします。（禁無断転載）
Printed in Japan
ISBN978-4-86371-455-7